陈立群

我在苗乡当校长

陈立群◎著

浙江人民出版社
贵州人民出版社

图书在版编目（CIP）数据

陈立群 ：我在苗乡当校长 / 陈立群著. — 杭州 ：浙江人民出版社；贵阳 ：贵州人民出版社，2021.8

ISBN 978-7-213-10183-0

Ⅰ. ①陈… Ⅱ. ①陈… Ⅲ. ①纪实文学-中国-当代 Ⅳ. ①I25

中国版本图书馆CIP数据核字(2021)第116565号

陈立群:我在苗乡当校长

陈立群 著

出版发行	浙江人民出版社（杭州市体育场路347号）
	贵州人民出版社（贵阳市观山湖区会展东路SoHo办公区A座）
责任编辑	丁谨之　卓挺亚　黄蕙心
责任校对	王欢燕
责任印务	程　琳
封面设计	王　芸
电脑制版	杭州兴邦电子印务有限公司
印　　刷	浙江新华数码印务有限公司
开　　本	710毫米×1000毫米　1/16
印　　张	21.25
字　　数	258.8千字
插　　页	6
版　　次	2021年8月第1版
印　　次	2021年8月第1次印刷
书　　号	ISBN 978-7-213-10183-0
定　　价	88.00元

序
为了责任和使命

党的十八大以来，党中央把脱贫攻坚摆在治国理政的突出位置，承诺“决不能落下一个贫困地区、一个贫困群众”，组织开展了声势浩大的脱贫攻坚战。我很荣幸成为千千万万脱贫攻坚奋战者中的一员，参与东西部扶贫协作，赴杭州市对口支援的黔东南州支教，亲历这场伟大的战斗和事业。2021年7月1日上午，习近平总书记在天安门城楼代表党和人民庄严宣告：“经过全党全国各族人民持续奋斗，我们实现了第一个百年奋斗目标，在中华大地上全面建成了小康社会，历史性地解决了绝对贫困问题，正在意气风发向着全面建成社会主义现代化强国的第二个百年奋斗目标迈进。”作为脱贫攻坚战的亲历者，现场聆听习近平总书记的这一庄严宣告，心潮澎湃，感慨万千。

在台江支教这五年，我看到了大批扶贫干部被派驻到苗寨苦干实干，国家各级各类帮扶政策、扶持资金落实到位，水泥公路修到了村村寨寨；看到了深处偏远苗疆的贫困群众实现了“两不愁三保障”，贫困家庭的孩子们得到了各类资助、享受到了更公平的受教育机会。然而，“胜非其难也，持之者其难也”。支教过程中，我也在不断思考：如何让这些脱贫基础更加稳固，成效更可持续？作为一个教育者，从教育这个角度，我观察到：通过接受教育拥有知识和文化，当地群众就能更好地利用各类政策、资金、交通、游客等资源，抓住各种机会勤劳致富，而那些没有接受过什么教育的，如一些村寨中十七八岁不识字的女孩子、许多不会讲汉话的学生家长等，就没有能力利用各类资源，也没有能力与外界对接，不能很好地融入现代生活，各类扶助往往只能解一时之困而无法持续发挥作用。

正如习近平总书记指出的那样：教育是阻断贫困代际传递的治本之策。从现实层面看，只有让贫困地区群众接受了更好的教育，拥有知识，他们才有能力利用各种政策、资源，才有能力掌控财富、驾驭财富，才有能力融入现代、拥抱文明。而我扎根贵州台江县义务支教的初衷正是帮助更多的孩子接受更好的教育，让教育扶贫彻底“斩断”贫困的代际传递。

家风与选择

我出生在杭州市临安区的农村，家住在必须攀登数百级台阶才能到达的塔头岭上。20世纪30年代，由于大水冲毁了岭上的一座桥梁，岭上三个自然村村民的出行受阻，因此我的爷爷出资修建了一座石拱桥。这座桥至今保存完好，修桥一事也在当地传为佳话。我父亲是一名新中国成立初期入党的老党员，曾当过乡长。改革开放以后，父亲带领村民沿山开辟了一条可以通车的山路，从此岭上人结束了肩扛手提的历史。父亲80多岁的时候，还坚持一天两次清扫村口的道路，村民们对此至今记忆犹新。

记得我读高中的时候，从家里到学校有30多里路。一路上，我还要肩上扛一袋米，手上拎着菜。有一次，我和妈妈闹了别扭。妈妈说，要么你别读高中了；我当时气也上来了，说不读就不读。不料，这简短的对话被我父亲听到了。他老远甩过来一句：“别的事情可以商量，读书的事情没得商量。”因为这么一句掷地有声的话，我就又去读书了。父亲平时话不多，但是话一出口，就跟打雷一样，让我没法违抗。父亲这句话的意思我很明白：只有读了书，有了知识，未来才有改变命运的可能。

恢复高考后，我填报志愿回来，父亲问我报了什么。我说，报了中专。他又对我劈头盖脸说了一句话：“中专，宁可不考！”我马上解释，高中毕业三年了，我连高中的书都找不到了。父亲说：“这几年你不读书，别人也没读书，就看当时高中的文化底子谁更好。”在父亲的鼓励下，第二天早上我走了十里路到公社，把志愿表上的“中专”划掉，改成“大学”。没想到的是，我居然考上了，被浙江师范大学数学系录取。父亲的这句话又让我明白了，做人必须要有高远的志向，父母的期望值决定孩子的抱负水平。

架桥修路，服务百姓。爷爷修的一座桥，影响了我的人生；父亲修的一条路和说的两句话，改变了我的人生。我在担任杭州市长河高级中学校长和学军中学校长期间，在学生中开展“修家谱、理家训、写家史、传家风”活动，若要对此举追根溯源，应该就在于我自身的经历。之所以在退休之际选择支教，我最初的动力也在于此。

来到贵州黔东南支教，我的爱人和整个家族都非常支持。每次寒暑假我从杭州出发去黔东南时，家族里的亲人经常往我的背包里塞钱。2019年暑假我准备出发去台江的时候，大妹的女儿丁玲往我背包里塞了三万块钱。姐姐的外孙女张宇静，刚从国外留学回来参加工作，也拿着两万块钱往我的包里塞，说：“这是我参加工作头两个月的工资，拿去给那些急需要生活费的孩子们。”我的外甥钱浩亮，从事民营制造业，每年给我打五万元钱，并附上：“舅舅，我实在太忙，你帮我分给那些急需生活费的孩子们。”我的支教，严格来说，是一种家族行为，我只是其中的一个代表而已。

机会与初心

我始终认为：人类道德的基点是爱心和责任感。2001年，以“关注百姓困难、倡导刻苦精神、完善健美人格、体现教育公平”为追求，杭州市长河高级中学在浙江省内首创“宏志班”。为了让杭州各县（市、区）符合宏志班招生条件的学生都能被当地送来就读，我们在办班之初就提出“哪里来的回到哪里参加高考”。对于这是否在为他人作嫁衣的疑惑，我的回答是：“与给这些孩子一个机会相比，高考的成绩算在谁的头上，微不足道。”人身处困境的时候，也许只需要一个机会。

在创办宏志班的过程中，我走进过一个个家徒四壁的家庭。我开始以为，只要免除学生所有需要上缴的费用，解决好吃饭问题，就可以了。但学生内向自卑、学习目的性不明确等问题逐渐暴露出来。在与学生交流时，我感觉很难走进他们内心。这对我触动很大。

我曾利用节假日到杭州的富阳、建德、桐庐、临安等地家访，也曾邀请一些宏志班里的孤儿到我家里过年。我还连续多年坚持在正月初一家访“宏志生”，了解他们的成长环境，体察他们的现实生活。宏志班的工作重点也由注重物质上的扶贫济困，转移到解决学生的心理问题，告诉学生“物质上的贫穷都是暂时的，家庭贫困不是你们的错，而精神上的贫穷才是最可怕的”。

学校通过课题研究及一系列心理干预，让学生们学会分享，轻装上阵。这个过程唤醒了学生用知识改变命运的意识，同时也唤醒了我自己。我决心，不仅要让孩子们拿着靓丽的分数走出高中校门，还要致力于让他们走得更远。

首届宏志班的成功，在杭州乃至浙江省掀起了一股“宏志热”。究竟是什么因素促成了宏志生的进步？为了探究这一问题，时任《钱江晚报》科教部主任张谷风在浙报大楼和浙江省人民大会堂组织了“宏志精神”报告会，我们从宏观、中观、微观三个层面，归纳提炼了宏志精神。从宏观层面来看，宏志精神代表着“关注百姓困难，倡导刻苦精神，完善健美人格，体现教育公平”；中观层面的宏志精神是“高远的志向，高昂的志气，高雅的志趣”；微观层面的宏志精神可以总结为六个字——理解、主动、勤奋。

针对有杭州市民提出的“宏志生固然厉害，能否让其他孩子也一样厉害”的问题，我们开展了有关迁移宏志精神的研究，包括物质层面迁移、制度层面迁移和精神层面迁移。我们要求杭州城区的学生，在暑假期间去农村宏志生家里生活十天，希望他们能够由此获得不一样的感悟。这不仅是生活上吃苦，更是一种精神历练、一种情怀陶冶，可帮助他们更懂得生活的艰辛，懂得助人与奉献。“宏志精神迁移的实践研究”获得了浙江省基础教育科研成果一等奖，并在2009年获得浙江省新世纪十年基础教育重大成果一等奖。

孔子说过，“先成人，后成才”，“不成人，宁无才”；德国哲学家、教育家雅斯贝尔斯认为“教育首先是精神成长”。由此，我们沿着“创办宏志班—提炼宏志精神—宏志精神迁移—精神教育”这一脉络一路前行。随后“宏志精神引领下学生精神成长的行动研究”被列为教育部重点课题。

十年宏志路，一生宏志情。我于2016年3月到黔东南义务支教，8月，应邀担任台江县民族中学（简称“台江民中”）校长。支教的过程，其实也是我从创办宏志班到创办“宏志校”的过程。五年多来，我走进了200多个贫困家庭，了解贫困家庭孩子的生活状况，并给予适当资助。在2016年底的一次家访中，我来到排羊乡小江村的小江小学。当时，眼前的画面令我很吃惊：学校是破破烂烂的木板房子，共有两层。一楼教室是用木板钉起来的，四面漏风；二楼是学生吃中饭的地方，没有楼梯，只用几块木板搭着作为上楼的通道，很危险。见此境况，我感到非常辛酸，没想到现在还有这样的小学。我拍下了这所学校的照片作为我的微信头像，以便时常激励自己。五年多来，杭州到贵州间的70多个来回，我乘坐了20多万公里的高铁，还是挺折腾人的；当地重油重辣的饮食习惯、阴冷潮湿的气候环境，我至今仍难以适应；何况，家里还有90多岁的老母亲让我时时思念牵挂。可每当想到这里的孩子还身处这样的环境中，我心里就会有份沉甸甸的责任感，希望通过自己的努力，为这里的孩子创设更好的求学环境。中国那么大，教育欠发达地区那么多，总要有人来做这些事情。

人，本质上是一种精神的存在；教师，本质上是一名精神工作者。中国共产党人的初心，就是“为中国人民谋幸福，为中华民族谋复兴”。作为教育者的使命，就是要提升民众整体文化素质水平。“道阻且长”，行则将至。

学校教育，一头挑起的是民族的希望与未来，一头挑起的是千百个家庭的幸福与期待。人，生而平等。我认为，一个人的成功，是父母生予的潜能能够得到正能量的最大化发挥。在孩子走向成功的过程中，旁人有给予帮助的责任和义务。这种帮助不应带有任何主观诉求，不为功利，不求功德，只为心愿。

台江县是“天下苗族第一县”，苗族人口比例高达98%。历史上的苗族人历经五次大迁徙，由于向外抗争一再受挫，从而转为向内自得其乐，创造了丰富多彩的苗族文化。台江“大节三六九，小节天天有”，还有“百节之乡”的称号。苗族群众过着一种相对封闭、无忧无虑、自我幸福指数较高的生活。但崇尚闲适文化，也导致了当地的孩子们普遍缺乏斗志。于是，我给自己的支教定了三项任务，做了大量工作扶老师的志、扶学生的志、扶家长的志。

第一项任务是管理好我的学校。五年多来，在各方的大力支持下，在全校教职员工（包括支教老师）的共同努力下，学校辍学人数从每年100多个到现在实况“净流入”。全县中考前100名在台江民中就读的，从过去的10多个，提升到现在的90多个。高考本科以上录取的指标完成率已连续多年排名全州第一。2019年，高考一本指标为44人，实际完成107人；二本指标为306人，实际完成561人。2020年，全校1047人参加高考，都考上了大学，共有829人上了二本线，其中270人上了一本线。当然，相比于数据，我更欣慰的是师生精神面貌的改变、精气神的提升，是家长和社会对学校信心的增长。2020年以前的三届毕业生，入学时都不是我招录的，能够取得这样的成绩，说明苗族孩子是聪明的，当地老师是有水平的，说明提升当地教育的质量不是“能不能”的问题，而是“想不想”“要不要”“做不做”“怎么做”的问题。

第二项任务是尽己所能，培养好当地的校长和教师队伍。我始终认为，所有的帮扶都是暂时的，所有的支教总是要结束的，重要的是增强贫困地区教育可持续发展的造血功能。我有幸被聘为黔东南州校长、教师专业发展培训首席专家，贵州省教育厅还成立了“贵州省陈立群名校长领航工作室”。这五年间，我跑遍了州内所有16个县（市），还去了贵州省内的其他一些地区，累计义务作报告、开讲座100余场，接受培训的校长、教师超过万人次。

第三项任务是要将社会的最底层撬动起来，形成尊师重教、耕读传家的良好民风。每年高考结束，我就把高三老师分成八个组，为上了本科线的学生，挨家挨户送喜报、放鞭炮。令我欣慰的是，从2019年开始，台江的一些村寨开始自发地为考上大学的学生召开庆祝大会。“考上一个学生，脱贫一个家庭，带动一个寨子”的理念，逐渐被苗族百姓所认同。

感恩与希望

近年来，党和政府给了我很多荣誉，这让我感受到了压力，甚至有些不安。我始终认为，我为教育而生，一生只做一件事——做好人、教好书。从教以来，我不买房产、不炒股票，至今住的还是政府照顾的经济适用房。我一心一意做教育，也把自己对教育的思考付诸笔端，至今已出版了16本书。

一路走来，我心怀感恩，感恩党和政府的培养，感恩有高考这样一个机会。作为一名曾经的农村生产队会计、大队团支部书记，我做梦都没想到，自己还能成为一名大学生。我也感恩在我接受教育过程中，给予我谆谆教诲的老师们，感恩工作过的学校的老师们给予我的帮助和所付出的努力，感恩社会各界爱心人士和媒体朋友在我们创办宏志班、支教苗乡过程中给予的关心和帮助。我也特别感恩过去的宏志生和现在的苗族孩子，是他们丰富了我的人生阅历，提升了我的办学理念，充实了我的精神世界。我做了30多年的校长，积累了一些学校管理的经验，尽管退休了，但还能服务百姓、发挥余热，传递东部教育的先进理念与方法，传递东部教育的“爱与责任”。对我而言，这是一种莫大的欣慰。

我是一名普通教师，做了一点很平常的支教工作，只希望能够尽自己所能，安安静静地帮一把处在相对薄弱教育环境中的孩子，同时提升当地民众整体的文化水平。我将此视为我的责任，我的使命。

目 录

第三辑 打造苗乡精神高地

第四辑 谈谈脱贫和教育

引子
故事的缘起

我于1975年1月毕业于浙江省临安中学。作为恢复高考后的第一届本科生，1982年1月从浙江师范学院（今浙江师范大学）数学系毕业后，我被分配到杭州市桐庐县毕浦中学任教。1984年7月，我担任学校副校长；1985年7月，任桐庐县窄溪中学校长。这期间，无论是担任副校长还是校长，我都没有任何思想准备，也没有丰富的教学、管理经验，足可见当时教师队伍中人才之匮乏。1991年调入杭州市区后，我基本上都在校长岗位上工作、学习和锻炼。

2015年8月，我从杭州学军中学校长岗位上退下来。这让原本忙忙碌碌的我多了不少自主支配的时间，也正想歇下来整理自己参加工作以来对教育的些许思考和感悟。没想到，计划还是被打乱了。

始于一个电话

2015年10月，我接到了教育部中学校长培训中心打来的一个电话，让我担任两位贵州校长的实践导师。

早在2000年，我曾参加过教育部中学校长培训中心举办的全国高中骨干校长高级研修班，脱产学习三个月。2007年起，我还参加了浙江省教科院组织的“浙派教育家发展共同体”学习研修活动，为期三年。在初步学习研修的基础上，浙江省教科院把我们八位校长作为“共同体”，委托教育部中学校长培训中心培养。2010年暑假开始，我又参加了教育部中学校长培训中心举办的为期两年半的全国优秀校长高级研究班。先后三次参加教育部中学校长培训中心组织的学习研修活动，尤其有幸得到培训中心主任陈玉琨教授的谆谆教诲，得到代蕊华（今培训中心主任）、沈玉顺、刘莉莉、田爱丽、王俭、王红霞等一大批专家学者的悉心指导，这对我教育思想的形成、教育情怀的升华、教育智慧的积累起到了决定性作用。因为有了与培训中心的这种关联，我在浙江省创办了首个宏志班；因为这种关联，汶川大地震后，我前往都江堰地区的四所学校，站在断壁残垣间为当地教师加油鼓劲，与我一同前往的台商林光清先生资助灾区教师赴杭州交流学习，并对他们进行心理疏导；因为这种关联，我和爱人曾一起前往四川省宜宾县的观音、商州等乡镇，开展义务支教。这次，还是因为培训中心的牵线搭桥，我开启了人生一段新的征程。

不久，我就在杭州学军中学接待了一批来自贵州的高中校长。他们都是贵州省首批名校长，由贵州省教育厅委托教育部中学校长培训中心培养。培训中心要求为每位学员指定一位实践导师。就这样，我成了黔东南苗族侗族自治州凯里市第一中学校长和安顺市第一中学校长的实践导师。培训中心还规定，实践导师必须至少到学员所在学校实地考察一次，我因此得以与千里之外的贵州结下不解之缘。

我的爱人申屠晓敏是杭州市第四中学已退休的数学教师。2016年3月29日，我们夫妻二人坐上高铁，第一次前往贵州。火车进入湘西和贵州地界后，大部分时间都是在隧道内穿行。记得到达凯里南站还有16分钟时，我们估摸着火车起码还得穿越10个隧道，于是就有意识地数了数，没想到结果竟是37个！可以想见此地群山绵延的独特景象，山未必高耸入云，但必然绵亘千里。

感受薄弱的教育环境

走出高铁站，我仰头就看到对面山上的大字——“凯里欢迎您”。环顾四周，只见高高矗立的鼓楼、望不到头的风雨连廊，一种异域他乡的新奇感扑面而来。不过，接下来几天的交流中我所听到的，则足以将新奇化为惊愕。

“一个2200多人的寨子，直到2014年才出了第一个大学生。”

“这里有十五六岁，甚至更小就当妈妈的女孩子。初中毕业就嫁人的事司空见惯。如果以后两个人过得好，到结婚年龄了就去补个结婚证；如果不合拍，就分手走人。”

“一些孩子天没亮就出发去学校。一是因为路远，二是因为一旦被邻居家发现，是要被拉回来的。道理很简单——我们的孩子不读书，他们去读书了，今后回来是要欺侮我们的。”

“一些村寨，已经习惯了没有文化的生活。”

“一些家长双休日给孩子送生活用品过来时，会给孩子带上自制的土烟。在家长看来，抽烟、喝酒是男子汉的标志。”

“在高中，有的女生是结了婚再来上学的。”

……

作为一名教育工作者，听到这些，我心中五味杂陈。置身于这样的教育环境，直面这样的教育生态，我们当何去何从？我们该何思何为？

“共同团结进步，共同繁荣发展。”习近平总书记的话言犹在耳。对任何一个国家而言，民众整体文化水平的提升，才是长治久安的基础与可持续发展的保障。今天，我们已经从教育穷国成长为教育大国，并正向教育强国的目标挺进，但这种前行不应是一枝独秀，而是要满园春色；不能只让部分孩子接受更好的教育，而是应实现全体全面的优质教育。

当今的中国是教育事业蓬勃发展的中国，是民族素质快速提升的中国，是一个年轻人充满理想的中国。这样的中国对教育寄予厚望，付重托于我们这些教育工作者，而我们能为国家做些什么？我们能为人民做些什么？我们该用什么来践行教育为人民服务的宗旨？我想，唯有用爱与行动。

在凯里一中作了题为“教育的智慧与境界”的报告后，州教育局的同志对我们说：“陈校长的报告得到了老师们的广泛好评。我有一个想法，想征求陈校长的意见：这么好的讲座，能否去黔东南州各个县的高中也讲一讲？”和爱人商量后，我们就开始了面向全州的教育讲座。

欣然接受邀请，主要出于以下几个原因。

第一，责任感使然。我始终认为人生来平等，在每一个孩子的成长过程中，旁人都有给予帮助的责任和义务。当一部分先富起来的人享受着优质教育资源的时候，贫困地区的孩子还处在相对薄弱的教育环境中。一份强烈的责任感让我觉得必须有所行动，为这里的教育事业和孩子们做一点什么。

第二，百闻不如一见，听闻了很多关于贫困民族地区教育相对落后的案例，我总想亲自去看一看，以便找到更好的着力点，针对性地开展教育帮扶。

第三，我在东部地区担任了30多年的中学校长，有幸担任了两届教育部中学校长培训中心的兼职教授，还曾为教育部中学校长培训中心的各类校长班授课30余次，现在即将退休，无论是发挥余热，还是“废物利用”，如能为更多孩子带去希望，让身在贫困地区的他们拥有不一样的人生，我乐在其中。

受邀于“天下苗族第一县”

2016年6月22日上午，我从锦屏县出发来到台江县。按照惯例，不管到哪个县开讲座，我都会去看看当地的民族高中。但那天下着大雨，连续两天又作讲座又赶路，身体已十分疲累，就没有走进台江民中。中饭后，我在县教科局三楼会议室作了讲座，吃完晚饭就回凯里了。

晚餐时，台江县教科局局长龙峰对我说：“台江民中正在招聘校长，如果能够请到像你这样的校长就好了。”我当时半开玩笑地说：“那就我来吧，反正我现在已经从校长岗位上退下来了，马上就退休了。”我们一边用餐，一边听他介绍台江县的教育情况。我到现在还记得比较清楚：台江县号称“天下苗族第一县”，98%的常住人口是苗族；全县只有一所普通高中，教育质量经常处在全州垫底的位置。整个交流过程中，我感到龙峰是一个内行的局长。

尽管跑了黔东南州的几个县，但都是走马观花式的赶场交流，并没有设身处地地想过如果在这里当校长可能会遇到什么问题。但自己是从农村走出来的，创办过浙江省首个宏志班，再结合几次到黔东南支教的所见所闻，有一点我十分坚信：民族地区有大量孩子迫切需要接受更好的教育，而台江作为“天下苗族第一县”，有其独特的代表性意义。

同年7月中旬，我因为身体出了一点状况，在老家临安经受了一次“生死时速”的考验，连夜赶回杭州就医，并住院十多天。出院后，我还需要终身服用两种药。7月底，身体还没有完全康复，没想到，中组部台江帮扶工作组和台江县的领导一行数人就来到了我家，正式邀请我出任台江县民族中学校长。

当时，中组部台江帮扶工作组组长赵凯明还带来了一封信，信中说："孩子是台江的未来，教育是台江的希望。台江拔穷根，根本在教育……我们诚恳地邀请您主持台江民中的教育教学管理工作，希望借您之名、借您之智、借您之力把台江民中的教育教学质量一把一把拉上来，进而带动全县教育教学水平的提升，打牢人才基础，为台江赢得未来。"这一番话，思路清晰、步骤明确，我深有同感。

现在回头去看，五年多来，我们正是基于这样的认识，一步一步地做、一把一把地拉，从而取得了一些成效。

在离退休还有五六年的时候，杭州的一些县（市、区）和学校就已经向我发出了邀请。退休在即，又收到了来自贵州的邀请。一边是人情，一边是责任，但我认定，在杭州我能做的至多是锦上添花，而民族地区的教育力量相对薄弱，在那里，也许我可以做更多。

在与家人商量并征求了医生的意见后，我决定接受"天下苗族第一县"的邀请，并表示与前面几次去黔东南作报告、开讲座时一样，担任校长期间，分文不取，义务支教。

关于待遇问题，记得我到台江两年后，有一次在县里开会，县长说："陈校长放弃了高薪聘请，来这里义务支教，难能可贵。我们给他钱，他都不要。"我接话打趣说："县长呀，给我钱，我是想要的，只是我想要的，你们给不起。你们能够给的，又实在太少，我干脆不要，说起来也好听一点。"言罢，大家都笑了。

就这样，满怀对教育事业的热忱，我成了台江民中的"掌门人"。没想到的是，我在这片异乡的土地上一待就是五年，很拼，也很累，但我无怨无悔。

第一辑
我和孩子们的故事

如果学校教育是一种唤醒和发现，我多么希望自己就是一条盘瓠——苗族神话中神勇的龙犬，用敏锐的嗅觉发现孩子们身上的闪光点，用不厌其烦的犬吠去唤醒每一个孩子的内在潜能。

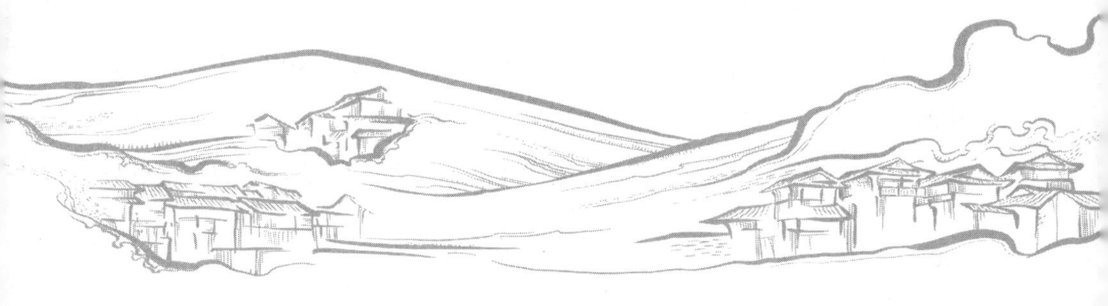

一口锅变成了六口锅

正式赴任的第一天，乘坐八个小时的高铁刚下车，我就看到了中组部台江帮扶工作组组长赵凯明等领导熟悉的身影，既欣喜又觉得挺不好意思。说实在的，这种待遇还真让我有点不习惯。我对自己的定位只是一名即将退休的普通教师，用一颗平常心做一点力所能及的工作，再寻常不过。

也不知是否冥冥之中的安排，台江民中是我此前作讲座时唯独不曾到过的当地高中，此番却恰好来这所学校任职。此前，我总以为相对贫困地区的教育理念和管理可能和东部存在一定差距，但硬件设施应该不存在什么问题了。没想到，实际情况却大大出乎我的意料。

2016年8月15日，我和爱人第一次走进台江民中。简单的欢迎仪式结束后，我去的第一个地方是学校食堂。作为一校之长，意味着3000多名学生被托付给我，学习成绩能否显著提升是众人关注的，但我始终认为“看不见”的那一面——学生能否健康成长，才是第一位的。

学校的食堂是师生共用的，上下两层，加起来只有800多个座位。操作间在一楼，我看到已经烧好的几大盆菜放在外面，没有任何防蝇设施，苍蝇“嗡嗡”四处乱飞。走进操作间才发现，食堂烧菜的锅竟然只有一口！

我说："真佩服你们，只有一口锅怎么烧得起来？"负责后勤的同志回答："这还算好的。有时停电了，还得用煤、用柴火烧，那才麻烦。"由此可见，贫困地区的办学条件确实困难，我内心不禁对这里的校长和老师充满敬意。

在操作间转了一圈，我发现食堂的所有设施都非常简陋，卫生条件堪忧，连头顶上方的电线上都密密麻麻地停着苍蝇。过后几天，我和负责后勤的同志以及几个老师一起聊天。我问他们，苍蝇不会掉到烧菜的锅里吗？一位老师打趣说："我们这里的孩子夏天不吃几只苍蝇，是要生病的。"真是困境中不忘幽默。

我还特别留意了学生的用餐情况：早、中、晚三个用餐时段，下课铃一响，大量学生便涌向校外，几乎瞬间就遍布这座小县城的大街小巷，寻觅餐食。我问学生处的老师："住校生有多少？"得到的回答是学生总数的三分之二。后来了解到，真正的住校生其实不到三分之一，在校用餐的更不到总数的四分之一。

考虑到学生家长大多在外打工，若放任孩子在外租房、就餐，就无法对孩子进行有效管理，也不利于孩子健康成长。我认为，学校首先要解决好师生的吃饭问题和学生的住宿问题，才能承担起应尽的社会责任。所幸，学校有一栋2012年开建的综合楼，尽管由于资金不到位，工程几经转包，但已经建成。一栋新的学生宿舍也已建成，只剩内部装修还未完工。这是我可以挖掘潜力的地方，是校内为数不多的可供利用的资源。

就在学校硬件挖潜改造工程准备实施时，问题来了。一是两栋建筑都还没有通过验收，因而无法进行后期改造。如果改造工程动了原有的布局结构，就会带来一定的风险，谁来承担责任？二是改造工程需要花钱，这笔钱谁来承担？

一头是师生焦急的等待，一头是工程管理的严格规定，两头都不能通融，但等着、耗着不是我的行事风格。当机立断，我决定马上找县里反映。我不懂工程建设的具体规定，但2012年开始建造的综合楼，至今仍未启用，显然已违反了规定。我心中只有一个目标：两个月之内，食堂、宿舍必须改造到位！

经县教科局协调，我们得到了相关部门的同意，把综合楼的地下室改造成高三学生食堂，把与之相邻、原打算用作小型学术报告厅的地方改造成临时的食堂操作间，尽管里面是阶梯式的，用起来不甚方便。报告厅的二楼改造成了教工食堂，与高三学生食堂共用一个操作间。同时，原有食堂的二楼增加了操作间，一楼增加了一口锅。就这样，一个食堂、一口锅变成了三个食堂、六口锅。

以往，大部分教师中午都得自己回家做饭，这也在一定程度上影响了教师的精力。为了凝聚人气，同时为教师提供方便，教工餐厅启用后，教职员工的一日三餐先试行免费提供。有的老师说："每天忙忙碌碌，不就为了做一份自己想做的工作，吃上一口舒心的饭菜？现在终于实现了，打从心底里感到愉快。"此外，经过两个月的赶工，学生宿舍也完成了装修。2016年10月下旬，学校决定，所有学生全部住校，实行封闭式的全寄宿制管理。

让学校安静下来

多年担任校长，我养成了一个习惯：只要没有出差，每天早读课、晚自习时间都会到教室转一转，也会到各年级的班主任办公室走一走。每天都能见到学生和老师，我心里才踏实；也许师生们看到我，心里也会踏实一些。

8月15日，到台江民中的第一天晚自习时间，我就按惯例到了教学楼前。还没等我走进教室，就听到楼内一片嘈杂。我原以为学校没有安排老师管理晚自习，但当我走遍整幢教学楼后发现，所有教室都有教师坐在讲台上。

我好奇地问老师："学生这么吵，你也不管一下？"

"他们在讨论问题啊。"老师轻松作答。

8月18日晚上，龙峰局长到校检查、调研晚自习情况，那时的教学楼已变得悄然无声。他转了一圈后，来到我的办公室，惊讶地说："你真厉害！这里一直以来解决不了的问题，你用两个晚上就解决好了。你是怎么做到的？"

其实，我从8月16日开始就做了两件事。一是明确要求晚自习时间，学生一律不许讨论问题。二是每天安排六个教师值日，每个年级两个，根据各班级晚自习时的安静程度打分；第二天一早在宣传栏公布得分情况，纳入班级考核并设立流动红旗，在每周一晨会上颁发，挂在教室门口。

晚自习安静下来了，但我又发现白天的课堂上和早、晚自习课中，都有一些学生在睡觉。最夸张的一个班级，早读课竟有37人趴在桌子上呼呼大睡！叫了几个学生出来一问，我才知道不少学生晚上玩手机或聊天直到凌晨两三点才睡，有的甚至通宵打游戏“吃鸡”。这对孩子的身体影响太大了！我急忙找来学生处的老师了解宿舍管理情况，原来每栋宿舍只有一楼的两个宿管人员管理。一般来说，他们只能管住宿舍大门，要他们检查就寝纪律就有一定的难度，因为学生往往只听老师的。

很快，学校决定宿管人员负责检查卫生并每天一早将检查结果登在宣传栏中；教师值日延伸到宿舍管理，每天都要在学生就寝后检查纪律，第二天早上公之于众。每栋宿舍都要有老师留宿管理，处理可能发生的突发事件。多措并举，寝室也相对安静下来了。但我很清楚，这种安静是依靠外部施压达成的，并不稳定；学生不是不想玩闹，只是不敢，一旦这种外力不复存在，就会立马故态复萌。

教育可以起于功利，但不能止于功利。要实现从声静到心静的转变，必须解决认识上的问题，激发学生改变命运的斗志。于是，学校开展了“创设安静学习环境月”活动，紧接着又开展了“创设自主学习环境月”活动。各年级安排了统一内容的班会课；学校层面则通过国旗下讲话，进行针对性的引导。我曾作过一次题为“深度思考，用心学习”的讲话。

各位老师，亲爱的同学们，大家早上好！

开学以来，同学们的学习风气有了很大的改进。同学们学习的热情提高了，晚自习变得安静有序了，寝室纪律也好起来了。我为同学们的进步感到高兴。但仔细观察大家晚自习的学习状态，真正高效专注的还是不多，不少学生还是处在浅层次的应付状态。因此，我想跟大家好好聊一聊。

高考是当代青年必然要跨越的一道坎。面对高考，不同的学生有着不同的心态。一些人认为，高考让自己正值花季、雨季的生活变得索然无味。他们讨厌高考，甚至诅咒高考。这样的学生总是被学校的制度、老师的管理压着学习、管着学习，是一种“被高考”的状态，自然不可能有出色的学业成绩。面对高考，一些大城市中的学生发奋求知，因为他们充分感受到了竞争的残酷，感受到了知识在阶层分化中所体现的力量。在大山深处，我们必须坚持寒窗苦读，因为只有知识才能够改变命运。高考比的是智商与勤奋，凭实力说话，相对公平。其实我们应该感谢高考，应该主动驾驭高考，利用高考这个平台与机会来实现自己的人生目标。

人的智商呈正态分布，大多数人的智商都是相差不大的，关键就看谁的学习更专注投入，做到了真正意义上的用心学习。来到台江，我发现这里的同学都很聪明。俗话说，“人不可貌相”，但我始终认为，绝大部分人都是可以“貌相”的。我接触了一些学生，他们的聪明都呈现在脸上，展示在课堂中的快速反应上。但很遗憾，从我对课堂到晚自习的观察发现，同学们对高考竞争的激烈程度认识不到位，学习时的专注度与紧张度明显不足，或者说，天生的聪明没有上升到智慧的层次，内在的生命能量没有爆发出来。这与真正的一流高中学生形成了明显的反差。而总是处于浅层学习状态的学生，是很难在高考中取得好成绩的。

一般来说，做出难题需要具备两个能力：其一，对已知条件和已有结论进行抽象归纳的能力，也就是能把分散的条件综合起来加以运用；其二，在充分运用条件的基础上，一步步进行严密的逻辑推理，也就是有理有据地向着结论一步步挺进。思维的深刻性是指思维活动的抽象程度和逻辑水平，以及思维活动的广度、深度和难度。这就是说，没有思维的深刻性训练，是做不出难题的。

高中的学习，需要在深度思考的基础上展现出抽象、归纳、综合的能力。哪些事件具有共同特征？说明了什么原理？哪些现象具有共同特点？说明了什么规律？学习时，让思维伸向问题所展现的另一个世界，纯粹深刻，孤云独去，物我两忘。

在课堂与自习的时候，你是否深度思考、用心学习，自己最清楚。我这里琢磨了几条判断标准，供同学们参考。其一，在深度思考、深度学习的时候，猛然抬起头来，短时间内分不清教室的门窗在哪个方向，甚至不知道自己是在家里学习还是在教室学习；其二，在你埋头学习，思维进入问题所呈现的另一个世界的时候，下课铃声突然响了，或者旁边的同学不小心碰到了你，你的身体会由于受到惊吓而颤抖；其三，晚自修近四个小时，如果是真正开动脑筋的深度学习与思考，下课了就会感到有点累，甚至会面红耳赤，这与机器高速运转要发热是一个原理。如果以上三种感觉你从来没有感受过，只能说明你从来就不曾真正深度思考过。一些学生到了就寝熄灯以后学习，说是思维很清晰、学习效果很好，这多半是形式多于内容。只能说明，你在晚自习的时候，思维容量没有到位。

儒、释、道三家都认为静能生定，定能生慧，慧能生智。诸葛孔明在《诫子书》中说："非宁静无以致远，非淡泊无以明志。""才须学也，学须静也。""静以修身，俭以养德。"我相信，这一些，大家都是烂熟于心的，问题是要真正落实在行动上。宁静致远，只有内心真正地平静下来，才有可能想得深、看得远。心浮气躁、浅尝辄止，不可能有真正的学问，当然也不可能有理想的高考成绩。

深度思考、深度学习，主要在于学生的自觉、自主、自律。为了同学们能够养成深度思考、深度学习的良好习惯，必要的外在约束也是不可缺少的；学校规定晚自习期间学生之间一律不得相互讨论问题，是完全必要的；真正有心要学的同学，想要问问题，有的是时间。

各位老师、同学们，学生的尊严、教师的尊严、我们台江民中的尊严，需要我们师生精诚团结，共同努力争取。所有这些尊严的呈现方式，往往就是我们师生的成长，就是我们台江民中的发展，甚至是我们学生高考成绩的提升。而要实现这些的前提是教师认真投入地教、学生专注高效地学。

勤学苦练，笔聚千钧，郡园人杰绘出胸中锦绣；穷研力究，神驰万里，苗疆才俊谱成华丽诗章。

同学们，加油！我们共同努力！

当国旗下讲话结束后，一个学生一边往教室走一边告诉我："我坦白地说，在玩手机的时候，就有你说的那三种感觉。"听了这话，真是让人又气又好笑，我说："恭喜你，终于找到感觉了。希望你把玩手机时的专注投入用到学习上。"他不住地点头说："我会的，我会的……"

被毒蛇咬了的学生

来到台江民中的第三天早上，我就看到校园内雕塑背后的地上有蛇被打死的痕迹。询问后，老师们告诉我，学校所在的山湾以前叫作“蛇窝”。建造学校时，有时挖土机一铲子下去，提上来的铲斗里就有几条蛇四处乱窜。即使现在，每年夏天，校园里总会看到被打死的蛇。老师们提醒我，晚上走路一定要小心再小心。每天晚上，我都要在校园里巡视很久，听了这些话不免有些毛骨悚然。

校园里经常有关于蛇的消息。有的老师说，自己走路时不小心踩到了蛇；有的老师说，他拍到了学校里的一棵树上盘着一条蛇，腹部直径足有五厘米。浙江大学附属第二医院对口帮扶台江县人民医院，杭州来的医生喜欢到我们学校的操场上走路健身。后来，他们也在校园里看到了蛇，吓得有些医生从此不敢再来，胆子大的则把手机当手电筒用，生怕踩到令人生畏的毒蛇。

长此以往，大家对校园内有蛇出没的事，已见怪不怪了，但令人难以置信的事情还是发生了。

一天凌晨两点，学生宿舍一号楼的一楼宿舍中，一名睡在下铺的高二男生在熟睡中被蛇咬醒了。被咬的手臂马上肿了起来，很明显，这次

"作案"的是一条毒蛇。留宿管理的老师马上将该学生送到了县人民医院。很不巧，那天医院的抗蛇毒血清用完了。简单处理后，医院派出救护车，连夜将其送到了位于凯里的州医院，老师和该名学生家住县城的舅舅一起陪护。

次日一早我刚踏进校门，门卫就和我说了这件事，并解释说，留宿老师认为问题不是特别严重，就没有在深夜惊扰我。我来到学生宿舍查看现场，初步估计应是入秋后，由于昼夜温差较大，蛇从开着的窗户爬了进来。学校总务处主任说，为预防此类现象发生，其实早在开学初，学校就已经派人在宿舍四周洒了雄黄。

随后，我立即赶到州医院看望学生。据这位学生回忆，可能是自己在睡梦中侧了一下身子，压到了蛇，导致蛇受惊后咬人。被咬醒后，他大喊一声："我被蛇咬了！"同学们打开灯，一起将蛇制服了。紧接着，留宿老师就来了。

没过多久，学生的父亲也从乡下赶到了州医院。一见样貌，我便知他是一个老实巴交的农民。我握着他的手说："真是对不起。"他开口就重复了两遍："我们运气不好。"简单的六个字背后，满是宽容、厚道与淳朴。他越是这样宽宏大量，我越是感到羞愧难当，也为未能防患于未然深感内疚与自责。这样的好人不能伤害，更不能让他们吃亏。紧接着，学生的舅舅就开口了："校长，我感到不好理解，孩子晚上好好地睡在床上，怎么会被蛇咬了呢？"这应是受害方婉转提出的正当的权益诉求，我接过话马上表态："非常抱歉，这样的事的确不该发生。你的意思我清楚，这件事学校负全责。"

回到学校，我立刻让校总务处派人在几栋学生宿舍楼四周再次洒上雄黄，并对一些离窗较近的草丛进行地面硬化处理。

在西南山区，潮湿的自然环境比较适宜于蛇类生存。到了夏季，可以毫不夸张地说，满山遍野都有蛇。《杭州日报》记者郑丽娜，多次到黔东南州采访。2020年夏天，为了创作广播剧《苗疆的早晨》，她再一次来到台江，并深入苗寨体验生活，半天之内就两次在山区小路上遇到了蛇。她还说第一次见到小路中间盘着一条蛇，腿一软，差点从陡峭的山坡上跌下去。我在家访过程中也经常遇到蛇从我们的车前游过。

台江，真是个山好、水好、空气好，而且人更好的地方。这里拥有未遭破坏的自然生态，养育了淳朴善良的各族同胞，也让各类动植物得以自由生长。

我的学生们，和这里的自然万物一般，拥有着蓬勃旺盛的生命力……

一封反映问题的匿名信

来到台江民中还不足两个月，一天早上，我打开办公室的门，就看到地上有一封从门框下塞进的信。

尊敬的校长：

您好！

我是一名高三学生，有些心里话想跟您说，所以姓名、班级我就不透露了，抱歉。

台江民中历年来的高考成绩众所周知，我想您上任之前一定很清楚，来这里生活对您来说是一项艰巨的挑战。我知道以您的身份是不会被安排到这里上任的，我猜您喜欢挑战自己，如果能把“死城”变成“皇城”，那是多么大的成就啊！因为您很自信，所以来了。我们欢迎您的到来！

自您上任以来，学校发生了很大的改变，学生不再迟到，早操、升国旗的质量得到了提升，早读也是如此。晚自习终于静悄悄了，这点很让人欣喜。老师们也改变了很多，更加认真、负责、敬业。好的方面我就不提了，大家有目共睹。

但是学校还有几点不足之处，如果这些致命问题无法解决或得不到改善的话，现在的台江民中与之前的台江民中又有什么区别！

第一，考试期间手机作弊问题相当严重，监考老师只管场内安静就行，没有严抓作弊的学生。高三月考期间，全年级至少有500人用手机作弊。不是我夸大其词，我班有一个同学靠手机作弊考进了年级前30名，要不我也这样搞个年级前30名给您看看？

第二，不想学的学生太多了，这是我校最致命的问题。我班有60个人，真正想考大学并且抵制所有诱惑、心无杂念、刻苦付出的人只有5个。您没有听错，其余的人根本无法做到为了考大学而放弃一切。有的人只是为了拿个高中毕业证，还有的人来此读书就是为了找老婆。因为在我们这里，17—18岁的人就可以先结婚，晚几年再领证。更有甚者，找不到跟父母要钱的理由，所以来此“读书”，为的是拿父母给的生活费去“花天酒地”。这些人怎么治？他们在学校不违纪、不顶撞老师，可一到了外面就成了小混混，学校也拿他们没办法，总不能因为成绩太差而开除吧？永远不要被事物表面现象所迷惑，他们上课的时候很认真的样子，那都是假的，要不然认真听课了怎么会不懂？一到下课就完全变了一个人，只知道玩，仿佛学习的事与他们无关，他们也毫不在乎。我敢猜测，我们高三大约有500

人根本就不想学或者做不到为了大学梦而抵制诱惑、专心致志地学习，所以这500人根本就考不上大学。近朱者赤，近墨者黑。我就怕不止有500人，我也怕这500人影响别的学生。一个班级中，有一匹害群之马就足以堪忧，更何况是500人呢？高一、高二的情况也大致如此。

您的任务很艰巨，挑战难度很大，但是我相信以您的实力来应对完全绰绰有余，2017届一定会硕果累累。因为您的到来，我相信了曾经读到过的一句话：一个人能改变一个家族的命运，一所学校、一个城市乃至一个国家甚至一个星球的命运。我觉得读书不是唯一的出路，上面我提到的不想学的学生也有自己的梦想，或许他们在学习方面不出众，但就能否定他们在其他方面不是人才了吗？只是他们不知道自己的人生观、价值观罢了。人应该有自己的追求，明白自己要拥有什么样的人生，而不是像复制品一样考大学、找工作、买车买房、结婚生子，这样的人生跟机器有什么区别！

应该让学生们知道自己的人生观、价值观是什么，那才是获得成功的动力源泉。我的人生观、价值观就是创业，开一家属于自己的公司，身价达到百亿，开豪车、住别墅，热衷公益慈善，把爱传递下去。我觉得学历不能代表一个人的能力，更不能代表一个人的人品。下个学期我不读书了，我想出去打拼，我热爱创业、热衷公益，而学历只是一张纸而已。

晚辈拙见，想法很幼稚，文章也有很多不足之处，但全是心里话，还有希望学校的问题能够得到改善。

此致

敬礼。

祝您事业更上一层楼！

匿名

2016年10月11日

我看到这封信的第一感觉，是欣慰。一是觉得我获得了同学们的信任，他们愿意把心里话告诉我，这将是我有效开展工作的前提。二是它让我较为深入地了解到了高三学生的真实状况，有利于让后续的管理工作更具针对性。信中所反映的部分情况，是我平时巡查教室、寝室，与年级组领导、老师交流时所察觉不到的。三是看到了学生内心满满的正能量，他们选择把真实情况告诉我，一定是期盼着能有所改变，期盼着台江教育春天的到来。四是我发现即使这位写信的同学有一些偏激，但整封信的语言表述还是流畅的，说明在大山深处的苗疆腹地，有些学生的语文基础还是不错的。五是知道了学生对我的定位——自信、勇于挑战，这些都是我乐于向学生传递的信息，说明自己一个多月来的工作还是有成效的。

当然，我从这封信中也读到了下阶段工作的难度。2017届学校的招生人数为1200人，但有些学生没有来报到，有些中途辍学，高三第一学期开学时只剩下了867人。按照匿名来信所言，其中又起码有500人是混日子的。玩手机、早恋、抽烟，学生积染了不少不良风气，抵制不了眼前诱惑。我决定，利用国旗下讲话的机会给这位学生回信，同时与同学们交流我的观点。这次国旗下讲话的题目是“厘清认识，发奋学习，立志成才”。

在把信中的主要内容尤其是有关学校存在的问题向全校师生说明后，我接着说：

首先，我要在这里感谢这位学生对我说了不少“心里话”，让我更深入地了解到了学校教育和管理上存在的一些问题，也让我了解学生内心的一些真实想法。下面，我就这封信所提出的问题作如下回答：

第一，关于考试中手机作弊的问题。学校已经取得县教科局的支持，以后凡学校组织的大型考试，一律用金属探测仪对考场进行检测，一经发现有人将手机带入考场，一律当作弊处理。同时，我还想和大家说，手机的出现让人欢喜也让人忧，它断送了许多天资聪颖的孩子的美好前程。对其带来的负面影响，全世界、全人类都没有做好准备。经研究决定，我校也将采用黔东南一些县（市）的做法，周日返校时，学生的手机交由班主任统一保管，周末放假再还给学生。

第二，人不努力，是因为生存的根本没有被动摇。也就是说，一些学生不努力，只因为你还有家可以回，还有伸手要钱的地方，尽管这些钱也许是你的父母用血汗换来的。我在浙江省创办了首个宏志班，招收了38个父母双亡的学生、160多个父母一方已去世的孩子，我还曾带6个无家可归的孩子回家过年。这些孩子学习都非常努力，最终绝大多数考上了重点大学，有的现在已公派出国留学。宏志生的励志故事，大家可以去看根据真实事迹改编的、由华光影视公司拍摄的电影《爱满长河》。

每个人何时出生、出生在什么家庭是无法选择的。我跟你们中的大多数一样，出生在农村。初中开始住校，学校离家5公里；高中在县城，离家15公里。高中两年，我从来没有坐过汽车，每周步行一个来回，还要肩扛着米、手拎着菜。我总认为，农村孩子想要改变命运，让自己的聪明才智得到更好的发挥，读书是唯一的出路。你来到台江民中的意义在于：你靠父母打工挣来的辛苦钱在这里读书，并尽力考上一所好大学，让你的孩子能够站在你的肩膀上，拥有更高的起点，走得更远，而不是周而复始地循环你的人生。读书要靠一篇篇课文背出来，要靠一道道题目做出来，要靠一次次挫折磨炼出来，没有捷径可走。正如朱熹所言："读书之法无它，惟是笃志虚心，反复详玩，为有功耳。"

第三，高考的重要性。隋文帝开创科举制度，不拘一格选人才。世界各国纷纷效仿，这项制度的影响一直延续至今。高考是年轻人必然要跨过的一道坎，不能回避，也不必胆怯。高中是基础教育的高级阶段，是为未来的漫长人生夯实基础。通过克服学习上的困难，可以培养自己的逆商。如果连学习上的这点困难都无法克服，将来如何应对创业中的挑战？

我听说过有大学本科或者研究生没有读完就下海并最终创业成功的案例，但还没有听说过高中未毕业就创业成功的例子。现代社会的工业生产已经从机械化、电气化、信息化进入到工业4.0的智能化，人们的收入、地位与学历紧密相连。在全球化的大背景下，连起码的高中阶段应该接受的科学知识、人文底蕴和外语能力都不具备，比尔·盖茨、马云、丁磊、马化腾等，会来和你谈生意吗？我到过美国的硅谷，参观过英特尔公司，也参观过杭州的阿里巴巴总部。马云夫妇曾赞助过杭州长河高中的宏志班30万元。2014年，我所任教的杭州学军中学举办了高中生职业生涯规划国际论坛，应我之邀，阿里巴巴派来了外方代表。但在接洽过程中，作为浙江省内一所顶级高中的校长，我为自己无法直接用英语与对方交流而感到惭愧和无奈。

同学们，说一句不客气的话，在现在的社会中，结合我们所处的现实环境，如果高考落败，基本就只能加入农民工的后备军。如果连高中都没有毕业，那么身价百亿、开豪车、住别墅，基本就是痴人说梦、自欺欺人。但凡有考试的地方都有压力，美国高中生学到后半夜的也大有人在。如果现在你就想着辍学创业，说白了，无非是打退堂鼓，逃避当下学习的压力。希望我们台江民中的学生不要再犹豫、彷徨了，真正静下心来潜心向学，打下基础教育的扎实功底，机会总是留给有准备的人。现在从中央到地方，都在帮助台江县脱贫攻坚，但我认为，所有的支持和帮扶都是外在的，只有学得的知识、增长的智慧是自己的。说到底，振兴黔地苗疆，还是要靠我们苗民自己，靠一代代年轻人的真正觉醒。

各位老师、同学们，生可清贫，贫贱不移，读经读史胸怀广宇；志当高远，远辽无畏，修德修行脚踏实地。在全球化、国际化的大环境中，我们不能凭幻想度日，不能靠资助生活，不能用退学回避。我们要敞开胸怀，拥抱时代，与时俱进；要厘清认识，积极行动，百折不挠；要激昂斗志，发奋学习，立志成才。

谢谢大家！更要谢谢给我写信的那位同学！

拉住一个是一个

2017年春节后开学，教务处统计的情况显示，有60多个学生没来报到。情急之下，我连忙打电话向县教科局局长汇报。不料局长安慰我说："这已经是近年来最好的情况了，通常年后都会有100人以上辍学。"

之前我在家访中也了解到，一些学生自身学习基础较差，看到一些小学、初中同学外出打工赚到了一点钱，玩着手机，穿着较为时尚的服装，看上去无忧无虑、潇洒自在，因而心生动摇。这实属常见。但我实在没有料到，让我心惊的辍学人数，当地主管部门早已司空见惯。他们告诉我，这些节后没来报到的学生，估计大部分已经跟随同学或家人外出打工了。

这样的形势着实提醒了我，如何让学生坚定学习的信心，应是更重要的亟待解决的难题，也是当地教育工作者所面临的更严峻的挑战。

没有办法淡然面对辍学人数，我下决心要去把他们劝回来。电话"轰炸"、四处联系、再三劝说，一些学生被劝回来了，也有一些没有回来。被劝回来的学生中，有些读了一段时间又离开了，有些暑假过后又不来了。希望与失望、暂得与永失、欣喜地迎接与无奈地目送，在这个不断反复的过程中，说实话，有时我感觉很失败。

记得有位高一女生，春节前班主任就反映说这个孩子不想读书了，怎么也劝不好。我找来这位女生，直接问她：

“你为什么不想读书了?”

她迟疑了一会后回答：

“我没有吃饭的钱了。”

她的家庭情况真让人倍感心酸：家中父母双亡，有两个哥哥、一个妹妹。两个哥哥都还不到20岁，都已外出打工了。她的饭钱由大哥不定期打给她。但这次已经一个多月了，大哥还没有打钱，她只能借同学的饭卡吃饭，有时就饿着。我当场给了她1000元，让她赶紧去充卡，并让她用完了钱就来找我。此后，她来找过我几次。虽然她的班主任和班干部曾向我透露，这个学生有了钱后，去超市买东西都挑好的买，还喜欢吃零食。我理解他们跟我反馈的心情，我内心也希望她能好好吃饭、好好读书。我想，或许我们不必太过苛责一个女孩子对吃得好一点的渴望，等她长大一点了，应该会更懂事的。

2017年春节后，她的名字出现在了辍学名单中。班主任说她跟着表姐去广东东莞打工了。我从上午9点多与她联系上后，一直做她的思想工作，也与她的表姐聊。然后，给她的卡上打了2000元，让她表姐雇辆车，送她到广州坐高铁回来。一路上，我与她保持联系，提醒她要注意的问题，又派学校党总支副书记兼副校长杨海到离学校最近的三都高铁站接她。晚上11点，她终于风尘仆仆地赶到了学校，我一直在办公室等着她回来。看到她如看到幼雏归巢般，我内心激动不已，拍着她的肩膀说：“你受苦了，从此以后不能再任性了。从高中到大学毕业为止，所有费用我都会想办法，你只要静下心来好好读书。”

但很遗憾，2017年暑假后，这位学生还是最终告别了课堂。班主任说，她去打工了，而且有了在外面一起打工的男朋友。

一次次的辍学劝回工作让我明白，仅仅因为生活上的贫穷而辍学的，还是劝得回、帮得上的；而精神上贫穷的，帮起来要困难得多。一个都不能少，说起来容易，做起来太难，我实在做不到。也许我所能做的，就是拉住一个是一个。

从2018年春节开始，大规模的辍学现象基本消失了，反而有部分之前为追求更好的学习环境而出去就读的台江籍学生，无论当初是小学、初中或高中阶段出去的，现在陆陆续续地要求转回来就读，说明老师们的努力，收到了成效。

一个不受别人恩惠的女孩

2017年12月15日，高三学生王世珍来到我的办公室。因为她的妈妈已到了尿毒症晚期，在凯里的州医院住院，需要她照料，所以她想请假一段时间。我先安慰了她，并希望她勇敢坚强地继续完成高中学业。

第二天一早，当我打开办公室的门时，看到地上有一封信，拿起来一看，里面还夹着1000元钱。

> 尊敬的陈校长：
>
> 您好！
>
> 我是高三（11）班的王世珍。首先感谢您对我的帮助，是您撑住了我倾斜的生活的船舷。在我的生活里，您就像一盏灯，照亮了我的心灵，使我的生命有了光彩。当您知道我遇到困难时，毫不犹豫地从背包里拿出1000元给我，我打从内心感谢您给予我的帮助。可是，这也让我背上了沉重的包袱，所以这些钱我不能收。虽然妈妈看病所需的医药费可能是一个天文

数字，这一来，我的生活可能会更加拮据，但是您的钱也是来之不易的。处于两难之间的我宁愿生活更加拮据，也不愿因此让自己受到沉重的压力。我想，人若不是到了绝境，绝不能干等着别人的施舍，而应该自己有所行动。

面对这样的困境，看着病床上憔悴的妈妈，想到距离高考的时间正一天天缩短，我陷入了沉思。从没想到，我近期的复习规划会因此被打乱。我想陪伴母亲，又想追逐我理想的大学，于是我无法作出选择。但当妈妈即使生病也不忘催我回学校，当父亲一次次来电催我回来上课时，我就已经作出了决定——回来继续读书。我不想因此让妈妈愧疚，不想让自己的理想化成泡沫。我祈祷母亲能恢复健康，也希望我能不辜负父母的期望。我会努力，希望我成功时妈妈能够看见，希望那时她还能笑着说："你们看，我的女儿还是不错的。"

再一次真挚地感谢您的帮助，滴水之恩定当涌泉相报！

高三（11）班　王世珍

2017年12月16日

这真是一个特别有志气的孩子。在与贫困孩子的一次次交流中，我常会当场给予资金帮助。当我们把资助的钱或物双手递过去，大致会有这么几种情况：有的面无表情地接过，连一声"谢谢"也没有；有的会伸手爽快地接住，并说一声"谢谢"；有的总要推辞一下，最后表情纠结地生硬接过；也有的态度坚决，拒绝接受。这些不同表现的背后，应是有这么几种心态：有的想着这是天上掉馅饼，不要白不要，根本不会考虑对方的钱从何而来，连礼貌的客气都不懂得表示；有的明白自己的处境，坦然接受，想着他日可回报，行有礼节，不卑不亢；有的心里也明白自己处境艰难，但又不好意思拿，毕竟那是别人的东西，不能随便伸手接受，但迫于生活窘困，只能暂时接下以解燃眉之急；有的虽然物质上贫穷，但心里从不接受别人的馈赠，甚至会对别人的施舍很反感，认为是一种变相的瞧不起人，宁愿选择在艰难的窘境中煎熬，无怨无悔。所有这些表现，都是可以理解的，因为毕竟他们都还只是孩子。

作为校长，家访过程中，通常不会有学生对我有反感情绪。如果需要为困难家庭的学生提供资助，我大多会避开媒体的镜头，私下把钱交给孩子。如果有媒体想一起去家访，我也大多会征求学生的意见，看他们是否愿意接受采访。孩子还年轻，今后的路还很长，得让他们有足够的尊严和热情继续前行。我很反感媒体记者有时为了拍出一个理想的镜头，要家长、孩子一次次表演。有时，我们总是想当然地认为，给了孩子资助，就可以随意让别人来配合，甚至以别人的贫困为新闻点宣传。人格尊严不是钱可以交换的。很多时候，我们总是在物质上帮助别人，却在精神上伤害他们。

王世珍的表现，让我心生敬意，我愿尽我所能去帮助她。

收到这封信的下午，在台江县人民医院院长汪四花的帮助下，我与州医院泌尿科取得了联系。随后，我就带着王世珍去州医院看望她的妈妈。

前往医院的路上，我向她了解了一些情况。她出生于2000年，原名王空长。空，是她的苗名，意为“亲”。爸爸在广州打工，是家庭唯一的经济支柱。姐姐已出嫁，弟弟正读初中，她是村里唯一一个读高中的女孩。

讲到家里的事情，她就似乎停不下倾诉的欲望，一个多小时的车程中，她跟我说了很多很多：

在母亲生病前，我还只是一个孩子，也只想当个孩子。原来，我和大多数普通家庭的孩子一样，虽然生活不能用“滋润”来形容，但是用“安稳”来形容恰到好处。说与其他孩子一样，但似乎我比他们幸运很多，因为那时我的天空是父母撑起来的。我从未想过，在我心中如此强大的他们也会有被击倒的时候。

2017年4月初，过完年刚去外地不到两个月的父母突然回家了，他们做了一个从未跟我提起的决定：准备用十多年在外地努力挣来的血汗钱在老家盖一栋砖房。正读高二的我心里暗喜，因为这是我从小到大，父母头一次在家待这么长的时间。苗族人热情好客，常常邀请家族成员聚餐、喝酒。4月中旬，父母受伯伯的邀请，到他家中做客，在回来的路上母亲因天黑不慎摔倒。事发第二天，母亲因为后背疼痛与父亲一同去台江县人民医院进行全身检查。医院的检查报告显示，母亲的左侧肋骨共有3根断裂，并且多处骨折。尽管如此，父亲还是让我不要担心，家里还有他呢。我也知道生活并不是一帆风顺的，也相信这只是一道坎，殊不知这竟然是一场噩梦的开端。

我们苗族大多数年长者依然被传统思想束缚着，宁愿相信所谓的鬼神，也不愿相信现代科学。父母亲做完检查并没有在医院进行科学治疗，而是回去寻找所谓“神医”自行调配的草药。尽管我多次劝阻，但他们依然执意不改。由于之前我表哥因车祸导致腿部断裂，也是用草药治疗痊愈的，他们就更加坚定了用草药治疗的想法。那药是一个村里的老人在野外挖来多种药材，然后用酒泡在一起放置一段时间而制成的“药酒”。传闻患者喝得越多，就恢复得越快。就这样，母亲坚持一个月的“治疗”后，骨伤竟慢慢恢复，我便也不再多说什么。

2017年8月，父亲突然给我打电话，告知我母亲在凯里州医院住院，叫我过去帮忙。原本父亲并不想打扰我复习，但是家里的工程和医院同时需要他，一时无法分身。我当晚就收拾行李赶往医院。医生说，母亲突然手脚发麻、使不上力是由于身体严重缺钾所导致的，需按时吃一些补钾的药物来改善。听起来，情况好像并不是很糟糕，但母亲的其他症状引起了医生的注意：母亲每天摄入的水量很少，但排尿十分频繁、尿量也不少。住院的那一个星期医生虽然每天都给母亲采血检查，但始终没能给这种症状下一个准确的结论。由于住院费用过高，父母最终决定出院，并且跟院方签订了后续责任自承书。之后，母亲因同样症状又两度住院，也都没得到什么结论就又出院了。不久，母亲就又和父亲出去打工了。

2017年12月，父亲给我打电话说，母亲的症状变得有些严重，他买了车票让母亲独自回来，并让我带母亲去医院检查。第二天，母亲便到了台江，我即刻向老师请假，带母亲做全身检查。因检查结果要下午两点才出来，我便带母亲先到表舅家休息。下午，我独自一人前往医院拿检查报告，并将结果给内科医生看。医生告诉我，母亲血液中的肌酐指标已经超出了正常指标范围的十倍，并让我拿着单子去找血液透析室的张医生。随后，张医生很严肃地告诉我，母亲已是尿毒症晚期，情况很危急，建议马上到医院进行治疗。尿毒症，一个原本陌生的词就此在我们家出现了。

为什么是尿毒症？怎么会是晚期？病情远远比我们想象的要严重很多。回去后，我很郑重地跟母亲说明了情况，并劝她配合医生进行治疗。当晚，我们收拾了住院所需的物品，第二天便早早来到了医院办理住院手续，配合医生进行治疗。为期三天的检查，只有我一个人在医院陪伴母亲，父亲还在外面打拼，爷爷奶奶因年迈只能在家，姐姐已另有家庭，弟弟还小。那几天，我感觉自己成了一个大人，不能轻易地发泄情绪，什么事都只能放在心里。主治医生将我叫到办公室告知结果，母亲被确诊为尿毒症晚期。那么，之前在凯里州医院所出现的症状也有了答案。起病如此之快，且几个月内就到了晚期，经医生分析，极大可能是由于母亲之前喝了整整一个月药酒。医院下了一份病危通知书让我签字，我还清楚地记得，尽管一再告诫自己要镇静，但签字的时候，手还是不停地颤抖。

为了能有更好的治疗环境，那天晚上我与父亲商量转院，第二天便将母亲转到了凯里州医院。由于州医院与县医院已经衔接好，避免了很多不必要的检查。过了两天，姐姐从外地回来照顾母亲，决定让我回学校上课，好好备考。姐姐的提醒才让我想起来，我已经很久没有回学校了。回到课堂的我始终坐立难安，很难静下心来学习。世界上令人遗憾的东西很多，但是事关母亲，我不想留有遗憾，所以那天我决定向您申请暂时休学，回家全心照料母亲。

但是，校长您又让我内心动摇了。母亲最希望我怎么做？我做到什么最有利于母亲恢复健康？

……

在州医院，我见到了王世珍的妈妈。她虽然躺在病床上，但精神状态还可以。主管医生说，最困难的时期已经过去了，目前病情还算稳定，只是需要定期做血透，而且表示转院到台江县人民医院也不耽误治疗。

此后，母亲的转院、住院手续都由王世珍一手操办。她还在台江县人民医院附近租了一间房子，月租200元，算下来比住院要省得多。我看到，简陋的出租房里，除了最基本的生活用品，没有任何家具、电器。

我与学校传达室打了招呼，方便王世珍进出校园。就这样，王世珍一边读高三，一边照顾病重的母亲，为母亲做饭，按时送母亲去医院。晚自习下课后，她就回到出租房，陪伴在母亲身边。白天、晚上，经常能在学校到医院的路上看到王世珍瘦弱的身影。有时顺路时，我就请她上车，带她一程。

在她的悉心照料下，她妈妈的病情一直很稳定。2018年高考，王世珍考上了贵州民族大学师范专业。

意外摔倒得了病，贫穷拖延了病情，愚昧又加重了病情。接受教育，崇尚科学，有时是与生命紧密联系在一起的。我想，王世珍一定是因为亲身经历了这一切，才在家庭遭遇意外变故时坚持读书；一定是因为懂得苗族地区需要大力倡导教育，让更多的人崇尚科学、拥抱文明、珍爱生命，才决定将来做一名教师，关注和教育更多的苗族孩子。

至今，我们还一直保持着联系。每次了解她的近况，就让我为这个女孩的执着和坚强感动，也更让我坚定了支教的信念。

2019年底，她家杀年猪时，特地邀请她的班主任和我去吃“刨汤”。围坐炉旁，刨汤正沸，热气缭绕中，每个人的脸上都洋溢着真诚纯朴的笑。希望他们的日子，永远都能如这炉火般红红火火。

要嫁人，不来读书了

台江县面积1107平方公里，人口16.9万，只有台江县民族中学这一所普通高中，近几年，每年面向全县招收1000名学生。录取学生的中考成绩相差很大，最高分和最低分之间的差距近300分。学生人数多、成绩差距大，必须分层设班，因材施教。我们希望每个层次的学生都能快速适应并清楚地确定自己的目标和努力方向。一段时间下来，各个层次的学生都适应得比较好。但是，总是有这样或那样出乎意料的事件，冲击着我们的承受力。

辍学嫁人的高二女生

台江民中的高二段共有18个班级，其中，5个实验班的学生成绩相对较好，其余都是普通班。欧思文（化名）是高二（9）班班长，天资聪颖、学习刻苦，成绩一直比较好。由于分班考试没考好，她落在了普通班。后来的考试中，她都发挥正常，经常冲进年级前100名，最好的时候还考过年级第26名。为了让她有更好的学习环境，我曾问她要不要去实验班，她都拒绝了，并表示自己在普通班里也很有学习劲头。我很欣赏她的清醒坚定，为了鼓励她，便在《寄语青春》一书的扉页上签名、寄语，送给她。

转眼到了高二上学期的期中考试。数学考试开考前，不知道为什么，她把手机带入了考场。当然，为了表明自己不是作弊，她把手机放在了桌子上。但不管怎样，这显然违反了学校的相关规定。监考老师看到后，自然收缴了手机，告诉她考试结束后到班主任处领取。这意味着学校并不会用处分的方式来处理此事。

但就在其他同学陆续进入考场时，她起身离开了教室。大家都以为她是去上厕所了，但是直到考试结束，她再也没有出现在考场。监考老师联系了班主任找人。在接下来的两天里，班主任找遍了与她最要好的同学，去了她可能去的所有地方，均一无所获。最后，老师只能电话联系欧思文远在广东打工的父亲，但他也说不知道。

直到“失联”的第三天，欧思文的舅妈发了一张照片给班主任。照片上是穿着苗族结婚盛装的一对新婚夫妇，新娘正是欧思文。舅妈还告诉班主任，欧思文已经买了新手机，电话号码还是原来的，可以给她发信息，但她不会接学校老师的电话。

什么叫失望，什么叫可惜，什么叫扼腕叹息，这种感觉此刻我才真正体会到。整整两天，与班主任、同学们一样着急、焦虑的我，听到这一消息，起初为人没事而高兴，但瞬间又被事实冲击得跌坐在椅子上，连站起来的力气也没有了。这里的早婚习俗就这样撕碎了一个极具学习能力的女孩的美好未来。这一天我实在难以排解情绪，晚饭都难以下咽。

过了几天，抱着最后一线希望，我给她发了一条信息：“思文好，我是陈校长。这几天，你的老师和同学都在想方设法找你。已经发生的一切，都已经客观存在了。希望你能够尽快回到学校继续读书，我们大家都在等你。你是一块读书的好料，将来会有不一样的人生。如果就这样把自己的一生定下来了，不免可惜。”

她没有回我的信息。

我知道希望不大，但我依然在等待，期待着奇迹的出现。我知道苗族有特殊的婚嫁习俗，知道这里的大多数家长对女孩的人生会有怎样的安排，也知道这里的女孩大多已经习惯了这样的安排。

对这位一声不响就突然离开学校的女生，我已经释放了最大的理解、宽容，希望这个当初清醒、坚定的女生依然能用她的智慧和行动力做出最好的选择。

两天后，班主任告诉我，欧思文回信了，请他代为转告：

“谢谢校长的关心，我知道，也许我现在的决定是错误的，但我已经回不了头了。”

听了这话，自然感到很失望，实在是太可惜了！作为校长，这样的事发生在自己眼前，却没能挽回，有一种深深的失职感。

受婚恋观冲击最深的是女生

担任台江民中校长三年了，在各方的大力支持下，学校有了较快发展，新闻媒体也有诸多报道，学校声望有了很大提高。我们不遗余力地向群众宣传读书的好处、知识的力量，希望能稍稍扭转当地的风气。我原以为，三年后一切努力将逐渐奏效，以为当地老百姓会争先恐后地把孩子送进我们这所全县唯一的普通高中读书。但事实证明，我还是有点过于乐观了。

2019年9月开学时，教务处负责人告诉我，有五个学生没有报到，而且都是女生。我让学校教务处先赶紧电话联系，有必要时，我们去家访。

第一个电话接通了：“你好！×××同学，我是台江民中的老师，学校已经开学上课了，你还没有报到。我们想了解一下具体情况。”

对方回答：“我不来读书了。”

“因为什么决定不读书了，我们可以提供帮助吗？”

“这个暑假，父母一直逼着我嫁人。他们认为，女孩子读到初中毕业就差不多了，没必要读高中。我不乐意这样的安排，就跑来重庆打工了。”

第二个电话打过去，孩子也说不读了。原因是她的男朋友没有考上我们学校，她觉得一个人读书没意思，于是双双去绍兴打工了。

第三个电话打过去，学生回答因为父母闹离婚，她一气之下选择远离家人去广州打工了。

第四个电话打过去，学生生病住院了，来不来读书还没想好。

第五个电话，一直没有人接。

……

经过再三努力，五个孩子回来了两个，剩下的三个孩子再也没有回来。

老师们告诉我，在苗族地区，女生初中毕业就嫁人是比较常见的。难怪学生王世珍说，苗族文化里重男轻女的倾向比较突出，早婚早育问题也比较严重。她是村里唯一出来读普通高中的女生。她的小学、初中同学，有的已是两个孩子的母亲，有的已嫁过两次。高三学生杨春花也说，每逢放长假，几个初中的女同学就会邀请她去聚聚，看看可爱的小宝宝，向她展示美满的婚姻生活。

苗族有其独具特色的婚嫁习俗，我们的学生生于斯长于斯，他们的生活、情感的态度和行动方式或多或少受到了影响。如何改变他们，真是个令人头疼的问题。

苗族婚嫁习俗具有较强的自由度和包容性，呈现出一种真实而有生气的自然状态。恋爱自由自不必说，男方未经女方同意的“抢亲”也很有市场。在我看来，我们虽然无权干涉年轻人的婚恋自由，但就教育层面来说，孩子们往往缺少教育引导，心智不够成熟，易因缺乏生理知识和法律意识而酿成悲剧，因此不能简单地放任他们受本能或冲动的驱使，或在外部环境的影响下草率行事。在结婚这件与青少年成长、法律、伦理相关的人生大事上，我希望学校能承担起一定的社会责任，对中学生进行一些引导。你能想象一位校长带着老师去解救被“抢亲”的女生的场景吗？

在苗族婚嫁习俗中，女孩最终要脱离原生家庭，既不用赡养老人，也不得继承家族财产。父母往往都与最小的儿子生活在一起，若是无儿，晚景堪称凄凉。因此，在全国大部分地区已普遍接受“生男生女都一样”的当下，重男轻女现象在苗族家庭中仍比较普遍，不生儿子不罢休、举全家之力培养儿子而忽视女儿的现象在苗族地区也比较常见。这种传宗接代、养儿防老的传统思想，对青少年特别是女孩的成长影响很大。

其他诸如“不落夫家”等传统习俗，也会使苗族女孩对婚姻生活缺乏信心，容易陷入人生危机和受到创伤；把“多代同堂”作为衡量美满婚姻、幸福家庭的最重要指标，则导致了早婚、未婚先孕、超生现象频繁出现……这些对学校教育都有很大的冲击。

努力在冰层上撕开一道缝

要改变一个流传久远的习俗，自然十分艰难。但年轻人，总会多一点新气象，多一点新思考。再难的改变，只要开始了，总会有一点点反响，哪怕只是厚厚的冰层上撕开一道浅浅的裂缝。

思考多日后，我在某次学生晨会上，坦然谈及这个话题。

今天的晨会讲话，我想谈一谈早恋这个敏感的话题。当下影响学生学习的问题较多，如玩手机、早恋、抽烟等。社会大环境的相对闲适，造成了我们学生的进取心不强、缺乏斗志，等等。我认为，诸多问题中，与东部地区相比，最为关键的还是早恋问题。早恋已经严重影响了一些同学的正常学习，制约了你们的发展。

今天我想先举几个例子来表明我的忧虑。上个月，我看到网络上流传的一篇文章，题目是“苗族留守儿童，色情A片摧毁了他们”。说的是，一些10来岁的小学生集中到一个学生家里去看黄片，稍微长大一点就开始模仿，甚至偷食禁果，根本无心于学习。大量聪颖灵慧、完全可以通过读书拥有美好未来的孩子，就这样走上了与其父辈几无差别的人生之路。

台江县人民医院一位从杭州来的医生告诉我，一个16岁女孩竟然已经是两个孩子的妈妈。上周四，我和粟校长一起走访台江的一所初中，校长谈到当下初中生的早恋问题非常突出，也非常危险。他希望我本周能够去他们学校给初一、初二的学生作一个关于早恋问题的讲座。

上周我收到一封我校女生的来信，其中说道：“和所有十七八岁花季雨季中的少女一样，怀揣着憧憬和懵懂，对于青春，我信心百倍，对于未来，我满怀期待。但我没有想到我的高中生活会被早恋扰得一团糟。说实话，一开始我是很排斥早恋的，身边不乏这样的同学，她们早在周一就筹划着周末穿什么去约会，比较着谁的男朋友更帅，甚至谈论谁的感情经历较丰富。我曾经对这些嗤之以鼻，直到我也犯下这样的错误。”“其间，分分合合不知道浪费了多少时间，内心情绪起伏也特别大，我一遍又一遍地告诉自己‘不要影响学习’，于是我麻木地逼着自己学习，但只是看似在学习，心思却无法像以前一样完完全全地投入了，学习效率大打折扣，心情糟糕透了。成绩已经从班级前三掉到了二十多名。”

信的开头说，“以下内容就当是听一位朋友倾诉吧！”在此，我要感谢这位学生对我的信任，把内心的真实想法告诉我，我也很欣慰，这位女生已经从早恋的纠结中解脱出来了，而且我也很高兴得知她有着要求严格、明白事理的好家长。我希望，所有学生能够从中明白一个道理，人生道路的前后顺序颠倒了，是要付出代价的，早恋必然会影响学习。一些同学的家长在外面打工，他们希望你们生活得更好，希望你们能够更安心地读书。而作为子女，趁着父母不在家，周末偷偷约会，这样肆意放纵，即便智商再高也不可能有什么好的未来，更是对不起家长、对不起自己。

毫不谦虚地说，能够考入我们台江民中的学生，都是你们同龄人中的佼佼者，肩负着家庭、家族，乃至整个台江未来经济社会发展的重任，不知你们有没有认识到这一点。当下，你们正处在读书求知的大好时光，用知识改变命运，凭文化创造未来，以天下为己任。只要你把自身变得强大了，根本不用担心将来娶不到好的老婆、嫁不到好的丈夫。相反，如果你们从现在就开始担忧找不到好老婆或好丈夫，不思进取，荒废了学业，那么你和那些什么学校都考不上的学生也就没有多大差别了。

身处台江民中这样的学习氛围中，直面知识改变命运的大好机会，却自我麻木、视而不见，只一心想着与你早恋的女孩子，一定是不成熟的，也是没有什么头脑的。这种一时兴起的早恋，也往往是不长久的。同样的，陷入早恋困境的女生，也可以这样来质疑男生。

国内外专家研究证明，父母有没有上过大学对孩子的智商影响不大，但父母对孩子的期望值决定着孩子的抱负水平。我们很多同学的父母没有读过多少书，也对子女没有很高的期望值，那不是你们的错。但我们作为子女，还是正规学校中的读书人，必须有对自己的明确要求。

世界上有一个著名的延时满足实验，就是把糖果分给小朋友并告诉他们，如果能等到某个时间才开始吃糖果，那么就可以再得到一份糖果。小朋友们的表现无非有以下三种：马上开始吃的，克制了一会儿再吃的，等到约定时间才开始吃的。数十年后的跟踪调查发现，最后一种也就是最后吃到了双份糖果的小朋友，长大后取得的成就比前两类小朋友大得多。心理学家的结论是：一个人抵挡不住眼下的诱惑，做事随性，是不可能有什么成就可言的；而一个能够克制自我欲望，具有较强调控能力的人，更容易在未来的生活和事业中取得成功。

同学们，政府和社会各界对台江民中高度重视，各种政策的支持力度都很大，我们台江民中拥有着发展的大好机遇。希望同学们能够把握好自己的青春年华，拒绝早恋，思想上积极向上，学习上勇于进取，自信阳光，努力成长为苗族未来的领军人才。

甘霖班和树人班

每年上半年的招生季，如何想办法吸引好的生源，但又不能在后续几年里误人子弟，对台江民中而言，是让人充满期待又富有挑战的问题。

开办甘霖班

杭州甘霖助学基金会在全国各地开展助学活动，曾在一些省（市、自治区）创办“甘霖班”，较为专业，口碑较好。

2017年3月，基金会理事邹峻来贵州找我，咨询在当地筹办甘霖班的事。也许是因为我曾在杭州工作，又创办过浙江省首个宏志班，在他看来是比较信得过的人。

他首先向我介绍了基金会在云南等地办班的成功案例，接着让我推荐贵州的高中，想在贵州也办一个甘霖班。选拔要求有二，一是必须是所在地区最好的高中，二是学校必须面向全地区招生。

作为校长，当然希望这个班能够放在我任职的学校。但这两个条件，台江民中显然都不符合。当时，我是这样回答他的：“希望贵州的甘霖班就办在我们学校。尽管现在的台江民中差不多是全州最差的高中，但有了甘霖班，我有信心用三年时间把学校办成全州最好的高中之一。”有关面向全州招生的问题，我当即拨通了黔东南州教育局局长贺代明的电话，向他请示。贺局长说：“这个要求可以答应，问题在于各县都有招生保护政策，是否能招得来是个问题。”我从内心非常感谢贺局长的支持，他说的问题我也想到了。县外招生确实存在很多不可控因素，但当时我很想把贵州的甘霖班留在台江民中，所以尽力争取。就这样，邹峻答应回去研究一下再定。

很快，经过理事会讨论，杭州甘霖助学基金会同意把贵州的甘霖班设在台江民中。在杭州甘霖助学基金会与台江民中共同设立甘霖班的协议书上，有这样几条明确规定：

1. 为协助家庭困难、成绩优异的学生完成高中三年学业。

2. 面向黔东南州招生。

3. 甘霖班不是纯粹的扶贫计划，亦非纯粹的精英计划，是两者兼有的“甘霖计划”。因此，招生以家庭困难且成绩优异、品行优良的初中毕业生为对象。

4. 对于甘霖班学生，学校承诺免学费和住宿费，基金会承诺每年给予每位“甘霖生”2500元生活补助。

5. 甘霖班学生在正取名额之外，应按10%的比例选取备取生，全部录取学生的名单应在校门口显著位置以公告的形式公示两周（公告上应列明监督电话和联系方式）。如有不适当录取并查证属实，由备取生依序递补。

几年来，每年招生季时，邹峻理事都会亲自来台江并登门家访排查。也确实有2名学生被查实不符合录取条件而取消了甘霖生资格。县外招生也有了突破，尤其是在2019年招生中，台江县中考总分在700分以上的不足50人，临近县（市）有723分和716分的高分考生慕名而来。2020年招生，有邻近4个县的9名高分考生被录取在甘霖班。我既为台江教育的发展进步感到高兴，同时也为民族地区的教育没有得到均衡发展而感到忧虑。因为有高分考生被吸引过来，这对当地的高中教育一定是会有影响的。

还是我们台江好

每年招生结束后，组织甘霖班学生赴北京游学，是创班之初对家长、社会的承诺。2017年首届甘霖班的50名学生，在副校长杨群等四名教师的带领下，乘坐高铁前往北京。

在北京，旅行社按照学校要求，组织学生游览了天安门广场、故宫和长城，参观了清华大学，还在北京大学校门口合影留念。此外，旅行社还增加了赴北戴河之行，让山里孩子看看大海。

一周的游学活动结束后，杨群给我来电话说："所有师生都已经安全地登上回程的火车了，您放心吧。"

"北京游学一周，同学们有什么感想与体会？"我问。

没等杨校长回答，我就听到了学生的声音："还是我们台江好！"

这个回答，有点出乎我的意料。我原本以为他们会说，这次大开眼界，如何如何的激动，怎样怎样的震撼，等等。看来是我想当然了。

学生们回来后，我特地找了其中几个聊天，主要围绕着"为什么还是我们台江好"。大家都畅所欲言：

"吃得不习惯，菜味偏甜。"

"找不到'老干妈'，还好一些老师带着，大家能分享。"

“空气干燥闷热，感觉很压抑。”

“早上太早，时间上太赶，规定时间不自由，和想象的不一样。”

“坐车多，感觉很多时间都在车上。”

“水土不服，上吐下泻，生病了。”

“对台江有一种心理上的依赖，在台江有家的感觉。出门在外，心里不安定。”

正所谓“金屋银屋，不如家里的草屋”，就生活而言，学生的这些感受自然、淳朴，都是正常的，毕竟他们还只是十几岁的初中毕业生。很多时候，我们习惯了听学生们搜肠刮肚、挖空心思专为对付老师准备的话，未曾想，这样一来，学生就容易失去自我，只活在别人的感受里。所以，我提倡他们说真话，从中也可以了解他们的思想动态和真实想法。只有真正了解他们，才能真正帮助他们、引导他们。

使命在肩，勇往直前

一个县中考成绩最好的50名学生，理应是未来该县的领军人才，理应有一份责任和担当。新学期一开学，看到同学们写的有关北京游学的作文，我终于找到了些许安慰。其实，学生们普遍认为，游学活动还是收获颇丰的。刘玉兰同学在题为“使命在肩，勇往直前”的作文中这样写道：

作为一名身处贫困地区的孩子，打小时候起，就总想着外面的世界有多精彩。我时常坐在妈妈的腿上问：“妈妈，您说世界就只有这么大吗？”妈妈那时的回答我已记不清了，但我能确定，从那时起，走出大山已经成为我的人生梦想。终于，我凭着中考还算优异的成绩进入了台江民中。学校组织了去北京游学一周的活动，很庆幸自己能参加。

七月的太阳总是起得那么早。沐浴着阳光，我们离开了台江，翻过一座座大山，终于上了火车。听说坐在火车上看风景很舒心，是的呀，坐在窗边，我第一次看到了一望无际的平原，感受到了高铁速度，领略到了山川之美，第一次来到了向往已久的首都——北京。

北京的夏天，有些闷热；北京的空气，有点干燥；北京的人们，行色匆匆；北京的街道，热闹非凡。这一次游学，我首次登上了象征祖国脊梁的万里长城，从那远眺，可见一望无际的山河。那，是大自然的造化，是祖国的秀丽风光。我还踏进了古代帝王居住的故宫，金黄的横梁、精致的砖瓦，还有那壮观的城门，一切的一切都是我们的祖先一点一滴建造而成的。那，既是先辈们的劳动成果，也是祖国的瑰宝。哦，对了！我还领略了无边无际的大海的味道。北戴河，一个神圣的地方。自古以来，北戴河就一直是人们避暑的好去处，在这里，没有了城市的喧嚣，没有了夏季的燥热。那天正好下着蒙蒙细雨，这座略带凉意的城市更添了几分清爽，让人瞬间不再烦躁。大海，一直是我最向往的，这次终于近距离感受到了。我脱下鞋，踏在软绵绵的沙土上，迎着太阳，越走越远。偶然弯腰拾起贝壳，那是惊喜，是欢乐，更是惬意。我喜欢这种感觉。

时间很快，一周转眼就过去了，我们就要离开这座美丽的城市了，我心有不舍却又不得不走。我下决心，下次一定会再来的，希望下次再来的我，已稚气消却、精神饱满，是一个全新的优秀的自己。

回首的片刻，蓦然发现我从未离开。这次游学，让我更有了前行的目标，即使已经知道前路艰辛，我依旧愿意在煎熬中努力，因为不管是甜还是苦，都是一种能量，而能量的意义就是激励我们前行。建设美好祖国，建设美丽家乡，重任在肩，勇往直前。

学生的感受总是源自生活，吃得怎么样、身体感觉怎么样；然后再考虑看到了什么、学到了什么，最后再上升到精神的洗礼、灵魂的叩问。

我想，如果孩子们能通过游学，树立远大志向，那就不虚此行了。

让人倍感欣慰的是，在中组部台江扶贫工作组组长赵凯明的协调下，中国神华基金会、台江苗岭民间助学会都对台江民中开展了帮扶活动。学校在甘霖班的基础上，又开办了“树人班”。其实，在一所留不住当地好生源的学校开办甘霖班和树人班，不仅可以帮助一些贫困家庭的孩子缓解生活困难，还搭建起了凝聚师生人心的平台，提升了师生的精气神，为苗族地区未来的跨越式发展奠定人才基础。

下雪天我们不放假

2017年寒假前，气象预报说随着一股强冷空气南下，贵州将迎来雨雪低温天气。这本来是十分平常的天气变化，却不曾想对学校正常的教育秩序产生了很大冲击。从省教育厅到州教育局再到县教科局，一次次紧急通知，要求各学校提前放寒假。离春节还有近一个月就放假，学生开心、教师开心，皆大欢喜。全州高三的期末统测，所有高中第一天拿到试卷，准备第二天开考，也被突然叫停。但老天骗了人，只是虚惊一场，飘了几颗小雪子就过去了。

尽管上面三令五申，但我所在的台江民中没有提前放假。黔东南州教育局局长贺代明曾在考察了湖南省的教育情况后说，高中三年，贵州学生比湖南学生少上课1000个小时。我想，同样考的是全国三卷，贵州省的高考录取分数线往往是最低的，其中一定有原因。尽管原因可能是多方面的。

我的童年在杭州临安山区度过，那里下雪的次数比贵州多。初中时，学校离家五公里；高中时，学校离家十五公里远。我没有钱坐车，只能走路去学校，风雨无阻，雪天照常，而且经常是肩上扛着一周的口粮——六斤米，手上拎着要吃一周的干菜、咸菜。有了自小的那些历练，克服往后工作和生活中的一些困难，对我来说都不是什么问题。

当地老师告诉我，近十年来，冬天每逢低温雨雪天气，总会提到2008年的那场大雪。在教工大会上，我告诉老师们："2008年那场大雪给社会的各个方面都带来了一些损失，但这十年来因谈雪色变、防卫过度造成的损失，可能比那场雪带来的损失还要大。我前几天刚从杭州回来，杭州的雪比这里大得多，但从幼儿园到高中，没听说有放假的。"有的老师跟我说，既然有上级通知，为什么不顺水推舟、一放了事呢？如果说有责任，也是气象部门和教育行政部门的责任。我想，气象部门纯粹是从数据分析角度给出最大可能性的预报，不可能100%准确。除非预报与事实相差太大，否则一般人也不会认为气象部门应担此责。至于相关部门一级级下达紧急通知，那也是他们的职责。

2018年12月底，我的办公桌上又放着好几份各级教育行政部门的紧急通知，要求12月28日开始放假，但我还是决定不放。不同的是，这一年的大雪如期而至，从29日傍晚一直下到30日上午，积雪足有五寸厚。这一来，考虑到交通安全，教育行政部门让我校暂时不要放学生回家。

尽管从接到上级通知起，我就要求食堂起码备好一周的"粮草"，但由于道路冰冻，学生元旦回不了家，一些现实问题还是接踵而至。首先是一些学生、个别教师抱怨连连，尤其是一些本来学习热情就不高的孩子。学生在校，必须有教师管理，学生不放假等于教师也放不了假。除此，还有一些学生没了生活费，吃不上饭；学生宿舍楼顶的热水箱，因低温停止工作，3000多名学生没有热水可用……

为此，学校及时召开校务会，作出了几项决定：

第一，从30日到雨雪天气结束（计划到1月5日早餐止），食堂为学生、教师免费供应饭菜，标准不减。

第二，县教科局规定的因雨雪天气放假的时间，视作教师加班时间。

第三，30日下午活动课，全校举行以班级为单位的“苗岭秀银装，瑞雪兆丰年——美丽校园，我们共同见证”堆雪人大赛。

第四，31日晚自习时间，各班举行跨年迎新晚会。

第五，每天晚上，学校三个食堂同时烧热水，供学生洗漱；晚自习提前半小时结束。

第六，考虑到道路结冰、湿滑，取消早读课。

一些老师和我打趣说：“校长，去年没有下什么大的雪，你没有及时放学生回家，赌赢了，看来今年是赌输了。”为了统一思想，学校及时召开包括各年级组正、副组长在内的行政会议。

会上，我非常坦诚地告诉大家：一是我从来没有拿全校师生的安全来赌一把的想法，在学期中间正常的教学时间内，除了人力不可抗拒的特殊情况，我不会随意放假，何况多数学生家长也不在家。二是我从来没有想要通过违背上级要求来充好汉，何况上情下达是领导的职责，领导也有领导的难处。三是我没有想过通过不顾师生安危来多上课、提升教学质量。我能够当好校长、有能力提升学校教学质量，这已经在浙江证明过30多年了。

与此同时，我让大家思考以下一些问题：如果遇到下雪天就要放假，北方的学校怎么办？北欧国家的学生一年能上几个月的学？如果遇到下雪这么一点小事都无法克服，何谈克服学习上的困难？未来如何攀登科学上的高峰？如何直面人生的挑战？

平时，我们在课堂上强调“穷且益坚，不坠青云之志”，越王勾践卧薪尝胆，战国苏秦、东汉孙敬悬梁刺股，还有“苦其心志，劳其筋骨”，“冬练三九，夏练三伏”，都是说给谁听的？学校行政楼前的对联：“立足苗疆，寒窗苦读，读天读地读未来；放眼世界，励志求知，知己知人知天下”，又是写给谁看的？各国之间的竞争，说到底，是人才的竞争。如果我们的孩子穷家富养，经不得半点风霜雨雪，将来能成得了什么大事？又能有什么竞争力？

所有的帮扶都是暂时的，所有的支教总是要结束的，重要的是增强贫困地区教育可持续发展的造血功能。指导几个校长，带动一些教师，培养一批学生，都是容易做到的；精神上的“造血”才最艰难。我是一名已经到了退休年龄的支教校长，作出不放假的决定，只有一个诉求：希望冲击这里相对安逸的闲适文化，“喝酒斗牛抓金鸡（打麻将），蹲在墙根晒太阳，等着别人送小康”的状况必须改一改了。诚如我校一位苗族高三学生在作文《让精神脱贫》中所写的：“物质的匮乏不是贫困，精神的贫瘠才是永远的贫穷。”

事实上，这一年下雪不放假的一系列举措，让学生们很开心。对于南方的孩子来说，面对难得一见的大雪自然很激动，少不了滚雪球、打雪仗，玩得不亦乐乎。学校组织的堆雪人大赛，充分发挥了学生们的想象力，也增强了班级凝聚力。在田径场上，大部分班级还要求我和全班同学一起在他们堆的雪人旁合影。从教学楼走到宿舍，要经过一条长约80米的斜坡。晚自习结束时，一些学生在斜坡上模拟滑雪。他们不知从哪里找来了木板、马粪纸，往屁股下面一垫，就开始向下滑行。有时人仰马翻，却还哈哈大笑，这是多好的放松时刻！看到这一情形，我告诉学生我的鞋是防滑的，让他们拉着我的手，蹲下来降低重心。我一路向下慢跑，学生一路滑行。就这样，我来来回回好几趟，和学生一起玩滑雪。大家都觉得这样玩很爽，都要求我拉着他们滑。跨年迎新晚会上，各个班的学生都买了好吃的，大家边吃边欣赏表演。学生们各显其能、各展所长，班里的气氛十分热烈。一些学生还把系列活动拍成视频，在学校的电子显示屏上播放。

学校行政领导、党员教师带头，教师们积极参与，在学生宿舍、食堂、教学楼之间的路上敲冰扫雪；课间，学生们也一起劳动。晚自习结束，学生们拿着热水瓶或塑料桶排着队，老师们一瓢瓢地依次为大家舀热水。中组部台江扶贫工作组组长赵凯明，经常利用晚上的休息时间来学校调研工作，看到学生们都在排队打热水，也参与其中，为同学们打热水。这一切，让学生们非常感动，也进一步加深了师生情谊。高一年级有学生说："28号没有放假，我开始也不高兴，但这几天过得特别有意义，这在家里是感受不到的。一场大雪后，我也长大了很多，我更爱我们的学校了。"

一场大雪，感动了学生，也深深地感动了我。我看到了学生们的淳朴、可爱和无穷的创造力，看到了老师们的爱心、真诚与高度的责任感。

但事情至此并没有结束，艰难的还在后面。绝大部分家长，尤其是农村家长非常理解并支持学校的决定，但县城里的个别家长不能理解。有一位家长打电话到州教育局、县教科局，责问我们为什么不按照上级规定放假，要求来校接学生回家，甚至利用网络平台进行人身攻击，说我是"陈独秀"，指我作为唯一没有放假的高中校长，是为了出风头。学校作出决定，欢迎家长来学校对话，考虑到学生的出行安全，凡是家长来学校接孩子回家的，学校一律放行。但事实上，并没有家长前来接孩子。

大雪天，难道孩子待在家里比衣食无忧地待在学校更有意义吗？其实，学生们的情绪都很稳定，只是放假的通知、家长的折腾，才导致个别学生心神不宁。一场不大的雪，算不上天灾，但更让我们看到人力因素产生的正面或反面的影响。

对于从未走出过大山的家长而言，遇到恶劣天气，总想着一家人守在一起，看到孩子在自己身边心里更踏实，这是可以理解的。那我们就确保孩子是安全且快乐地生活在校园里，并要让他们看到，孩子正在成长，正在走向光明大道。

改变积习很难，改变精神贫困尤其难，但正因为难，我们才需要花大气力去面对和改变。这正是“任重而道远”！

国旗下讲话——“穷家富养”，寒门难出贵子

一直以来，众多有识之士为农村孩子大声疾呼，当下社会寒门难出贵子。从客观上分析原因，一是农村地区师资力量先天薄弱，流失严重。农村地区往往对教育投入不足，城里人不愿去农村任教，从农村出来考上大学的，跃入龙门之后，也不愿再回农村工作。上海世博会的宣传口号就是“城市让生活更美好”。在我国现行的城市化热潮中，好教师都往城市跑，因为城市有更好的人文环境、更高的物质待遇、更多的发展机会。二是农村地区的教育资源相对贫乏。农村地区信息闭塞，开展教育教学活动的数量和质量都与城市有较大差距。校园文化氛围较淡，从而限制了学生的心胸、眼界。面对高考考题中的一些社会新知识、新观念，农村学生至多停留于理性认识。除了以上这些外在因素外，今天我想更多地谈谈寒门难出贵子的家庭因素。

第一，家庭期望值较低。一项对学生学业水平影响因素的国际研究认为，孩子的智商与家长是否上过大学没有多大关系，但家长的学历和工作背景对孩子的学业成绩有很大的影响。在英国，白人工薪阶层和黑人家庭的孩子相对学业较差。专家的结论是家庭的经济状况，家长的受教育程度、工作性质、教育能力，将决定家长对孩子的期望值，而这又直接影响着孩子的在校表现和自我期望值。当代中国，与城市家长相比，大多数的农村家长因自身认识所限，

对孩子的期望值普遍不高，这直接影响了孩子的抱负水平。传统农村在宗族力量的影响下，尚有耕读之风，但在当下经济大潮的冲击下，新一代的农村家长更多地把目光投向赚钱。有很多的家长看孩子的学习成绩一般，就让其早早放弃，不读了。

第二，“穷家富养”不知害了多少孩子，直接导致寒门难出贵子。一位小学老师说，现在很多家长养孩子都“很舍得下本”，按照自己所能承受的最高标准给孩子提供所需的东西。衣服、文具、儿童画册、零食等，家长尽可能买名牌。等到父母来接孩子的时候，看看家长的打扮，或者家访时走进学生家庭，才发现很多孩子看起来家庭富裕，实际上是一种错觉。所谓“穷家富养”，就是父母在相对贫穷的家庭背景下，自己省吃俭用，把钱全都用在了孩子身上，让孩子过上相对富裕的生活。这样的学生往往虚荣心极强，说不得，稍微受点批评“玻璃心”就碎了。这样的育儿方式，可以带给孩子满满的自信心，满足了孩子在同学面前的自尊心，但往往使孩子不懂得珍惜，也不懂得感恩，觉得这一切都是理所当然的，只知道没钱了就向爸妈要。

台江是国家级贫困县。在我们学校，一些学生家庭相对贫困，但学生本人的发型和穿着打扮等却大牌得很。星期天返校，一只手拉拉杆箱，一只手拿手机，派头十足。在超市里购物，总是挑好的买。在杭州，高中生有手机，但不会带到学校，有特殊需求带来的，也不会在校园里使用。一个孩子，从小想要什么马上能拥有什么，他的延迟满足感是很差的。

儒家文化强调“吃得苦中苦，方为人上人”。“穷家富养”的孩子最大的问题是，无论生活上还是学习上，都吃不起苦。由于习惯了向父母伸手，也没有什么斗志。老话说“穷人的孩子早当家”，那是因为穷人的孩子自小就在生活中受到了种种磨砺，强化了精神意志，当然也就增强了克服学习上困难的勇气和意志。

精英父母的育儿经，是舍得让孩子吃苦；家境越不好，越容易把正常的教育当成吃苦，并以让孩子吃苦为耻。无论家庭条件好坏，对孩子倾注所有，源于中国特有的家庭伦理关系。一些家长认为：“不管你将来如何，至少在小时候，别人有的，你都有。”明明不是富人，却以富人的物质标准满足孩子的要求，父母都铆足劲儿把自己当成孩子的印钞机，到最后，培养出来的很可能就是“碎钞机”——一个败家子。

从社会公平、教育公平的角度出发，“再苦不能苦孩子”自然是应该的，但在解决了生存问题后，尤其是当社会的物质富裕到一定程度后，在孩子的教育问题上更需要“再富也要苦孩子”，这才是真正的教育。而最悲哀的教育，就是把一个普通家庭的孩子养成了富家子弟。真正的人才大多经历过人生坎坷。孩子需要经受正常的磨砺，而不是只给他各种优越的条件。在欧美发达国家，学生必须做满规定时间的义工方可毕业，因此学生的视野跨越国界，甚至远到非洲、亚洲农村帮扶，以此锻炼自我、体验生活，并尽到力所能及的社会责任。

同学们，今天的讲话，看起来应该是说给你们的家长听的，其实，身为“养”的对象，你们更应该知道自己将来可能会“被成为”什么人。我想，没有谁愿意被安排接受苦果，你们应该更清楚地知道“穷家富养”的危害。你们比父母接受了更多的教育，对此应该比父母有更深的理解。你们已经经历了“天误”与“人误”，不能再在“穷家富养”的问题上“自误”了。

来自学生春花的两封信

2019年春节后，高二年级有两个女生没有来报到。班主任了解情况后发现，其中一个名叫张春花（化名）的女生要请假一周，理由是要为父亲接亲。可十天后，她还没有返校，经老师再三动员后才回来。我在办公室问及她家中的具体情况，结果刚一开口，她就掉下泪来。她哭着告诉我，她家在台拱街道展下村，村子在高山之上，海拔超过1000米。家里本来有祖父母、父母、妹妹和两个弟弟，共八口人，父母长期在外打工。她上小学五年级时，父亲由于工作时操作不当，右手骨折，落下了残疾；到她上初一时，父亲又因铲车翻车，导致右腿骨折，从此成了残疾人；更大的打击，发生在她上初二时：母亲出门打工，一去不返。从此，张春花的家庭不再完整。

她说，爷爷奶奶都已70多岁，还要打理自家的田地。农闲时，他们就上山采集一些野生的山药、葛根等，赶集时到县城来卖，以供孙子、孙女上学开销。家道艰难的她平时很少花钱，即使饿了也舍不得买一点吃的，甚至周末放假时，为了省下车钱，常常步行十多公里回家。为了贴补家用，父亲拖着残疾的身体在镇上开了一家修车铺，收入微薄。

因缺少管教，读初中的弟弟开始逃课，而且愈演愈烈。“他总跟一些不好好读书的人混在一起，还交了女朋友，经常带着一大帮人跑到家里来，有什么好吃的、能吃的，都找出来吃了，甚至还把我放在家里的衣服、裤子，都拿给他的女朋友穿。爷爷奶奶很生气，但说他也不听，管也管不了。有一次他不知道做了什么坏事，被派出所抓进去理了光头，以后可怎么办啊？”她越说越伤心，也越说越自责。

这是一个默默背负着所有苦楚、懂事明理的姐姐，太累太辛苦了。我决定要帮助她，并告诉她要抽时间和弟弟多聊聊天，督促弟弟浪子回头、改邪归正。

写给我的第一封信

一天早上，我打开办公室的门，看到地上有一封信。封面上写着“致陈校长的一封信”，便展信细读，内容如下：

陈校长：

您好！

我以为自己与您的交集仅限于我听您周一的励志演讲、偶尔碰到时打个招呼……从来没有想过，自己也能跟您面对面地谈话。在众多优秀拔尖的学生中，很普通的我竟那么幸运。在此，先跟您说声“谢谢”！

家里的故事好像一部没有未来的悲伤小说，我其实不敢去翻阅，因为很疼。长时间的掩盖让我误以为所有的伤口都已愈合，可当它被轻轻掀开时，疼痛还是姗姗而来。我可能是个比较缺爱、渴望安全感的孩子。除了爷爷奶奶与父亲，我好像什么也没有，与其经历人生的分分合合，我更喜欢一个人。在教室，我有写不完的作业、看不完的书，早中晚跑步是我唯一的减压方式，每天都如此。校长，您的关心与帮助来得好及时，谢谢您让我感觉到哪怕在学校，我也不是一个人。

您在《寄语青春》中写下这样一句话：失败乃成功之母，苦难为幸福之源，挫折系顺畅之基。我才八个月大的时候就成了留守儿童，从小跟着爷爷奶奶长大。我记得奶奶说，每当我父亲回家过年时，我从来都不敢喊“爸爸”，后来还是被奶奶用棒子打着逼我喊的。爷爷奶奶总是早出晚归，我和妹妹小学三年级时就住校了，周末走一个多小时的山路回家。每到春天，爷爷奶奶总会带上好几把镰刀沿着去学校的路，把路边的杂草、灌木都砍得干干净净，以便我们步行上学。读三年级的我们就学会了挑水、扛柴、洗衣服、洗被单，拿老家的大锅煮饭、煮猪菜……再大一点，我们就学会了种土豆、点苗秧、割谷子……我们姐妹俩会的永远比同龄人多。再后来所经历的一切，不管是别人的错，还是自己的错，现在想想，就像您说的，它们是一笔财富。正是经历了本不该经历的、承担了本不该承担的，所以现在的我很独立。您说那些撕心裂肺的痛楚是精神历练的过程，反差是生活的洗礼，挫折是人生的导师。此时，我真的深有体会。

我在《寄语青春》中读到“一批又一批的宏志生虽然走出了校园，却依旧能收到老爸牵挂的短信：‘好女儿，记得在大学里要看书，要博览群书啊！’‘好女儿，生活费没了吧？老爸这就给你寄过来！’这样的行为已经超越了一位校长的职责，但老爸说过：‘爱，是在别人需要的时候看到自己的责任。’”陈校长，您总是把“责任”二字看得好重好重，我不知道究竟是什么力量如此强大，一直推动着您前进的步伐，也许是《迟到的“情意”》中绿叶对根的依恋。

那天，跟您一起来的记者姐姐问我：“你们种‘志向树’时，你写的志向是什么呀？”我跟她说高一的事了，早就忘记了。其实，我的志向一直都在心里，哪里敢忘掉。那天，我用安静的午休时间，一笔一画写道：“考上沿海城市的学校，努力拿到奖学金，同时做兼职，大二时，带爷爷奶奶去看海。爷爷奶奶，等我。”爷爷奶奶一辈子都住在山区，从来没有出去过。我一定要带他们去看看无边的大海、无垠的草原和更雄奇的山峰。体育课时，我常常站在我们的‘志向树’旁，那种力量来得是无可比拟的强大。那时，我便明白了您坚守教育事业的意义。

我比您的宏志生都要幸运，至少我没有经历过生离死别，至少我还有家，最遗憾的是我没有他们优秀。他们的努力与成功对于我来说竟那么神圣，哪怕我追不上他们的脚步、到不了他们的高度，也要朝着他们的方向，做像您一样的人。

陈校长，谢谢您资助的钱。我给自己和弟弟买了两件衣服，给爷爷奶奶买了几斤肉、水果和点心，还打算在网上买一个小型的净水机给我老爸（他在革一那边吃、喝、用的水是直接从一个水田中抽来的，特别脏，住的是潮湿的棚子）。我不知道这算不算挥霍，但我觉得我必须这样做。剩下的钱，我会省着用的，谢谢您。

没有华丽的语言，道不尽的感谢，我会铭记您的教诲，脚踏实地地走下去。

爱我们的同时，记得照顾好自己。

祝您身体健康、工作顺利！

学生：春花

2019年4月21日

读完，我已泪目。每一次读学生写给我的信，我都会被孩子们的真诚所感动，都会生发出一份强烈的责任感，都会坚定继续留下来陪伴他们的决心。孩子们遭遇了这个年龄本不该遭遇的磨难，他们压抑的内心需要有人来倾听，他们受伤的内心需要有人来慰藉，他们纯洁的灵魂需要有人来守护，他们的梦想需要有人来帮助实现。所幸的是，他们这份与苦难顽强抗争的勇敢会一直陪伴他们，这份意志的历练会让他们受益终生。

写给我的第二封信

2019年暑假后的一天，我又收到了一封春花塞在我办公室门下的信。

陈校长：

您好！

转眼我已是一名真正的高三学生了，我想放下所有的包袱好好备考，所以我想跟您谈谈。我来找过您好多次，但这些天您好像都挺忙的。看您在办公室和其他老师谈公事，我就没有打扰您。思来想去，还是决定给您写信。

校长，其实我自己存在很多问题，庆幸在班主任的教导下，已解决了这些问题；加上有了后妈，家庭又完整了。我以为我终于可以安安心心地和同学一样备考了。可是，一个星期前，今年正月里和我爸爸结婚的那个阿姨，跑了。我爸爸又陷入了痛苦中，十分难受。我知道他经不起这种似曾相识的伤害，可他在硬扛。我想跟阿姨好好谈谈，打电话过去才发现她把我们全家人的手机号都拉黑了，这让我手足无措。

半年前，喝他们喜酒那时，我记得阿姨给爷爷敬酒时，爷爷在所有亲朋好友的面前哭了。他声音颤抖地说："谢谢你来了。"那是我出生以来，第一次看见爷爷哭……我不清楚，她的到来对爷爷奶奶和我爸来说有多重要，但我明白一定非同寻常。姑姑说她是骗婚的，因为我爸把结婚那会亲朋好友送的钱全部花在了她身上，买戒指、项链、小电动车等。然后，她就带着这些跑了。是的，那个我认了命、厚着脸皮喊她"妈"的人，跑了。爸爸告诉我，以前她在时，来找爸爸修车的人还比较多，从早忙到晚，甚至直到半夜。我们开家长会时、我生大病时，他都忙得回不来。现在她走了，修车铺的客人竟越来越少了，连续一个多星期都赚不了多少钱。我觉得这种似乎带着点迷信色彩的东西真的很奇怪，也让人害怕。

其实我从来没有奢望过那个阿姨会养育我们姐弟，因为从认识她到现在，她只给过我5元钱。她离开的事，我没敢跟爷爷奶奶讲，怕他们难过。现在，爷爷奶奶仍然每天在山林里穿梭。看着他们越来越瘦弱的身躯，我很难受，巴不得自己现在已经大学毕业了，有能力去保护他们，带他们去看海。

陈校长，忘记告诉您了，我那个初三毕业的弟弟终于想通了，去读职校了。又是开学季，我近600元的资料费和弟弟妹妹2000多元的报名费，又给我爸带来了很大的压力，精神上的、物质上的，他承受了好多好多……

校长，我记得您说过一个词，好像叫"假孝敬"，但我真的不是故意压抑，毕竟爷爷奶奶和爸爸是我最牵挂的人，所以我没有办法抑制自己的情绪。然而，我很清楚，我必须更加努力学习，因为我没有其他选择。可我不喜欢现在这么低沉的自己，甚至有时都不爱和同学说话了。我不知道这是成长，还是迷茫。

陈校长，可以请您给我提些建议吗？我好希望那些烦琐的事没有发生在我的家庭，让我可以简简单单地做个学生。

祝您一切都好！

学生：春花

2019年8月11日

这是多么可怜的家庭、可怜的孩子。一次次的打击，似乎在有意考验春花的意志力。她心疼着父亲的遭遇，担忧着父亲残疾的身体，还时常牵挂着妹妹和弟弟的学业。她想带爷爷奶奶去看海，这个在我们看来再朴素不过也再简单不过的愿望，既给了她某种精神上的目标，激励她坚持前行，但也给了她实现之难的重重压力。

她已经高三了，却形同幼童，身高不足一米五。她扛的压力太大了，承担的东西太多了，打击又接踵而至。终于在某一天，她病倒了。医生诊断是阑尾炎，所幸不是很严重，住院治疗即可康复。在病床边，当她再次念叨着要带爷爷奶奶去看海时，我告诉她："你先静下心来好好养病，一切都会好起来的。等高考结束了，校长赞助你带爷爷奶奶去看海。"

她苍白的脸上掠过难得一见的浅浅笑意，我希望她放下那些本不应由她承受的重压。

出院后又逢高三月考，这次她只考了文科的年级第50名，这是她进入高三以来考得最差的一次，通常她都能保持在年级前20名，但我相信，经历过挫折、磨难的她一定能重振旗鼓。

我所能做的、必须要做的，就是和学校的教师一起努力，帮助孩子们实现人生价值，圆孩子们的梦想。因为新冠肺炎疫情的影响，2020年的高考推迟了一个月。填报志愿结束后，我就给了春花一些费用，希望她带着爷爷奶奶去看海，圆她这个特别的梦想。

一张床和53张奖状

2019年9月下旬的一天，我忙完手头的工作，看了下计划安排，发现有个空当，于是，我照例让学校资助办从建档立卡的贫困家庭中找几个，准备去家访。

这一次的家访，让我与学生杨梅花（化名）结下了不解之缘，也再一次让我对支教有了新的认识。

杨梅花，我校高三学生，家中有兄弟姐妹共五人，她排行老二。兄弟姐妹五人都在读书，从小学到大学，各个阶段都有。哥哥于某职业技术学院就读，大妹在我校读高一，小妹上初一，小弟才六年级。2013年，父亲因病去世。母亲孤身一人在广东汕头打工，是家庭唯一的经济支柱。

为了尽可能多赚钱，杨梅花的母亲每年只回家两次——暑假和春节。哥哥在贵阳读书，回家的次数也比较少。剩下的几个孩子平时都是姐姐照顾妹妹、妹妹照顾弟弟，相互扶持，相依为命。每个月，母亲都会寄给孩子们2000元，作为几个孩子共同的生活费。

在路上查看杨梅花的家庭资料，我的内心已沉了下来。目睹她家中情况后，更是让我心酸不已。

环顾四周，杨梅花家中没有一件像样的家具，桌不像桌、凳不像凳，唯一的“大件”是一张床——母亲睡觉的床，是她自己用铁丝把板皮捆扎在木头上支撑起来的。床上只放着一条被褥，找不到被子、枕头。

略感好奇，我问杨梅花：“你们平时回来睡在哪里？”

她轻声回答：“就睡在妈妈的床上。”

“哦，没有别的床了吗？”

“还有，但棉被不够。”

我没想到竟然会是这样的境况，这更让我担心了：“那冬天怎么办？”

她似乎并不觉得这是个问题：“我们冬天睡觉，基本不脱衣服、裤子的。”

她的每次回答都重重地击打在我的心上，都快让我透不过气来。

所幸，这个家里还有充满希望、让人略感宽慰的物件——墙上贴得满满的奖状。我数了一数，一共53张。但细看之下，又发现了问题。

“怎么会有两张奖状是倒着贴的？”

“奖状都是妈妈贴的，妈妈没上过学，不识字，一不小心就贴倒了。”

每次家访回来，我的心情总要低落几天。此次更甚！一大家子人相依为命、兄弟姐妹在寒日里抱团取暖、孤身在外却时时牵挂孩子的母亲，总是浮现在我的脑海中。那满满一墙的奖状，大概是这家人对生活的希望所在吧。只是，为什么他们的生活会如此艰难？

我校老师万新群，她的父亲是1947年为保障民族地区的食盐供应安全而来到台江的。万老师生在台江、长在台江，是个“老台江”，又很有爱心。这年的10月3日，我打电话问她，县城哪个地方可以买到棉被。没多久，她就来了电话，让我去萃文街道的丁字路口等她。她带着我来到一家小百货店买了三条棉被。店主与万老师熟悉，听说我们买棉被是用来帮助贫困学生家庭的，坚持只要我们支付进货价，让人感受到满满的爱意。

我们把棉被送到杨梅花家时，正好兄弟姐妹五个都在。孩子们很懂事，趁着太阳好，把棉被都晒了出去。我还想给每个孩子一点买学习用品的零花钱，最小的弟弟却不要，还一个人坐在边上，背对着我们生气。哥哥姐姐怎么也劝不好。杨梅花说，弟弟以往也这样，生气时不听劝，等他自己慢慢化解了就好。我想，这个家庭中最小的孩子才刚上小学时，父亲就去世了。母亲为了撑起这个家，不得不外出打工。缺少父母的陪伴，孩子有点脾气也是正常的。也许，他是想妈妈了。

我问杨梅花，正值国庆假期，兄弟姐妹几个怎么不出去走走玩玩。她说："几个小学、初中的女同学生了孩子了，打电话来说小朋友很好玩的，让我过去看看。但我不想出去，也没时间出去，要在家里做饭。"都说穷人的孩子早当家，但早早成家应该不在此列吧？我不禁想到：在这里，杨梅花对学习的坚定信念将不断受到某种无形的冲击。

10月的一个星期天，新华社记者来学校采访，看到了杨梅花家的实景照片后，也想去看看。采访结束的回程路上，遇到一个老奶奶在村口路边招手要搭车。我把车停下来，杨梅花就冲着老奶奶叫了一声"浮"。我知道这是"奶奶"的意思，是对寨子里老人的尊称。车上，坐在后排的梅花一直和老奶奶用苗语聊天，我们都听不懂。从村寨的小路拐到大路上后，老奶奶下车了。我问她们都聊了点什么，杨梅花说，老奶奶很担心妈妈会再嫁人，因为村里有人看到妈妈曾和外村的一个男人聊天。这些家长里短的风言风语让妈妈很苦恼。接下来的两段对话，让我重新认识了杨梅花。

"长女似母，你为这个家付出了很多。接下来，你和妈妈最好能成为闺蜜关系，而不仅是母女关系。"

"近几年，我和妈妈就是这么过来的。妈妈说，我和她就像姐妹一样。有时睡到半夜，我们俩就坐起来，抱在一起痛哭，为死去的父亲，为眼下的生活，也为各种流言蜚语。妈妈还说，很多次，就想再嫁个人算了，只是心里实在放不下我们几个孩子。”

我想了想，努力说出这句话：“你们的妈妈太不容易了。如果有一天，妈妈带回一个男的做你们的后爹，你要说服弟弟妹妹，坦然接受。”

“知道的，我听妈妈的。”

有女如此，杨梅花的母亲应该也是欣慰的吧。

一路上，新华社记者与杨梅花作了简短的交流。

“你平时一个月的生活费用多少？”

“200元。”

“这怎么够呢？”

“读高中以来，我就从没吃过晚饭。”

为了调节气氛，我半开玩笑地插了句话：

“是不是要减肥啊？”

杨梅花说：“我还减什么肥哦！”

瞬间，愧意袭来，作为校长，我深感自己失职了。

自那时起，我每个月给杨梅花500元生活费，并督促她每天都要吃晚饭。我知道，作为一名退休教师，我能做的十分有限，但学校在让尽可能多的学生考上大学前，首先必须保证，每个学生都能够吃饱、穿暖、睡好。如果一味只追求升学率，就是亵渎良知的行为。

2019年底，得知杨梅花的母亲从广东汕头回家过年了，我和分管资助办的副校长粟高胜一起带着米、油和糖果，前往看望、慰问杨梅花一家。这些年货都是浙江润德公益基金会的金熙粼女士送给我校教师的。

走进家门，看到桌子上放着一本书：《我一定要上大学》。我拿起书问杨梅花：“这是谁买的？”

她回答说："这是妹妹拿回来的。"

"大家都认同吗？"

"现在是我们兄弟姐妹共同的决心。"

一个不完整的家庭，却充满积极向上的力量。他们不认命，在艰难的生活中顽强抗争。那些物质上富有而精神上萎靡不振的孩子，真该到这栋破旧的吊脚楼来好好地体验和感受。

在大家围着火盆烤火、拉家常时，我特意问了孩子们一个问题："如果妈妈再找一个后爹来，你们能够接受吗？"

其他几个孩子都说听妈妈的，只有最小的女儿明确表示反对。我问她反对的理由是什么，她说："反正我不喜欢来一个另外的人，还是现在这样好。"

为什么单单她表示反对，尽管接触不多，我难以准确分析，不过也许有两点可以参考。一是她年纪尚幼，还只是一名初中学生；二是她学习成绩最好时，考过全县第二名，家里贴着的50多张奖状中，绝大部分都是她的。也许，一个内心骄傲的人不太能接受这样的事情。

事后我问杨梅花，为什么不明确表示支持，而选择听妈妈的。她说她知道小妹持反对态度，所以才说得中性一点，留有余地，接下来准备慢慢做通小妹的思想工作。

其实，我的假设也只是美好的愿望，希望这个家能够尽可能地完整，哪怕是一种残缺的完整。起码孩子们还有一个妈妈，只要妈妈在，家就在。在苗族的婚嫁文化里，是不接受男子到女方家入赘的。或许这也是一种重男轻女、维护男子尊严的表现。

离开前，我拿出2000元交给杨梅花的妈妈，并表示："尽管你一字不识，但这不影响你是一位伟大的母亲。首先，丈夫去世时，你正好35岁，按照苗族人的习俗，一般都会把孩子留给他们的爷爷奶奶或族上亲戚，自己再嫁，而你却一直坚守着这个家。其次，家庭失去了顶梁柱，你毫不犹豫地挑起了抚养五个孩子的重担。对一个没有读过书、不认识字的人来说，外出打工是非常艰辛的，更别说一个弱女子，但你坚持下来了。再次，在苗疆，即使父母都健在，女孩初中毕业就嫁人也是比较常见的，但你培养孩子的决心非常坚定，五个孩子没有一个辍学打工，也没有早早嫁人的。你有两个女儿考入我们台江民中，令人敬佩。这2000元，是对你这份坚守、坚持和坚定的褒奖。马上过年了，你常年在外，家里没养牲口和家禽，就用这钱去买一点肉，和孩子们一起开开心心过个年。作为校长，我在此给你们拜一个早年，祝福你们全家新年开心快乐!”

受新冠肺炎疫情的影响，2020年春节，杨梅花的妈妈在家待了一个多月。我既为她不能及时出门打工，养家糊口的微薄收入受到了影响而遗憾，也为留守家中的孩子们可以有更多时间享受妈妈的陪伴而高兴。

走，去学生家里看看

人的一生要接受三种教育：家庭教育、学校教育和社会教育。其中，家庭教育尤为重要，因为其他教育都建立在家庭教育的基础上。在黔东南地区，家长们多数忙着出门打工挣钱，留在家里的往往也仅关注孩子吃饱穿暖，家庭教育相对缺失，因而，学校教育往往需要承担更多的责任。

给全校学生的一封信

受新冠肺炎疫情的影响，2020年春季学期不得不推迟开学。这对学生们的影响是很大的，可以想象他们中会有不少人或整天看电视，或整天手机不离手、玩游戏。按照惯例，即将开学时，我在杭州通过台江县民族中学各年级的班主任群，给全校同学发了一封信。

亲爱的同学们：

大家新年好！

疫情肆虐，同胞受难，这个寒假，令人揪心。我们相信，有党和政府的高度重视，有社会主义制度凝心聚力办大事的优势，我们一定会战胜病魔。立春已过，春暖花开不会遥远。在此，请同学们务必做好自我防护，少出门、勤洗手、多喝水、多锻炼。每个人保持身体健康，都是源于自己对生命的敬畏。不管什么时候，身体健康都是排在第一位的。

吃一堑，长一智。我们从“非典”、流感、新冠肺炎疫情中学到了什么？记住了什么？《周易》坤卦有载：“地势坤，君子以厚德载物。”改革开放以来，人们的物质生活水平不断提高，物质、权力、地位、荣誉这些“物”都具备了，人们的欲望也日益膨胀，自认为是大自然的主宰，一再挑战大自然的底线。穿山甲、果子狸、蝙蝠，什么都敢吃。说到底，我们还是富而不贵，承载这些“物”所需要的“德”还没有很好地养成。心智的提升，没有跟上科技的进步；德性的成长，没有赶上经济社会的发展。为此，我们付出了一次又一次惨痛的代价。

人类是大自然的精灵。你们都是年轻人，未来无可限量。整个地球乃至整个宇宙，都是你们施展才华的试验场。但事物都是相对的，万事万物皆有度。人类只是大自然的一部分，“无限”并不意味着可以无所顾忌，追奇猎异，肆意妄为，随意尝试。我们要有敬畏意识、边界意识、平衡意识，崇尚科学，敬畏自然。“日月两轮天地眼，诗书万卷圣贤心”，我们要倡导人文，修炼提升自我，把大自然当作学习、生活、休憩的美好家园，悉心呵护它。

在社会生活中，我们也要有敬畏心和责任心，不能唯我独尊、冷漠无情。每个人只有自觉地把自己摆进社会大机器中，并尽己所能找到最合适的位置、发挥最大作用，全力为社会做出贡献，才能脱离“小我”，实现“大我”。有了这样的觉悟，就不会以自我为中心，而能感受到社会对自身的需要。在这场抗击新冠疫情的战役中，全国各地的医务人员、筹集的医疗物资和生活应急物资紧急驰援武汉，党员干部和志愿者冲在基层一线，每个公民响应政府号召留守家中，这是防控疫情、敬畏生命的体现，也是我们每个公民自觉的责任担当。在这场战役中，涌现了很多感人故事，体现了人间真情。困境中，我们互帮互助、众志成城、信心百倍，正加速扭转疫情肆虐的局势。当然，在这个过程中，有的不法分子恶意哄抬物价、制售伪劣医疗用品，这些不知敬畏、不负责任的行为必将受到法律的制裁。希望每一位学生都能从中思考、总结教训，做一个有所为有所不为、向阳而生、从善如流的人。

一段时间没有看到大家了，我还挺想你们的。众所周知，眼下还开不了学，你们只能在家自学。我知道你们都是爱学习、明事理的孩子，作为校长，我还是要与大家分享一些见解。近四年的苗疆生活，我深知你们的学习与成长很不容易，处在闲适文化的社会大环境中，没有显赫的家庭背景，没有稳定的经济来源，近一半还是留守孩子，学习更多靠自律。我始终认为，有学校规范有序的管理，有教师认真负责的指导，大家比拼的是天资与勤奋，其他资源所起的作用有限。在校园里，大家以知识启迪心智，用文化沐浴心灵，用书籍、艺术滋养精神，用知识改变命运。只要有高考存在，寒门照样可以出贵子。但这几年的高考让我发现了一个共性问题，每年高考前，老师都会告诉我："学生现在状态到位了，只是基础相对薄弱，如果再有一到两个月时间准备就好了。"可见考前的复习时间，对于大山深处、基础相对薄弱的学生来说是多么重要。现在的问题是受新冠肺炎疫情影响，开学时间未定。理论上来说，一样的突发情况、一样的准备时间、一样的高考难度，对所有考生都是公平的。但对于不同基础、不同起点的学生来说，受到的影响是不一样的。

你们离开了学校的有序管理，个人的自主意识和自律精神将起到更重要的作用。在知识泛化的时代，一个人的"网络素养"特别重要。自主学习能力和自我控制能力强的学生将具有明显的优势，而对平时一味应付，以完成老师布置的任务为目标的学生，这将是严峻的考验。由此，分化在所难免。我的大学同桌陈叔平，初中毕业后恰逢"上山下乡"，去农村开手扶拖拉机长达九年，但从未放弃学习。恢复高考后，考入了浙江师范大学，在数学系举行的初等数学竞赛中获得第一名。有人问："你没读过高中，怎么可能拿到第一名？"他淡淡一笑说："高中这点内容，完全可以无师自通。"他学识渊博、为人低调，曾任贵州大学校长多年，现仍在浙江大学竺可桢班开课。各行各业都有佼佼者，他们都有超强的自主学习和自我控制能力，因此能在各自的专业道路上，比别人钻得更深、研得更透、走得更远。

这世界上本就没有什么“救世主”，能够成就你的只有你自己。教是为了不教，管是为了不管，凭你们现有的知识基础与学习能力，高中的教学内容也是可以无师自通的。考上好的大学，不是能不能，而是想不想、做不做、怎么做的问题。我坚信你们会做出正确的选择。

平时你们在学校，父母在外打工。疫情当前，你们可以多一些时间陪伴父母，尽一份孝心，这让我倍感欣慰。请你们一定代我向父母问好！

此致

春祺！

爱你们的校长　陈立群

2020年2月8日

老师们走进了3000个家庭

当疫情稍稍稳定一些后，杭州市政府启动了新一年结对帮扶黔东南州的脱贫攻坚工作。2月20日，在杭州市政府的组织下，我和援黔工作组的160多位同事乘坐包机来到黔东南。在凯里市隔离了两天，并接受新冠病毒核酸检测后，我于2月22日回到了台江。联系了学校领导和高三班主任后，发现大家都忧心忡忡——学生们普遍反映网课太难、上得太快，听不懂。有的学生反映大山深处的网络信号不行，无法接收到网课；有的学生反映家里没有学习氛围，总想着玩手机；有的学生父母已出门打工了，因此自己每天都要花时间料理生活；有的学生根本不接班主任的电话，究竟是什么情况也无从知晓。

2月23日上午，学校召开行政班子成员和高三班主任会议，决定在做好自身防护工作、确保安全的前提下，对高三学生开展全方位家访。根据安排，我与几位同事到南宫乡家访。南宫乡是一个山高路远、人员居住相对分散的乡镇，到最远的地方需要开车两个多小时、翻过几座云雾缭绕的大山才能抵达。走进寨子，几乎看不到有戴口罩的人，我们几个老师戴着口罩反倒显得有些另类。村民们打趣说："病毒也嫌这深山老林太远了，不会来的。"当然，我们还是不敢大意，始终戴着口罩。

从家访情况来看，有家长在家督促学习，并经常和班主任保持联系的这类学生，学习情况普遍较好。有的家庭连孩子看书、做作业的桌子也没有，学生不得不在起床以后，趴在床上看书、做作业，学习效果可想而知。学生的学习情况还与当地的村风、民风有关。我们到交密村家访，抵达时已是上午10点多了。除了在村口等我们并带着我们家访的同学外，其余的学生一个个都是我们从床上叫起来的。身处这样的学习氛围中，学生的学习成绩是无法提高的。而在拥党村，学生们大多反映在家学习的效率不如在校学习，急切地希望回到学校。

几天的高三家访结束后，我发现情况并不乐观。紧接着，我们又组织全体行政班子成员和高一、高二年级的任课老师，对高一、高二的2000名学生开展全覆盖式的家访。这次，我与几个老师前往方召乡。在黄毛村，村支书带着我们家访。我们先去了张降耶家。这家的两个孤儿都在我们学校读书，平时与爷爷奶奶住在一起。或许是生活所迫，两个孩子都比较懂事，学习上也都抓得比较紧。

来到高二学生张洪飞家，听说他还在睡觉，我就直冲孩子的房间。敲开房门，他正匆匆忙忙地起床。我才问了一句，他就哭了，边哭边说："校长，对不起。"原来家长叫他起床时，告诉他："校长要来家访了。"他认为这是家长在骗他，因为前几天已经有老师来家访过了。哭声中，我看到了他的自责，说明他还是很在意自身形象的。尽管今天睡到了10点多，但还是很有上进心的。平时在班级里，他的成绩的确名列前茅。我了解了一些他假期在家的学习情况，便准备去下一个学生家家访。看着张洪飞仍是一副惊魂未定的模样，我就主动提出："可以和你一起在家门口拍个照吗？"他点头同意了，但似乎还是笑不出来。我又说："如果你考上一本了，校长来给你送喜报。"一听这话，他的脸上才露出了笑容。

整个家访活动覆盖了全校3000名学生的家庭，我也和老师们一起走进了40多个学生的家。老师们非常认真，也非常辛苦，通过家访为学生们带去了指导与鼓励，也给家长带去了指导与信心。

"校长，我想来学校读书"

很快，贵州省教育厅决定，高三年级3月15日开学。这特别让人感到欣慰，在全国新冠肺炎疫情还没有得到完全控制的时候，贵州省第一个宣布了高三的开学时间，我为他们的进取精神点赞。但高一、高二和初中迟迟不开学，则让人忧虑。

高三开学后，贵州各地发生的一些突发事件，虽然与疫情没有直接联系，但也是由于推迟开学，学生在家时间太长的问题累积导致的。况且，很多家长都已外出务工，孩子们处在无人监管的环境中。寨子里、县城的大街上，从白天到夜晚，甚至在深夜，都可以看到游荡着的学生，玩手机的、抽烟的、喝酒的，男生女生成双成对的，令人焦虑，让人揪心。孩子们急需进入学校，开始有序的学习生活。

疫情期间，我接到多个学生打来的电话，要求尽快返校学习。其中，一个高一女生在电话里说："校长，我想来学校读书。我是一个孤儿，白天还好，每天傍晚天黑下来了，我就感到紧张。到了晚上，听到外面有什么响动，我就特别害怕。听说高三已经开学了，我可不可以来学校教室看书？我喜欢学校的集体生活。"

高三开学后，又经过了52天的漫长等待，5月6日，高一、高二终于可以开学报到了。为此，我们学校还递交了一份长达98页的开学申请报告。全县初中、职业高中和普通高中清点人数后发现，有近200人没有到学校报到。由于放假时间过长，这些学生有的已出嫁，有的已订婚，有的已外出打工，还有的觉得读书太辛苦，不想再读了。经过学校各方的劝说，其中一部分学生总算陆续返校了。

我校高三学生全体返校，而高一、高二共有八人没有报到。经电话追踪调查，有六人因受伤或生病，暂时无法返校。一名高一男生订婚后外出打工了，再三联系，仍不接电话；一名高一女生说不想继续读书了……

高三、初三开学后，如果相隔三周，初、高中的其他年级也能开学，起码可以让孩子们多一个月的学习时间。相隔52天，不仅仅意味着孩子们少学习了知识，更重要的是增加了返校的不确定性。对此，我感到惋惜又无奈。

"家不像个家，我也没心思读书了"

2020年5月12日，我来到翁农村的高一女生龙兰兰（化名）的家，班主任告诉我，龙兰兰不想再读书了。那日，正好她的父亲和哥哥都在家，她哥哥是一名大专学生。说到为什么不想读书了，龙兰兰说："过年到现在，没有看过书。"

"为什么不看书？"

"没有心情看书。"

"能和我说说其中的缘由吗？"

龙兰兰声泪俱下地告诉我："去年下半年，出门打工的妈妈抛下我们不回来了。妈妈没有读过书，在外面很容易上当受骗。爸爸和哥哥赶到妈妈在广州打工的地方，想把妈妈劝回来，但妈妈还是不愿意回来。这让全家人都很生气。现在，家也不像个家，爸爸非常消沉。我也根本没有心思看书了。"

"家庭不再完整，那是大人们的问题，你为什么要用父母亲犯的错误来惩罚自己？大人们的事让大人们去慢慢解决，你还是跟着校长回学校去读书，如果生活上有什么困难，我来帮助你解决。"随后，我也做了龙兰兰父亲的思想工作。他表态说："我会一直支持兰兰继续读书的。"

在龙兰兰整理行装的时候，我仔细环视了这个家：老式的吊脚楼中，没有一件像样的家具。显然，这是一个建档立卡的贫困家庭。

在回学校的路上，龙兰兰向我道出了更多不想读书的缘由。

"我其实出生在南省村，因为上面有两个姐姐、下面有一个弟弟，家里又比较穷，于是就被现在的家庭领养了。一直以来，养母对我都比较好，没想到现在家里出了这样的事情。"

"因为父亲和哥哥劝不回妈妈，整个家族讨论后，已经从内心认定把妈妈逐出家门了。可去年年底，妈妈又突然回家了。我从心底里感到高兴，但爷爷和大伯不答应。爷爷对父亲说：'你母亲在你四岁的时候就去世了，我一个人把你们几个孩子拉扯大，我能做到，为什么你就做不到？这种不干净的女人，不能留。'就这样，妈妈又走了，再也没有回来。"

“我的生母一直以来对我有一种愧疚感，认为养大了两个姐姐，唯独把我送了人，对我不公平。现在两个姐姐长大了，家里的生活条件也比我现在的家庭好，再加上养母离家出走，生母怕我受委屈，一定要让我回去。反正学校也迟迟没有开学，我就去了南省村的生母家。可是在生母家没有住上几天，领养我的家庭这边又炸开了锅，说我是被生母家骗走的，这么多年都白养了，等等。他们一次次打电话催我回去，无奈之下，我又回到了现在的家。我现在似乎两边都不是人，心里感到很烦恼，根本没有读书的心思。”

这真是应了那句话——“幸福的家庭都是相同的，不幸的家庭各有各的不幸”。一个15岁的孩子，承担了太多本不该承担的东西。在她理应开开心心地读书、增长知识才干的时候，她却被破碎的家庭折磨得心力交瘁。令人揪心的是，这样的事几乎每天都在发生。据初步统计，全校来自不完整家庭的学生共有315人，超过了全校学生总人数的10%。这一数据，是各个班主任在班上要求学生保持人与人之间不相互接触、让学生都闭上眼睛的情况下，采用举手的方式统计出来的，实际数字只会更多。统计结果显示，全校学生中共有孤儿28人，父母一方已去世的124人，这些孩子需要更多的关注与呵护。

“我有七个姐姐”

紧接着的5月13日，我与《杭州日报》记者郑莉娜等一行一同前往革一镇排生村的青岗苗寨家访。我们先驱车一个多小时，然后换乘渡船，上岸后又走了20多分钟的路，才来到了高二学生张辉（化名）的家。一进门我就出了洋相，看到一个老人家，就想当然地问张辉：“这是你奶奶？”没想到张辉回答说：“这是我妈妈。”我连忙说“对不起”。张辉解释说："我妈生我时，岁数已经有点大了。她先生了六个女儿，我是龙凤胎，最后一个出生，所以有七个姐姐。"我不禁感叹，当地人真是不生儿子不罢休啊！在苗疆，家有四五个孩子比较常见，但张辉家这样的情形，我还是第一次碰到。

张辉的妈妈没有读过书，也不会说汉语，只能让张辉给我们做翻译。我很想知道，是什么原因让她有勇气一直生育，直到生出了儿子为止。张妈妈答："农村里的传统观念，总想生个儿子来传宗接代。""那么多孩子，自己很辛苦，有后悔过吗?""没有。"看来她已经把生儿子当作自己应尽的义务了，或许这也展现了苗族女子的坚韧个性。

种种迹象显示，传统的重男轻女观念，对这个家庭产生了不小的影响。首先，照顾好每个孩子的吃穿，把八个子女拉扯大，张妈妈的辛苦可想而知。以至于她看上去明显比实际年龄要大一些，瘦弱憔悴、面色凝重，似乎没有享受到所谓"多子多福"带来的快乐和幸福。

其次，家庭的负担明显增加。张辉一家住在老旧的房屋中，进门黑漆漆的一片，没有像样的家具。张辉的父亲是这个建档立卡贫困户的唯一支柱，60多岁了，还在外打零工养家糊口。

我还发现，这个家里的女孩子没有受到教育。按理说，张辉的几个姐姐都长大成人了，应该对家庭有所帮助。但张辉说，年长的几个姐姐都没有上过学，也许是因为她们从小就要照顾弟妹，所以放弃了学业。张辉还告诉我，他的孪生姐姐读到初二上学期就不想再读了，而且在初二下学期就嫁人了。

耳闻目睹这一切，我的心情十分沉重。唯一感到安慰的是张辉特别懂事，作为七女一子家庭的独生子，在他身上，看不到因备受宠溺而养成的张狂个性。我避开记者塞给他一点生活费，他也悄悄地交给了妈妈。回程时，我们几个人上了渡船，但没有船夫。学校司机说，他曾来此蹲点扶贫，做过网格员，能摇船，但这摇橹船还是难以掌控。这时，张辉自告奋勇地说："我来吧。"只见，他三两下就娴熟地把船撑到了对岸。

同样在青岗寨，高一女生张颖怡家又是另一番景象。张颖怡是我校"树人班"的学生，有一个妹妹和一个弟弟，都还在读小学。平时，父亲出门打工，妈妈留在家里照顾孩子。她妈妈读过几年书，非常健谈。她说："我们就是因为读书太少了，没有文化，所以即使出门打工，也赚不到什么钱。只要几个孩子能读书，我们就是向银行贷款，也要坚持供他们。"母亲的开明，可以从三个孩子贴满墙的奖状中感受到。在这个家庭，我感到自己的心情也和周围的环境一样，亮堂了很多。

孤儿家的房屋地基沉降了

2020年夏天，黔东南地区连降暴雨，洪涝灾害频发。一些乡镇学校被洪水包围，沿河沿江且地势低洼的村寨受淹，房屋坍塌，村民被困；多地道路塌方，个别乡镇的对外交通被迫封闭。我给其他县校长开讲座的时间，也因来势汹汹的汛情，不得不推迟。

6月25日是端午节，我将师生送我的30多个粽子全拿去了支教食堂，请师傅帮忙煮好，并让司机小刘去买了一些苹果和饼干，然后一起分发给学校里的孤儿。同时，我还给孩子们每人准备了一份生活费，希望他们在佳节到来之际同样能感受到家的温暖。分发时，第28份没有发出去，经查，这是高三（5）班学生部毅林的。班主任说，因为连日暴雨，部毅林家的房屋地基出现了沉降，有垮塌的危险，所以他不得不请假，赶回去看看情况。此时，距离高考只剩下12天，但因为是孤儿，这些家中琐事只能由他自己处理。

部毅林小学五年级时，父亲因病去世，妈妈随后改嫁，留下了他们兄弟仨，主要由叔叔照看。但叔叔长年在外打工，一年只回来一次。平时，哥哥部毅林张罗着这个家，照看两个弟弟。他们的共同愿望就是好好读书，走出大山，过上好日子。二弟部毅龙2020年参加了中考，获得了全县第23名的好成绩；小弟郜毅宏正在读初一，成绩也比较好。

郜毅林的家位于方召镇交汪村，要途经常年云雾缭绕的崎岖山路、翻过海拔1100多米的大山才能抵达，即便开车也要一个多小时。我想立马去看看，或许能找当地的村干部帮忙处理郜毅林家中的事，让他先回校备考。但一方面，支教工作组要求大家不得在汛期外出；另一方面，我的司机也劝我说，全程都是山路，怕路上遭遇塌方，影响行程。就这样，我没有去成，但心里总有一种深深的无奈感，感慨个人的力量实在太渺小了。因为实在牵挂，那些天，我的脑海里时常浮现出一个即将参加高考的高三学生在大雨中孤立无援，身处塌方险境，忙碌地挑泥土、搬石块的落寞背影。此刻，他本应该在教室里为高考冲刺，勤奋、努力地获取知识，从而改变自己多舛的命运。

三天后，郜毅林风尘仆仆地回到了学校，他告诉我，一路上有六七处塌方，很不安全。他家房屋前的地基有四分之三处开裂较大，出现了沉降，现在已暂时处理好了。他只轻描淡写地简单说了几句，一副若无其事的样子，这让我更加心疼这个懂事的孩子，更急迫地想帮他一把。

问到这个暑假有什么打算，郜毅林不假思索地说："准备出去打工，把自己读大学的钱攒起来。"看上去，他是早就有所计划了。

"放假后，还是要先把房屋整修好，这是你的家，是你们兄弟仨的全部。"我说。

"我知道的，房屋应该不会倒的。"郜毅林说。

"如果地基整修中有什么困难，你就和校长说，我来想想办法。"

"没事的，校长您放心好了。"

"以后还要管着两个弟弟。"

"我知道的，我一直管着他们。"

临走时，我把一些吃的和一个红包交到他手里。他说："谢谢陈校长，您也挺不容易的，管着这么大一所学校，还想着我们。希望校长多注意身体。”听着这些话，我感觉他是那么的懂事、朴实，真是个早熟的孩子。

高考前一天的晚上，我去邰毅林所在的班级为学生加油打气，并和每个学生握手后，邰毅林突然提出：“校长，我可以和你拥抱一下吗？”我走到他面前，张开双臂，紧紧相拥。高考在即，也许这几天，一些学生的家长都已从外地赶回来给孩子鼓劲，一些家长还做了好吃的送到学校，邰毅林的孤单只有他自己知道。高考前，他同样希望得到家人的关心、安慰和鼓励，但这看似寻常的关爱，对他来说，却是奢望。

整个初中阶段，每逢暑假，邰毅林就外出打工，为自己和两个弟弟挣生活费。2017年进入高中后，为了节省开支，他每天只去食堂吃一次饭。中饭时，他特地多打一点米饭，有时向阿姨多要一点菜，然后把吃剩的装进自己准备的袋子里，晚饭时再拿出来吃。听着这些，我真是心酸又心疼，再一次为自己的失职感到惭愧。

高考结束后，因为放心不下，我仍决定去邰毅林家看看。此时，路上的几处塌方都已经进行了清理，但由于道路坡度较大，经过雨水的冲刷，路面高低不平，一些路段只能以每小时10公里的速度行进。

交汪村分为上、下两个寨，沿着峡谷两边的山坡上分布着800多栋苗家吊脚楼，从山脚到山顶高低落差数百米，蔚为壮观。其间，生长着诸多树龄千年以上的红豆杉、樟树等古树名木，增添了几分历史感与厚重感。台江历史上第一次反抗苛捐杂税的“白党起义”就起源于此。现在，全村共有3192人，常年在外打工的有900余人。交汪小学坐落于入村的左侧山坡上。2017年，五、六年级撤并到方召中心小学后，这里还有一到四年级共4个班和1个学前班，共有学生262人。

邰毅林的家在交汪村下寨十组。两兄弟早早地就在路边等着我，两个小年轻看上去都有一米七的个头。从停车的地方到他们家，还要往上走很长的一段小路，大部分是台阶，有部分路是水田的田塍。田里的水稻绿油油一片，一棵棵都茁壮有力，长势喜人。我看看水稻，又看看走在我前面的在逆境中顽强成长的两兄弟，心里不由自主地比喻着，仿佛看到了他们的美好未来。

房屋是10年前盖的，看上去还比较新，大门上贴着建档立卡贫困户的标识。走进客厅，四周空荡荡的，什么家具也没有。门前比较窄，从大门开始，走三四步便是足有10米高的坎，下面是人家用蓝色玻璃钢盖的灶头间。地基沉降形成的裂缝比较长，虽然已经做了一些修补，但只是把裂缝补上了，没有从根本上解决问题。如果要拆了石坎重新翻驳、修葺，工程量是比较大的。

这几天，毅林、毅龙两兄弟都在家，小弟还在读书。问到他们这个假期的计划，郃毅林说："一切都要等高考成绩出来再作打算，也还要等小弟弟放假。"

"大学总要读吧？"我问。

"我想好了，接下来三条路：第一，读大学；第二，如果考得不理想，我可以一边打工，一边复习，明年再考一次；第三，直接出门打工赚钱，让两个弟弟好好读书。"郃毅林跟我详细说了自己的想法。

"我想过几天就去广东潮州叔叔打工的地方，看看有没有机会，起码可以帮助叔叔家做一些事。"大弟郃毅龙说。

"你们两个都出去了，小弟弟怎么办？"

"我们三兄弟每个人都可以独立生活的。"郃毅龙说。

"毅宏有时候也可以去旁边叔叔家吃饭，虽然我叔叔婶婶在外打工，但近期我的堂弟在家，只是今天去他岳父家了。"郃毅林补充说。

两兄弟都很成熟懂事，说话的语气比较坚定，毫无骄纵之气。他们都把未来掌控在自己手里，并充满信心和希望。

我拿出1万元钱给邰毅林，让他用这些钱来修补沉降的地基，同时，这也是对邰毅龙中考取得优异成绩的祝贺与奖励。我还表示，希望邰毅林能够选择上大学，如果还有什么实际困难，可以和我联系。

回到山下，我从车上拿出一本《寄语青春》，签上名送给邰毅龙。正准备上车离开，邰毅林突然快走几步赶到车门边说："校长，我在初中与高中阶段，读书还不够努力，现在离开学校了，真的非常想念高中的生活。"邰毅林的学科成绩的确不够理想，但这孩子10岁多就被命运推上了一家之主的位置，一路走来，富有责任与担当，他的人生成绩单无疑是优秀的。

在整个家访过程中，我几次想问："你们兄弟仨自小独立成家，相依为命，在你们的记忆中，遭遇过哪些艰难时刻?"但又怕因此勾起他们已经用时光抹平了的痛苦回忆，因此始终没能说出口。我想，过去的就让它过去吧，但愿兄弟仨的未来尽可能地安稳、顺利。

记得在杭州市长河高级中学担任校长时，首届宏志班在临近毕业时召开过一次班会课。这次班会课缘起于班上董永军同学的境遇。董永军同学的父亲嗜赌如命，输光了家里的一切，为躲避赌债，过年也不敢回家，也从不关心儿子的学习，母亲早就离家出走。年久失修的房屋在一个暴雨的夜晚轰然倒塌，董永军彻底无家可归了。大家讨论的话题是"未来，董永军是否要赡养他的父亲"。学校还请来了法律方面的专家提供咨询。

就在大家热烈讨论的时候，孤儿葛晓岚说："我非常羡慕你们还有父母可以赡养，我多么希望自己也有这样的机会。"葛晓岚还在上幼儿园和小学时，母亲和父亲相继去世，初中阶段，奶奶也去世了，家里只剩下她和爷爷两个人。她的话一出，所有的问题都不再是问题，所有的讨论也显得苍白无力。（葛晓岚于2004年考上了浙江大学，现在有了自己幸福美满的家庭。董永军毕业于浙江海洋大学，现有稳定的工作。）

很多时候，为人子女总会对父母有这样那样的抱怨，认为他们让自己不快乐、不幸福了，但或许对另一些人而言，能够有机会抱怨，本身就是莫大的快乐和幸福。

小玲家的“两不愁三保障”

在脱贫攻坚的大背景下，到苗寨一次次家访，我明显感到当地群众的吃住条件越来越好。尤其是一些特别困难的家庭，住房状况、孩子受教育状况都得到了明显改善。

2018年底，我去台盘乡南庄村下寨的高一学生小玲（化名）家家访，正在学校采访的《光明日报》浙江记者站站长严红枫和浙江省委宣传部的冯海娟同志，也表示要一起去看看。

来到小玲家门前，首先看到的是小草棚中养着的一头牛，正嚼着干草。小玲家有三间又矮又小的平房，进大门时，我们必须低着头才能通过。屋内四处漏风，有的地方用尼龙布钉着，有的地方用马粪纸挡着。环顾四周，屋里没有一件像样的家具。显然，这是一个极度贫困的家庭。由于天气十分寒冷，小玲的妈妈把一条条小凳子围着火炉放好，让我们先坐下来烤火。

这时，小玲正低着头抹泪，细问之下，才知道她父亲上个月刚刚因病去世。为操办丧事，家里杀了一头猪，用来招待客人。眼看就要过年了，我们三个不约而同地掏出钱来交给小玲的妈妈，希望能够帮助这个家庭度过年关。

从小玲家到停车的马路边有长长的一段路，小玲送我们出门，却始终只顾低头走路，默不作声。我看出了她有心事，就主动和她聊了起来。

“回到家，我知道你在想你的父亲了。”

“是的。”

“你是一个懂事的孩子，要慢慢地从不幸的阴影中走出来，我相信你父亲在天之灵也希望你能够好好读书，将来成为一个有用的人。”

“我知道的。”虽然这样说，但小玲的表情还是很凝重。

“要不校长给你做老爸？”

也许我的话太突然，出乎她的意料，她脸上露出了一丝笑容，但转瞬之间又恢复了原来的神色，回答说：“那你会在这里待多久呢？到时候你回杭州了，我怕我又没有老爸了。”

“不管在台江还是在杭州，我会一直关注你、管着你。有没有听说过这样一句话，‘人与人之间的距离是用心的距离来衡量的。’孩子长大了，父母和孩子的亲情是不会因为距离而淡化的。你已经是高中生了，要努力走出自己的路来。”

听我这样说，她不住地点着头，表示赞同。

不过小玲的话也着实提醒了我，从杭州市长河高级中学的宏志班到台江县民族中学这所宏志校，有不少孤儿或单亲的孩子叫我“老爸”或者“校长爸爸”“校长老爸”。对我来说，是以一对多，故情感上容易疏忽大意；而对学生来说，却是一对一的，我必须得好好地呵护这一颗颗曾经受伤的心灵。

自那时起，小玲就一直叫我“校长爸爸”。节假日，她都会给我发来真诚的问候，双休日回家后返校，还时不时给我带一些自家种的黄瓜和番薯等，还会把她放牛时从田里捡来的大田螺送给我。我经常问起她的学习情况，但每次给她生活费，她都会推却说，“饭卡上还有”。她的心情一天天好起来了，学习成绩也渐有起色：考进来时，超过学校录取分数线不多，现在已经能够稳定在全班59个学生中的第15名左右。当她和我说起这些进步时，脸上满是自信。为了防止她在成绩波动时出现情绪上的低落，我告诉她："只要你尽力了，不管考多少分，也不管排在第几名，都是老爸的好女儿。"

"以后打算到哪里去读大学?"有一次，我这样问她。

"上贵阳去。"小玲说。

"为什么不去东部看看?"

"那太远了，我还没有走出过台江呢。"

"以后打算读什么专业?"

"做老师，像'校长爸爸'一样去教育、帮助更多的人。"

对小玲来说，贵阳已经算得上是很遥远的地方，去贵阳读大学是她迫切想要完成的伟大目标。

2019年下半年，我又去南庄村家访，顺路再次去了小玲的家。这次，原来房屋四周隔着的不规整的板料全都换成了崭新的木板，地面也经过了平整、硬化，三间房屋亮堂了很多。这时的小玲也阳光了很多。她告诉我说，这都是政府免费帮忙改造的，自己家没有出钱，当然也没有钱可出。"妈妈没有读过书，但总是叫我要好好读书，将来有能力了，也要去帮助别人。"小玲说。

能在苗族村寨，见证那么多人脱贫，我深感荣幸，也为这个时代带来的巨变而倍感振奋。

母亲瞒着女儿把父亲安葬了

高考前的7月2日，学校书记欧阳光俊告诉我："一位来自番省村排朗苗寨、在学校食堂做工的阿姨说，高三学生熊志玲（化名）的父亲在广州打工时不幸遇难，同样在广州打工的母亲带着骨灰回来，为了不影响志玲高考，昨天已经把骨灰埋了。母亲准备高考结束后再告诉她。"

这样的事，以前我只在媒体上看到过，没想到如今竟然发生在自己的学校中。

第二天上午，我和欧阳光俊等一行来到排朗苗寨熊志玲家慰问。这是一个建档立卡的贫困家庭，住房又小又旧，是木结构的吊脚楼。熊志玲的父亲上过初中，后来去广东汕头打工了。打工过程中，结识了当地一位只上过小学的姑娘，也就是现在孩子的母亲。他们育有三个女儿，长女熊志玲是我校高三（16）班学生。

多年来，熊志玲的父亲一直在汕头打工，母亲前几年在家照看孩子。近些年，孩子长大了，进入初中后可以住校了，母亲就和父亲一起外出打工了。熊志玲的父亲在建筑工地上工作，6月底的一天，由于几块靠墙放着的玻璃突然倒下，正在施工的他不幸被压，送到医院后经抢救无效死亡。突如其来的变故给这个家庭带来了无法言说的巨大悲痛和无法挽回的巨大损失。

看得出来，在向我们叙述时，熊志玲的母亲还沉浸在悲痛之中，等她的情绪稍平稳一些后，我小心翼翼地问了她几个问题。

“为什么出殡的时候，不让熊志玲参加？”

“为了不影响她高考。”她回答。

“其实高考并没有那么重要，而且每年都有。父亲没有了，作为长女，见一见骨灰、送父亲上山的机会，只有一次。”我说。

“她父亲很希望几个女儿好好读书，考上好的大学，将来有出息，不要再打工。我相信她爸爸一定会理解的，会支持我这么做的。”她的语气十分坚定。

“我现在只能配合您这么做，因为即使她回来了，也什么都见不到了，巨大的悲痛多少会影响她的高考。只是高考前她想得到父亲的鼓励，这怎么办？”我焦虑地问。

“我们本来说好高考的时候会回家一次。志玲已经在电话中问我，为什么爸爸的电话打得通却一直没人接。事实上，她爸爸的手机在我这里，我只能告诉她，可能你爸爸有点忙。”这位母亲泪眼婆娑地诉说着。

“高考时您会去学校看她吗？”我再次询问。

“我已经跟她说好了，7号上午考完第一场，我在校门口等她。我会告诉她，父亲因为工地上比较忙，请不出假，希望她全力以赴，考出好成绩。”她若有所思地说。

应该说，这位母亲在遭受丧夫之痛的时候，能够思维缜密地想好这一切，挺不容易。在突如其来的打击面前，她选择一个人默默地扛起一切悲痛，理智地按照丈夫所愿，把培养好三个女儿的事放在首位，坦然面对无情的现实并寄希望于未来，实在可敬可佩。作为教育工作者，我为台江百姓开始重视教育、关注子女读书的巨大转变感到欣慰。

教育首先是人的精神成长，是让一个人在求真、向善、尚美领域获得相应的发展。作为校长，我希望学生对我说真话，前提是我对学生说的一定是真话。熊志玲家出了那么大的事，我也去了她家慰问，一方面，作为知情者，没有及时告诉她真相，心里总是不踏实；另一方面，我也担心，在从天而降的重大打击面前，孩子是否扛得住。

9日上午高考结束后，熊志玲的母亲来到校门口接女儿回家。我在校门口碰到了这位母亲，并告诉她我和学校办公室、学生处的两位副主任也打算一起送熊志玲回家。熊志玲的两位同学从班主任那里得知情况后，尽管自己的父母都已到校来接她们了，但仍不顾高考后的疲惫，坚持要一起先送熊志玲回家。老师和同学都希望能够陪着她一起度过人生中这一艰难时刻，一起分担这种痛苦，带给她一点安慰。

熊志玲走进家门，当大伯告诉她父亲不幸遇难的消息后，瞬即号啕大哭，一众亲人也都哭成了泪人，场面让人悲痛不已。恰逢门外下着大雨，似乎这哭声已感天动地。城市工地上的一个意外，酿成了此刻大山里一群人的悲痛欲绝。失去了顶梁柱，这个只剩柔弱女性的四口之家，未来将何其艰难！多么希望这哭声能传遍千里，唤醒更多的人敬畏生命，真正落实好安全生产制度；希望我们的学生即使生活相对贫困，但起码能拥有一个完整、幸福的家庭；希望教育能够带给孩子更美好的人生，让他们与亲人不再分离，使花与根能够相伴相依。

我和熊志玲的母亲商量，趁着今天家中来的人比较多，让孩子去山上祭奠一下父亲，尽一份孝心。孩子的母亲同意了。

因为下雨，上山的路又都是羊肠小道，两旁杂草丛生，大家的鞋与裤脚都湿透了。熊志玲在父亲坟前的泥浆地上跪着，一边哭，一边给父亲烧纸钱。无论在家里还是在山上，两位同学始终一左一右搀扶着她。离开前，熊志玲向父亲承诺：“我一定会好好读书，读给你看；我一定会照顾好两个妹妹。”悲痛中简单的几句话，却充满斗志和责任感。与其说这是她对父亲的承诺，倒不如说是她给自己定下的目标、立下的誓言。可以想象，她的未来难免艰辛，但相信她会成功的。这一切既让人心疼，也略感安慰。作为校长，我实在不想让学生过早地经历这种生离死别的打击，但人生无常，唯愿这一切能够让孩子们对人生有更深理解、更多思考，让他们在历经酸甜苦辣后，拥有更充实、更美好的明天。

吃饭前的间隙，我问熊志玲："在你的记忆中，对父亲最深的印象是什么？”她略加思索后说：“他经常对我们三姐妹说，读书成绩好一点、差一点没有关系，尽力了就好，但做人一定要做好。”多么朴实的语言，出自一位打工的农民父亲之口，道出的却是教育的真谛。

一个本就贫困的家庭，从此不再完整。熊志玲已经高中毕业了，根据她当场表现出的承受能力，考虑到苗族的婚嫁习俗，我和她简单聊了聊接下来她应该有的各种思想准备；作为长女，希望她安慰好妈妈，照顾好妹妹；如果遇到了难以跨越的坎，可以和我联系，一起来想办法。

我们准备出发回学校时，熊志玲和她的母亲一起来到停车场送行。我注意到这位母亲和班主任说：“我准备先去广东汕头退掉原来租的房子，然后到凯里找一份工作继续打工，反正闲着也是闲着，这样还可以照顾几个读书的孩子。”远远的，听到这些话，我放心了很多。

在苗族地区，丧夫后的苗族妇女通常是要改嫁的，应该说，这也符合人之常情，只是当地有些习俗对于幼小的孩子来说显得颇不公平，甚至有些残忍，比如，不接受男子到女方入赘，女子改嫁后就不能再回原来的家，改嫁的母亲一般不能带孩子一起走。这些习俗硬生生地将母亲和孩子分开，对孩子的健康成长十分不利。

在台江民中，来自不健全家庭的300多个学生，自小受到的家庭教育是不完整的，每次想到这些，我就感到揪心。数千年来，当地形成的婚嫁习俗，不可能说改就改，唯一可以做的，是在包括学前教育的整个基础教育阶段，学校尽最大可能给予这些特殊家庭的孩子更多的关心、呵护。在孩子尚小的时候，老师在一定程度上，要承担起父母的角色，尤其要加强对这类孩子的心理疏导，尽力让他们能够和其他孩子一样健康成长。

何其有幸遇见您

——给陈校长的一封信

可亲可敬的校长：

您好呀！

我依然记得刚进高一时教师节给您发的教师节祝福语，当然啦，肯定也有很多同学向您发出祝福，所以不知您是否有印象呀。我自认为，平平的我又怎会让校长您记得曾经有这样的一位学生呢？

然而很不幸，因爸爸这件事，让校长您或许对我有些印象。您说过“学会如何做人比考高分更重要”，现在我真切地体会到了很多东西比考高分更重要。在这件事中，我失去了人生中唯一一次为爸爸做最后一点点事情的机会。高考可以重来，而送爸爸最后一程这件事我再也没有了机会去做。我明白家里人的做法，他们的出发点都是为我好，为我着想。对于爸爸这件事，我有很多很多的遗憾，但也不会去责怪家里人。事情已经发生，我要做的不应该是责怪他们，我相信爸爸若在，也不希望我这样做。

虽然爸爸只有初中文凭，但他总是教育我们三姐妹“做人不能过于贪心”，“己所不欲，勿施于人”，“要孝顺”，这是我印象最深的。在我二妹中考那段时间，爸爸给我发来了二妹的截图，说“她准备去看考场啦”，接着他又对我说“也快高考了，不紧张的，到时候我和你妈妈一起回来为你加油”，最后他加上了“这就是全家和乐团结”这样一句话。而我从没有想过，那便是他留给我的最后的话。

本来家里二伯、大伯有些不和，家族也有些不和，而经过他一次一次的努力，现在二伯、大伯以及整个家族都变得团结和睦了。每一次回忆中，他都是那个令我骄傲的爸爸，是我的英雄爸爸。

还有，我都没有感谢校长您不辞劳苦来家里慰问我们，以及对我们的关心和照顾。对了，校长，同您解释，在考英语听力前的那个晚上，你敲了我的头，我才知道您来到我身旁。我当时是很惊讶的，好像很多比我成绩好或是稍差点的同学也在做与复习无关的事，但您偏偏敲的是我。那天我是在写纸条，因为当时要留一些资料书籍给学弟学妹（因为我也不知会是学弟还是学妹）。我是在写为什么要留这样的资料，以及资料有什么值得去看的地方，加上我那两天对高考的感悟。但我明白我不应该用那样的态度去对待高考。当时我想第一次听力得了28.5分，第二次再冲冲，但一段时间下来并没有突破。那天晚上我便在想，可以先花大约20分钟完成那个纸条。不过现在想想，自己应该要在对的时间做对的事呀，我为我的做法不对向校长您道歉，或许在那一刻您对我是失望的吧。

还有，遇到校长，真的是我的荣幸，是我们那一届同学的幸运，也是整个台江的幸运呀。留在台江民中，我收获了很多很多。作为贫困地区的学生，我享受到了大城市里的教育资源，同时也得到了来自支教老师的无限关心，还有玫玫姐（陈丹玫老师）的鼓励、那哥（田亮老师）的严肃（虽然每次上他的课精神都紧绷的，但他教的英语真的很棒）。还有一位笔友（舒扬姐——陆舒扬），她也曾来到民中两次，一次还特意赶来看我，当时真的超级感动。三年下来，与她的十几次通信，不断地拓展着我的视野。我的同学们也和我一样享受着您带给我们的种种资源，您让我们台江的学子们有了更多的机会去争取更好的人生。校长，谢谢您。

校长，和您说说在大学的情况吧。“到了大学就轻松”这一句话让我有了很大的反思。除了上好专业课，课余时间里还有很多东西需要自己去学习，一天忙下来也不见得轻松，但有了收获会让自己对这一天有满足感呀。我也加入了一些校级组织，想让自己多学到一些东西，同时也可以认识、结交更多优秀的朋友，向他们看齐。所遇到老师的学历与学识，也让我对走好自己的未来之路有了一些想法。一个多月下来，我对大学生活也渐渐适应啦。

对了，校长，不知您是否仍然很忙碌，若是还经常出差，还是要注意身体哦。虽然现在交通很方便，但出差还是会让自己劳累的。在朋友圈看到您啦，您还是那样年轻，帅帅的呀。

校长，其实这是一封迟来的信吧，先前提笔要写来着，然而写到一半又停住了，但今天鼓起了勇气，写啦。信中说了很多，或许是自己的小日常，有说不好、说不对的话语，希望校长见谅呀。最后，再次敬上对校长崇高的敬意，感谢您！

祝愿校长身体安康，一切安好。

此致

敬礼

学生：熊志玲

2020年10月30日

几代人的大学梦实现了

2018年11月的一天，我的办公室来了两位高三学生：姜海霞和张潇红。她们走到我的办公桌前，笑着想对我说些什么，却欲言又止。

“你们是几班的？”我先开口。

“16班的。”两人同时回答。

“看你们一直笑眯眯的，有什么好事要和校长分享呀？”我问。

“我来向校长提一个要求：我现在成绩还不够好，但我想冲刺一本，如果冲上了，希望校长能给我送喜报，这样我就有冲刺的动力了。”姜海霞先开了口。

“我的成绩比海霞差些，我想冲刺二本试试。”张潇红接着说。

“好啊，咱们就一言为定。”我立马点头答应了，并拿出两本我写的《寄语青春》签上名，分别送给她俩，希望她们能够从书中找到更多自信，从而勇敢地创造属于自己的未来。接着，我又和她们聊了各科的学习情况。

大约过了一个月，我收到了姜海霞的奶奶让海霞带来的一份礼物。那是用丝巾包裹着的一本册子，打开一看，里面是一本邮票珍藏册《党在我心中——纪念中国共产党成立八十周年》，最后一页上还印着：

姓名：张庭珍

性别：女

出生年月：1945.9.4

入党时间：1986.7.1

入党地点：老屯乡岩脚村

入党介绍人：姜老雄

现所属党支部：岩脚村支部

册子里还夹着一封信，内容如下：

陈校长：

你好。为了贫困山区的孩子，你辛苦了。

我是姜海霞的奶奶张庭珍，1964年以优异的成绩考入台江高中。1966年我正高二，赶上了“文化大革命”，成了回乡知青。到了农村，我就结婚生子、养育儿女，没有机会上大学，一辈子在农村过着艰苦的日子。

党的十一届三中全会召开后，改革开放的春风吹到了苗乡，我凭着能画会绣的双手，带着苗绣走天下，让生活一天天好起来。1986年，作为先富起来的农民，我加入了中国共产党。其实，很多事是我应该做的，但党和人民给了我很高的荣誉，对我高度肯定。1999年，我被评为全国“双学双比”先进女能手，代表贵州妇女到人民大会堂领奖；2000年，被评为全国劳模；2001年，参加了建党八十周年庆祝活动；2002

年，当选党的十六大代表。连续四年进入人民大会堂，我非常荣幸。

中央电视台《半边天》栏目的记者问我："你是一个成功女性，得到了最高荣誉，你怎么想?"我说："我是改革开放的参与者、见证者、受益者。当我的子女正上小学、中学时，我为了生活到处奔波，没有时间陪在他们的身边，没有教育好他们，导致我的子女都没有考上大学，这是我最大的失败。"

几代人的大学梦没有实现，所以我对姜海霞的希望很大、要求较严，但也没有给她太大的压力，支持她的所有选择。我们能力有限，在学校请求校长多关心、指导，我们全家都感谢你。送上《党在我心中》作个纪念。

大姐：张庭珍

读完这封信，我首先想到了在我们台江民中读书的孩子。他们大多和姜海霞一样，身上寄托着几代人的大学梦，或是整个家族世代的大学梦，肩负着由文盲、半文盲家庭向知识家庭转变的跃升梦。与姜海霞不同的是，一大批像张潇红这样来自建档立卡贫困家庭的学生，还承载着家庭从贫困走向小康的转型梦。我为自己选择走支教之路而感到高兴，同时又切实感受到了肩头这份沉甸甸的责任。

随着脱贫攻坚取得伟大胜利，物质上的绝对贫穷已被完全消灭。当前，如何巩固脱贫的成果，做到绝不返贫；如何实现从摆脱物质贫困向摆脱精神贫困的跃升，实现乡村振兴，已提上议事日程。这也是教育帮扶的根本立足点。

接下来的高三第二个学期，姜海霞和张潇红经常来我的办公室，与我交流思想和学习上遇到的问题。记得有一次，姜海霞给我拿来了一些已经切好的腊肉和香肠，说是家里做的，家长给她送过来的，她拿出一部分让我尝尝。

尽管姜海霞全力拼搏、尽力冲刺，成绩不断提升，但从高三第二学期的几次模拟考成绩来看，只有一次冲进了一本的预估范围。不过，她凭着那股必胜的信念，持续拼搏努力。终于，功夫不负有心人，她的高考成绩超过了一本线9分，被上海财经大学的法学专业录取。张潇红则以超过二本线69分的成绩被福建工程学院录取。

我也如期兑现了承诺，来到位于老屯乡岩脚村姜海霞家送喜报，而且终于见到了姜海霞的奶奶——一个经历了传奇人生的大姐。一家人都很开心，热情地招待我们吃中饭。因为还要继续送喜报，我们不得不匆匆告别，往张潇红家赶。尽管是建档立卡的贫困家庭，但张潇红家将简易平房收拾得井井有条。张潇红告诉我，她爸爸是我的“粉丝”，早就准备好了丰盛的中饭，还配上了切好的西瓜，就等着我们的到来。于是，我们又坐下吃了一顿中餐，再次感受到了苗族人的热情好客。

让孩子对未来有想法

党的十九大提出了“注重扶贫同扶志、扶智相结合”的战略构想，这给学校教育赋予了重要使命。台江县民族中学是台江县唯一一所普通高中，如何在高中教育阶段把扶贫同扶志、扶智结合起来，让孩子对学习有目标、对未来有想法，是我始终在思考并不断探索解决的问题。

孩子们究竟经历了什么

我来贵州支教的第一年，对于在校生的教育引导，总有一种拉不起、推不动的感觉。他们的思考与追求较多局限于生活层面，热衷于唾手可得的快乐，抱着得过且过的态度，对未来也没有什么想法。我们的孩子为什么会这样？他们究竟经历了什么？怎样才能更有针对性地开展教育引导？

为了解答这些疑惑，我一直坚持家访，以期由此真正走进孩子们的真实生活，了解他们在校表现背后的故事。走进200多个家庭深入了解后，结合当地社会现实，我将学生在校表现不佳的原因大致归纳为以下几点：

第一，家庭教育的局限。我在家访中发现，很多家长不会说普通话，也从来没有走出过台江。他们习惯与推崇的生活模式是出生—长大—成家—生儿育女—终老，一种根系大山的封闭循环。他们一定要生儿子的目的是为了防老，最担心的是儿子娶不到老婆。平日里与孩子交流的，都是生活琐事。在一个高二教室的愿景墙上，我看到一位男生写着“娶一个老婆回家”。这位男生还告诉我，这是他父母对他来读高中的期望。苗族人依山而居。在台江县南宫乡的一个苗寨，山高坡陡，2009年终于通上了公路。通车当天，开上山顶参加通车仪式的是几辆四驱的越野车。从未走出过大山的几个苗族老奶奶，围着汽车看新奇，当看到车身下的传动轴的时候，相互议论说：“这么高的山，看来也只有公的车才上得来。”听着这些，我心情很沉重。我第一次听说有这样解释“公车”的。

第二，闲适文化的影响。苗族群众推崇闲适文化，注重享受生活，往往安于现状，自我感觉良好，幸福指数较高。眼界往往局限在祖祖辈辈生长的这方山水中，没有宏图远志，也缺乏励志教育的氛围。

第三，奋斗目标的缺失。应试教育一味追求当下的考试成绩，绝大多数学生没有思考过为什么要学习，对未来没有明确定位和想法，只知道要通过努力在中考、高考中获得出好成绩。很大程度上，他们都是被学习、被高考，谈不上有什么国际视野、本土情怀。

针对以上情况，我们在学校启动了一系列励志教育行动，希望由此让学生树立高远志向，激发高昂志气，养成高雅志趣。

“三志教育”：激发学生的志向、志气、志趣

三志，即志向、志气和志趣。学校开展“三志教育”活动，激励学

生“立志”“励志”“乐志”。

“立志”，就是明确人生目标，立高远志向。我们告诉学生，今天的你们身逢盛世，但世界风云变幻，需要有忧患意识。我们号召学生要自觉地树立起以天下为己任的远大志向，而不是躲在小圈子里吟唱风花雪月；应该多一份爱心和责任感，而不是只关注自己的那个“小我”；要身在台江、胸怀天下，立志走出大山，学有所成后反哺苗疆。

我们的“国旗下讲话”先后围绕“心中有山，生命多彩”“志为气之神，气为志之形”“志趣求高雅，生活方丰盈”等主题展开。我们还要求班主任召开相关的主题班会课后续跟进，利用苗文化对树的崇拜，带领学生在校园内种“志向树”，形成“志向林”：每个学生写下高中三年的奋斗目标和自己的人生目标，作为志向在母校的沉淀，埋藏于校园“志向林”下每班一棵“志向树”的根部，时刻激励自己。

每年的科技体育文化艺术节，学校都举行“励志青春，成就梦想”主题演讲比赛。同学们在演讲中纷纷表示，要立志成才、发奋求知，用知识改变命运，通过自身的努力来改变苗族山区的落后面貌，并且要把个人志向、民族志向和国家志向结合起来，把自己的人生目标和伟大的中国梦结合起来。

“励志”，即开展多种活动，扬高昂志气。朝着一定的目标走去是“志”，一鼓作气走到底、中途绝不停止是“气”，两者结合起来就是“志气”。一切事业的成败都取决于此。为此，学校努力营造励志氛围，举行励志仪式，讲述励志故事，以持续激励学生。

我们在教学楼前先后挂上了“志向高远，志气高昂，志趣高雅，书山探幽志为径；勤奋求知，勤勉习术，勤心悟道，学海行舟勤作帆”“立足苗疆，寒窗苦读，读天读地读未来；放眼世界，励志求知，知己知人知天下”等直幅对联，努力营造校园励志氛围，时刻激发学生奋斗的激情。

每年12月9日是学校的“励志日”，同时举行高三学生的成人仪式。2019年的成人仪式宣誓词如下：“我是台江民中2019届学生，在励志日成人之际我庄严宣誓：我将从此成熟、理性、担当，励高远志向，扬高昂志气，养高雅志趣。我将谨记‘爱与责任’的学校精神，珍爱自我，做对自己负责的人；关爱家庭，做对家庭负责的人；热爱社会，做担当时代责任的人。我将发奋学习，拼搏高考，立志成才，奉献苗疆，做无愧于中华文明的继承者、接班人。”

学校还要求教师结合教材内容，大力开展励志教育，并要求在教学目标中有所体现，在励志故事中感染学生、激励学生，也激励自我。有的学生在作文中提出了“心穷”的概念，认为物质的贫穷是暂时的，“心穷”是永久的、根本的。学校还开展班级黑板报评比，在校园宣传窗张贴学生的优秀励志作文，宣传苗族学生励志成才的典型案例。

“乐志”即让精神脱贫，养高雅志趣。通过让学生“读万卷书”“行万里路”“经百般难”，助力学生精神成长。

首先，让学生通过“读万卷书”、参与社团活动等，丰富其内在精神世界。如在每个班级里设立教室书柜，学校订阅种类丰富的报刊；除了早读课以外，晚自习留出半小时作为学生的课外书阅读时间；双休日开放阅览室，为住校学生提供阅读的好去处。此外，学校还创设了国学经典、苗歌舞、书法、绘画、篆刻、棋类、球类等25个学生社团，在活动中促进学生的精神成长。学校“翁你合唱团”还曾受邀参加杭州市中小学艺术团文艺汇演，获得特别奖。

其次，我们努力促成学生“行万里路”。在各方的资助、支持下，我们组织学生去贵阳、杭州、北京等地游学，并开展游学日记评比活动，以此开阔学生的眼界，提升学生的志向。游学回来的学生都表示收获满满，一位学生说：“一直以来，我心中的世界太小了。大山挡住了我的视线，但挡不住我的梦想；大山局限了我的阅历，但限不住我的斗志。”

再次，我们通过活动设计，让学生锻炼意志，“经百般难”。一些学生虽然抱有远大志向和抱负，但在平时常常畏难怕苦，表现为志长气短，甚至有志无气，说到底是因为精神意志的锤炼不够。每年军训结束时，我们都会进行宏志毅行活动——5公里的快速徒步行走。各年级的宏志精神实践班，还组织了20公里的宏志毅行活动。

修家谱，理家训，写家史，传家风

学生成长发展的内在动力，来自对个体自我实现的追求，来自对光宗耀祖的追求，来自对民族复兴的追求，来自对人类进步的追求。家，通常是一个人内驱力的最大来源。

寒假开始时，我们向全体高一学生布置了一份特别的假期作业：建议他们不忙着做寒假作业或补课，先好好放松身心，并腾出时间和祖辈聊聊天，加强亲情沟通，了解家族的兴衰故事。在此基础上，我们要求学生从自己开始往上数四代，为自己的家族写一个简单的家谱。由此，学校逐步发展成家文化系列必修课——“修家谱，理家训，写家史，传家风”。

修家谱，让学生发现自己在族谱中的位置，思考与寻求自己在族谱中的定位，进而萌生自我实现的责任意识。在采访、整理的过程中，学生接受家训的熏陶，汲取前辈的智慧，感受亲情的可贵。族谱上的一个个人物、一件件事情，都与自己血脉相连，由此，一份沉甸甸的家庭责任在学生心中油然而生。写家史也是写国史，能够激发起学生的爱国情怀与社会责任感。

这一活动让学生在历史中找寻个体的生命意义，在熟悉、传承和建设家族文化的过程中，激发自我实现、家族升华和国家发展的三重动力，增强自我责任感、家庭责任感和社会责任感。

我始终认为，在学校教育中，比传授知识更为重要的是育人，是对学生精神、人格的影响。几年来，通过多方面共同努力，我们的学生看到了自己的希望所在，志向、志气、志趣有了普遍提升，精气神发生了明显变化。作为一名教育者，这最让我欣慰。

我愿为一只蝴蝶、一头牛、一条盘瓠

支教以来，我平时经常参加关于脱贫攻坚的会议、学习，也有很多机会接受媒体采访、外出报告所谓的先进事迹，还获得了不少荣誉。但事实上，在我管理的学校中，还有学生挣扎在温饱线上，还有学生一天只去食堂吃一顿饭，一些家庭贫困的学生竟然直到高三毕业前才被关注到。这说明，我们俯下身子来倾听时，弯腰、屈膝的幅度还不够大；走近学生去发现问题时，察言观色的敏锐度还不够强；深入困境去帮扶时，祛浮除躁的澄澈度还不够高。

2019年10月20日，高二班主任杨美华带着学生张花（化名）来到我的办公室。杨美华手上拿着一份要求免除学费的申请，上面写着："10月17日，父亲去世，妈妈已经68岁了，家里没有任何经济来源。希望学校能够减免张花的学费。"我好奇地问道："你才17岁，妈妈怎么已经68岁了？""我是父母在广州打工时从一条小河边捡来的，那时我才生下来几天，生我的父母没有留下任何信息，所以我一直不知道自己的生日。"紧接着她边哭边请求说："校长，我想读书，你一定要帮帮我。"又是一个可怜的孩子，那渴求的眼神让人心酸不已。我给了她一点生活费，告诉她，用完了钱再来找我。紧接着，我就与学校资助办商量，经过分析对比，同意免除她的学费、住校费和课本费。

11月3日晚上8点多，巡查高二年级班主任办公室的我再次碰到了张花。她毕恭毕敬地向我鞠躬，我把她拉到走廊上，问她有什么想要对我说。她一个劲地鞠躬，说："我回去告诉妈妈，校长帮助我免除了上学费用，妈妈高兴地哭了。"她还说，"父亲去世那天，因为妈妈不识字，连自己的名字都不会写，所以只能想办法让我去办后事。那天，幸好有班主任杨老师陪我一起去州医院，否则，我真不知道应该如何处理这些事情。"看来，杨美华真是一个富有爱心的好老师，可她一直没有对我说过这件事。

"你平时的生活费怎么解决?"我问。"我用生活费很省的，早餐就吃一个馒头，在教室里尽量多喝水。中餐的米饭可以自己加，我就用饭盒多装一点，然后把中午的菜也装一点进去。晚饭时间，我都是趁别人去吃晚饭不注意的时候，拿出中午装回来的冷饭冷菜吃，然后多喝一点热水。现在每个月生活费150元就够了，多了我也没有。"听着这些，我心疼不已。

这样的事发生在我担任校长的学校，令我感到万分惭愧，总觉得对不起这些孩子。谈话结束时，她突然提出："校长，我可不可以拥抱你一下?"我二话不说，敞开双臂。张花紧紧抱着我，将头埋在我的胸前，大哭起来。也许她从来没有这样敞开心扉地对父母撒过娇。我一边抚摸着她的头，一边对她说："在你大学毕业以前，校长会一直帮助你。"其实，这也是我自己暗暗立下的誓言。

熊××、石××、邰××、张××……叫我"校长爸爸"的孩子越来越多。但我总担心，是否还有像张花这样的贫困孩子没有被我们发现，没有得到我们的帮助？班主任会议上，我要求学校所有的班主任仔细梳理孩子们的家庭背景，尤其是那些来自建档立卡贫困家庭的孩子，一定要让台江民中的每一个孩子都能够吃饱、穿暖。

特别欣慰的是，学校支教团队的老师很给力，他们已经资助了60多个贫困孩子。我想，这样的资助只是教育扶贫、扶志的开始，希望全社会共同助力，让大山里的苗族孩子都能享有更好的教育、获得更好的未来。

高一年级组班主任办公室中，大家都在分析近期发生在几个贫困学生身上的令人心疼不已的事。副校长杨群说："陈校长来了后的这几年，发现了那么多类似的事。其实，迎来送往的一届届学生中，都存在这些问题，只是我们没有用心去发现和处理。"全校有3000多个学生，来自建档立卡贫困家庭的就有1300多个，我们发现的只是其中的一部分。还有很多孩子的生活需要帮助、内心需要呵护、生命需要敬畏，我们要做的还有很多很多。

有人说：我们很不幸，生活在这么一个没有哲学的时代。从另一个角度来说，我们也很幸运，因为一个没有哲学的时代是一个轻松的时代，一个使人可以像动物一样跟着感觉走的时代。这个时代的特点不是崇高而是快乐。无论大家对这个时代的价值判断是褒是贬，但是有一点是大家都必须承认的，那就是我们的时代是一个市场化的时代、一个浮躁的时代、一个急功近利的时代。这话尽管说得比较极端，但似乎也有几分道理。我们经受了太长时间物质上的贫穷，面对突如其来的物质、金钱、权力、地位和荣誉，似乎还缺乏相应的心理承载力，心灵的提升似乎没有跟上经济、社会的发展脚步。大众生活的功利化和情绪化，使人们很难保持初心，容易被相对功利的时代所裹挟，从而失去了很多真正美好的东西。

我出生于农村，几度辍学，退休后选择支教就是为了让更多的人接受更好的教育。我一再告诫自己，以平常心做平常事。我也从心底里，感恩过去的宏志生和现在的苗族同胞，是他们，给了我做一点平民教育工作的机会。如果说清朝末期的台拱同知周庆芝所说的“苗民之梗化，实由智识浅陋、文字隔膜所致，决非性愚”是一种判断，那么高考“万人比”和连续多年的高考指标完成率都排名全州第一，就是一种证明——苗族孩子是聪明的。他们所需要的，是一个接受更好教育的机会。

学校教育，人是目的。如果说学校教育是一种保护和奠基，我多么希望自己就是一只蝴蝶，化身为苗族神话传说中的“蝴蝶妈妈”，保护孩子的自信，守护孩子的生命，为他们的未来奠定知识与精神的基础。如果说学校教育是一种生活和创造，我多么希望自己就是一头牛——苗族人所喜爱和崇拜的图腾，与孩子为伴，帮老农耕作，用牛角装点人们的生活，让生活作为教育的重要源头，在生活中教育，在创新中腾飞。如果学校教育是一种唤醒和发现，我多么希望自己就是一条盘瓠——苗族神话中神勇的龙犬，用敏锐的嗅觉发现孩子们身上的闪光点，用不厌其烦的犬吠唤醒每一个孩子的内在潜能；促使一方政府治贫治本、着眼未来，把尊师重教落到实处；叫醒当地百姓，一定要坚持让孩子读书，用一代人的努力换来后代的转型；叫醒外来的帮扶者，少一些政绩意识，多一点躬耕践行，沉下心来、蹲下身来、走下寨来，看看孩子们经历了什么，听听孩子们在想什么，问问我们留下的是什么……

第二辑

教师是最重要的学生

教师一旦不思进取，便会沉沦，也就没有了向上提升的可能。如果没有足够的反省能力，就只能得过且过地混日子。反之，如果能够抓住机遇，做到“博学而日参省乎己”，然后幡然醒悟、快马扬鞭自奋蹄，则可以为自己同时也为学生赢得不一样的人生。教师如此，个人如此，一个民族亦是如此。

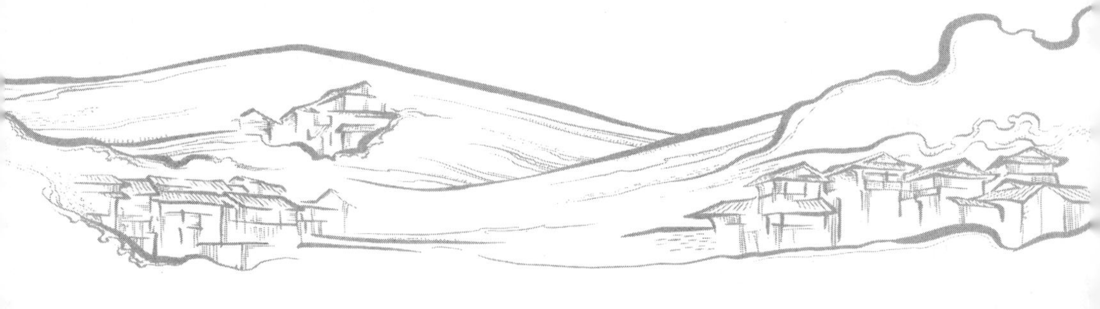

我成了“铁腕校长”

到校任职不久，在一次巡课过程中，我看到有老师在上课期间把教材、教案搁在走廊栏杆上，自己则站在走廊上聊天。看到我也许是觉得不好意思了，其中一位老师马上解释说：“校长，我今天准备的内容已经讲完了。”这实在有点勉强，我猜想他自己心里也不踏实。我回答说：“不用解释，你我都是教师，都知道上课意味着什么。”

当天晚上，我和几位校领导提起这事时，他们还谈了其他一些现象：如早读课时间，老师到教室里简单布置后，就去食堂吃早餐了；再如冬天监考时，有的老师丢下考场不管，自己跑到办公室的“小太阳”上烤火去了。

在一次教职员工大会上，我提到了这些事。在严肃批评的同时，我还说：“我一直纳闷，无论是课堂上还是考场上，一名教师正在完成教学任务的过程中，怎么可以说走就走？直到最近我听了《你在台江吗》这首歌曲以后才明白，因为里面的最后一句歌词是‘相约台江，说走就走’。”这话引来了全场一片笑声，在台江，这首歌无人不知、无人不晓。

明天开始，你就不要上课了

都说教学质量是一所学校永恒的生命线，但我刚到台江县民族中学时，发现不少老师似乎都在应付，有的甚至连基本的应付都不到位。教学质量的提升要靠日积月累，是老师一堂一堂课备出来的，是一节一节课上出来的，是一本一本作业改出来的。聚焦课堂，是教师的必然选择。

出于对教师聚焦课堂的高度重视，我要求学校领导、教研组长等深入课堂调研。有一次，我随意选择了一节高三语文课，坐下来与学生一同听课。黑板上写着“作文的结尾”。虽然我是数学教师，但在杭州时，也曾连续10年与考生同步写高考作文，有几篇还曾刊登在《钱江晚报》《浙江教育报》等报纸上。所以看到这节课的主题时，我饶有兴趣。但当看到任课老师在黑板上写下“1.开门见山”的时候，我就开始纳闷了：一般来说，作文的开头往往会强调“开门见山”，怎么结尾也要“开门见山”呢？当任课老师说完第4点时，他自己才突然发现不对劲，说：“同学们对不起，我刚才说错了，今天要讲的是作文的结尾，而刚才讲的是作文的开头。”

接下来，这位老师又重新开始讲作文结尾的要点。我把旁边学生的复习用书拿来一对照，发现老师讲的都是书上的那些话。下课后，我走到讲台边，发现这位老师没有备课本，显然这是一堂毫无准备的“放羊”课。

随即我请这位老师到我的办公室，告诉他：“这是高三的课堂，这样上课是要误人子弟的。明天开始，你就不要上课了。”紧接着，我召开校务会进行说明，争取大家的共识，达成一致意见。尽管我知道这种“一致”是含有水分的。

紧接着，我就打电话向县教科局局长汇报，说明了事情经过。作为校长，我无权让老师下岗，只能将老师停课后，“退还”给县教科局。局长曾担任过台江民中的校长，因而对我的工作非常理解和支持。他还说：“你这里起码还有15到20个老师根本不适合在台江民中任教。我都报得出名字来。”

这件事在学校教职员工大会上公布后，引起了不小的震动。多数教师支持我的做法，认为学校要办好，必须动真格；但也有部分教师表达了不同意见，认为不可以仅凭一堂课的好坏就让一个老师“下岗”。无论老师们是出于正义感而感到不满，还是为下一个是否会轮到自己而担忧，我都必须对此做出回应。大会上，我再一次说明：“说实话，我也认为不能凭一堂课就停一个老师的课。因为影响一堂课的因素实在太多，除了教师当天的身心健康状况和其本人的工作责任心、文化底蕴、学科专业素养、备课质量等内在因素外，还有课题的难易、学生的配合程度，甚至天气、气温等外在因素。但作为一名高三教师，不但上课不备课，还讲错了内容，错得太离谱了！”我也提出，如果教师们还有什么想法，可以继续来我办公室探讨，我很乐意就此开展讨论。

作出回应后，这件事至少在面上算是暂时平息下来了，老师们在备课方面明显有所加强，但这种进步，仍是源于外在的管理压力。

接下来，学校教学处对全校教师的作业布置与批改情况进行了全面检查，结果令人吃惊。有的老师每天都布置作业，且每天都批改。可同一学科的老师，有的竟然一次作业也没有布置，有的布置了几次作业却很少批改。统计结果一公布，教师们也十分讶异。针对这种状况，学校随即决定，每半个学期一次集中检查教师的备课本、听课本，检查教研组、备课组的活动记录本，抽查学生作业本。这一做法，一直延续至今。

就像医生要根据病人病情的发展程度来确定用药量一样，我决定继续随堂听课。在听一堂高三数学课时，我发现老师没有教案，也没有明确的教学目标。显然，这是一堂“脚踩西瓜皮”、讲到哪里算哪里的课。下课后，我把该老师请到我的办公室，告诉他“从明天开始，你被停课了”。照例，我也及时召开了校务会统一思想。

到校才两个月，我就接连停了两个老师的课。这在台江县乃至黔东南全州都掀起了不小的风浪。在杭州工作时，我留给人的印象素来是温文尔雅的，没想到，到了黔东南，我竟被称作“铁腕校长”。

“一个临时工校长，居然也动真格了。”当时台江民中的老师心里都清楚，我的支教期限是一年。我自己也清楚，这种铁腕作风是被逼出来的，因为我得对3000个学生负责。在安于现状、不思进取，不求有功、但求无过，得过且过的安逸闲适的环境里，这是治理学校必须采取的手段，也是办好学校的必然选择。

一时间，学校的课堂规范多了。只要我拎着凳子出现在教学楼的走廊上，老师们都十分紧张。有的教师告诉我，他梦见自己在上课时讲错了，一抬头，看到我正坐在教室后排听课。惊醒后，庆幸只是一个梦。

我知道，停课只是手段，不是目的。再遇到极不负责的老师怎么办？被停课的老师调离后，在新的岗位比在这里更舒服，导致老师们对停课无所谓了怎么办？我想，唯一的办法就是在“堵”字招初见成效后，有“导”字诀及时跟进，让学校中支持改革、积极进取、与学校荣辱与共的主流力量获得进步、提升的空间，让负责任、有追求的老师有尊严地工作和生活；同时，把还有疑虑、持观望态度的少数人唤醒，让他们了解我、理解我，明白我不是来与谁作对的，不是来逞英雄、当好汉的，也不是来捞取什么政治资本的，而是为了让更多孩子接受更好的教育。最终，我希望能团结全校教师，在“爱与责任”的旗帜下，共同实现自己和老师们的人生价值。

扶贫先扶志，治贫先治懒。在学校推行管理改革、祛除教师原有惰性的关键阶段，县领导给了我大力支持。尤其是县委书记吴世胜、中组部台江帮扶工作组前后两任组长赵凯明同志和任四平同志，都曾亲自到学校给党员上党课，为老师们和毕业班的学生讲话鼓劲。高考前，他们还来考场外和考生握手、为他们加油。

"我停了你的课，但我对你表示敬意"

其实被停课的两位老师为人都不错。语文老师因为家事而心有苦衷，巨大的压力导致他工作上有点力不从心。已调往职业中学的数学杨老师还与我一直有信息交流。

他曾发来这样几条短信：

> 陈校长你好，我是原数学组的××老师。现在回想起来，好后悔当年从高中出来，后悔当年的任性，后悔没上好那一节数学课。现在看到高中这样，好后悔离开。

> 陈校长，这几天我整晚整晚地睡不着，想了很多。陈校长不远千里而来，把我的家乡搞得这么好，而我一个本地人，一个32岁正当干事年纪的人却站在一旁。我应该回来，回来和陈校长一起干。虽然我现在还不够优秀，但是我可以学习，我也肯学习。我想，只要肯花功夫，没什么东西是学不会的。

我回复他："杨老师好！收到您的短信很开心。有这份反思和情怀，说明您是一个好老师。我停了你的课，但我对你表示敬意！”

2019年暑假前，杨老师来信息说：“突然间觉得自己有一股很渴望学习的劲，想把所有不懂的东西都学懂。”平时，他也常跟我聊起自己的一些想法和动态：“陈校长，今天吃早餐时，听到几个家长对台江民中的评价，真的有一种好想回来的感觉”；“今天没什么事，我拿网上优秀老师的上课视频看看”。

有一天，他发了一张照片给我，并留言说：“陈校长，你还记得这位女生吗？有一次她生病了，你去医院看望，我也在场。虽然她不是我堂哥的亲生女儿，但考上大学后，全家都很高兴，也特别感谢你。如果你不来，我知道她是考不上大学的。我堂哥培养她也很不容易，她不听话时，我堂哥经常向我哭诉。”

看到了杨老师的进步，我从心底里感到高兴。开学前，根据杨老师的要求，学校安排了杨老师试教，并派出了数学组的骨干教师听课。不巧那天我正好有事没有旁听。

课后，他发来信息说：“谢谢陈校长，我上完课了，自我感觉还不错。”

暑假里，我们之间的交流一直没断。他说：“为了能担负起下学期的教学任务，我常抽时间来学校‘充电’。一个人在办公室看书的感觉很不错。‘每一朵花都有它的花期，教师的教学是唤醒，也是静待花开。’这句话真好。”

“陈校长，要是这学期我能过来，让我当班主任可以吗？我想，那样才更能体现我的价值。”

“陈校长，眼看就要开学了，我好激动和紧张。我真的还有机会回到台江民中吗？”

“陈校长，我这几天一直在看一本有关翻转课堂——先学后教、以学定教的书。我又结合您写的《我的教育主张》，读完后，有一种说不出的领悟。”

“陈校长，看了《狼道》这本书，我终于明白以前我是浑浑噩噩地过日子，空有良好的自身条件和丰富的知识，却沦落为一个平庸的人。”

我回复说：“杨老师好，你的课上得很好，听课的老师都说你有了很大的进步。但职中领导说，你现在担任该校数学教研组长，而且职中希望我校能支持职中的工作，再输送几个好的数学老师。目前的情况下，你再到民中来显然不合适。只能以后再看机会。抱歉！”

“谢谢陈校长的赞扬，今年职校也来了很多有能力的年轻人。我必须努力奔跑，不让他们超越才行。我把陈校长当作偶像，会好好向您学习。”

这位与我互动甚多的杨老师于2006年毕业于贵州师范大学数学系，在台江民中，他属于少有的“科班出身”的老师。我到校任职时，他正好毕业10年，正是年富力强、该出成绩的时候。他以应付的态度在高三普通班任教，有他自己的问题，但主要问题不在于他本人。当初我让他停课，实属无奈之举，内心里还是希望他能够觉醒，而不是消沉。这一点他做到了，特别令人欣慰。

挽留的掌声

2017年正月开学后，也许与我回了一趟杭州有关，一位副校长告诉我：“老师们在传言，陈校长肯定对台江民中失去信心了，都已经连续两周没有在教工大会上骂人了。”这真让人哭笑不得。其实我内心更愿意把老师们当作朋友，只是客观环境逼着我通过较大程度的权力管理进行过渡。第三周的教工大会上，我无奈地对着老师们说：“我想做一个‘秀才’，可你们一定要逼着我当‘生产队长’。”大家听后都笑了。

2017年的四五月间，教学工作进入了招生与高考冲刺的关键时刻，但老师们出现了浮躁心理。在食堂，支教老师丁耀林对我说："大家都在赌你这个人。"也许他的说法是对的，因为我为期一年的支教协议即将到期。在一次教职员工大会上，我批评老师们的这种浮躁心理是一种自私的表现——爱自己胜过爱学校。如果真正热爱教育事业、热爱学校，就应该不管谁做校长，只要是有利于学校发展的，就全身心投入，跟着一起干。话一出口，我又担心这样说无法化解老师们内心的纠结。布置完工作以后，我又把话题转了回来："我们都在台江民中这口锅里吃饭，希望大家振作精神，保持、推进学校已经形成的良好发展态势。虽然我的支教期限是一年，但说不定我一激动，在这里再待上三五年。"

没想到的是，话音一落，全场一片掌声。在这片掌声中，我听到了教师们的心声，也看到了学校的希望。

教师是最重要的学生

2007年台江县民族中学搬入新校区后，学校的招生规模基本维持在每年1000人左右。由于学校的教学质量相对较差，自然吸引不到好生源。全县中考前100名甚至前200名学生大多去了凯里市的几所高中，留在本地的只有十来个人，基本都是因家庭经济困难，实在没有能力把孩子送出去。学生招进来时分数低，考出去时依然低。这种长期的“低进低出”，也导致教师的教学水平与能力得不到提升，甚至有所倒退。

我始终认为，对任何一所学校而言，教师是最重要的学生。学生能走多远，取决于教师能走多远。无论是为学校生源的良性循环打下基础、做好准备，还是着眼于教师的专业化发展，帮助实现其人生目标，提升教师的教学能力都十分重要。

全校教师参加高三月考

在基本摸清教师的专业素养和水平后，我就要求全校教师参加高三年级的月考。对此，教师的反响不一：有的认为很有必要，自己的专业水平退化得有点“老火”（当地人的口头禅）；有的则认为压力太大了，一些年纪大一点的老师，甚至才40多岁的都请假要求免考。他们认为自己岁数大了，做题不快，赶不上学生的速度和节奏。无奈之下，我只能在教工大会上宣布，年龄超过我的，可以免考。

第一次月考时，正好县教科局的一位领导在学校，我就请他帮忙在全校语文教师的考场监考。开考以后，考场里有交头接耳的，有东张西望的，甚至在考试结束前，大家公认实力比较强的两位语文老师的答题卷，竟被其他教师抢走了。第二场考数学，我请一位校领导监考，考场内也是乱糟糟的。也许教师们知道自己的业务功底不够扎实，但又想在新校长面前尽可能考得好一点。这也可以理解，至少说明大家还没有破罐子破摔的心态。

教师的考风考纪无疑是学校教风校风的体现。无奈之下，第三场英语考试，我自己上阵监考，大家这才认真严肃起来。即便如此，从最后的考试成绩看，老师的得分普遍偏低，甚至还有人不及格。生源、师资、设备是办学的三大要素，教师群体这样的考风和考试成绩，无疑令人沮丧。

其间还发生过一个插曲，令我印象深刻。为了让学生的思想、学业、身体、心理、生活等问题，尤其是学生不方便向班主任反映的问题或班主任解决不了的问题，能有畅通、快速的反映渠道，我在每个班级设立了一名学生校长助理（这是我在杭州当校长时一直采用的做法）。有教师认为，设立学生校长助理，从学生嘴里间接地或从背后了解教师的工作情况，是类似于军统特务的做法。这意味着他把设立学生校长助理，视作校长“整”老师的工具。

我初来乍到，推行了一些改革举措，大多得到了老师们的认可，但部分老师存在一些抵触情绪也很正常，说明我和老师们的相互了解、理解需要一个过程。一定程度上，我也非常感谢这位教师把真实情绪反映出来，让我知道总比他放在自己心里好。

万事开头难。没有规矩，不成方圆。决定了、认定了，坚决贯彻执行，也就不难了。在教职员工大会上，我首先从教师理应为人师表的角度，批评了教师们的考风考纪，并要求语文、数学两科老师重考。

接下来的每次高三月考，学校都会在每个考场安排一名教师坐在考场的最后，与学生一起考试。通过一次次考试，老师们发现了自己的问题所在，也理解了考试的意义。2018年4月，杭州市政府专门为台江县拨款1000万元，启动了教师素质综合提升工程。县里安排给我校其中的320万元。学校决定，每次考试向教师发放50元津贴，并强调每个教师必须参加考试，不能以“不要50元”为由不参加。后来，学校又实行奖励政策，学科组内考第一名的奖励200元，第二、第三名奖励100元。

在台江民中，我相信，生源的改善是必然的，但提升教师的业务水平也已迫在眉睫。现在大家对教师应考已习以为常，令人欣喜的是，老师们的考试成绩也逐步提升，物理组老教师张学辉还考过满分。全校共有200多名教师，不及格现象基本消失了。

为教师与学校的尊严而战

为了让高三教师感受到提升自身业务能力的紧迫性，我以“躬行践诺，真抓实干”为标题，做了一个PPT，就校内教师存在的主要问题和接下来的应对措施在高三教师大会上进行宣讲。

我认为，教师队伍中存在的问题主要有以下几点：

第一，甘于平庸。长期的“低进低出”，使教师的教学潜能没有得到开发培养；教师敷衍了事成了习惯，缺乏进取心，少了追求卓越的拼劲；学生是被动的、无辜的，只有教师率先突破，才会有学生的突破；

学生依赖教师成才，教师依靠学生获得成就感。

第二，对不起好学生。参加高三理科模拟考的基数大了，但最高分只有538分；个别中考成绩优秀的学生，因学校缺乏竞争氛围，成绩容易走“下坡路”；水涨船不高的根本原因在于学校的整体管理水平提升了，但教师的教学研究氛围还没有形成。教师缺乏研究，学生缺乏竞争，学校缺乏竞争氛围。

第三，课堂过于粗放。课堂针对成绩处于中间段的多数学生，没有分层教学的设计，缺乏必要的引申。课堂注重知识灌输与方法模仿，缺乏“为什么”的思维训练与学科思想培养；课堂讲解就是纯粹的解题，缺乏必要的归纳和提炼。学生接触的题型太少，凡是在教材与复习用书上的，都是陈旧的内容。

接着，我指出本届高三的突破之路应从以下几点起步：

第一，A班课堂必须瞄准一本。本届学生学风好、基础较扎实，但受制于课堂上“炒冷饭”，局限于反复讲解老题型，导致好学生少有收获。一轮复习要在广度与深度上、思想方法上有新突破，要清楚学生知识掌握上的短板在哪里，发现问题要通过题组式训练来弥补。

第二，C班要减少放弃的学生。提高均分源于管理，增加二本上线人数在于激发学生的要心。在基础知识与常规方法上要训练到位，不能只盯着几个二本目标生，只要学生的智商正常，从现在开始发力都还来得及。对于混日子的学生，要从其源头、背景入手，通过个别谈话鼓励，拉回一个是一个。二本上线人数取决于C班教师工作耐心细致的程度，取决于他们心中“爱与责任”的浓度。

第三，课堂精细化。按照目标组织教学，围绕学生选择内容；切忌对着复习用书照本宣科，切忌东拉西扯；明确要突破的思想方法，归纳整理、画龙点睛，切忌让学生大海捞针。课堂的教学目标首先应是让学生在每堂课结束后都有新收获。课堂要紧扣目标，大胆改革，不拘一格。高三教师要研究提高课堂效率的途径，要大量做题，立足“以学生为中心”，大胆放手；各学科组要推出研究型复习精品课，评课要有学术氛围，要讲真话，对课不对人；学校学科专家组要研究制定评课新标准，从研究教师“怎么教”转向研究学生“怎么学”。

第四，作业精细化。作业紧扣本课教学目标，布置给学生的，教师需先做过；量上适度控制，有做必批；面对应付的学生和做错的题目，要有订正和追踪，让学生感受到教师抓好质量的决心和意志。

第五，“周测”精细化。“周测”内容只针对本周所学内容和上周遗漏问题，以一节课时间为宜；必须当天批改和统计分析，及时讲评和订正；可以发挥班级学习互助小组的作用。

第六，管理精细化。不放弃任何一个学生，要全员参与，落实到人；只要学生取得明显进步，教师都应给予必要的鼓励和奖励。下午第四节课要让学生出来活动。英语听力考试要创设足够的氛围，培养好的语言环境。

第七，用教师的精气神来感染学生。通过一年的努力，我们已经为台江民中带来了希望。现在需要一鼓作气，再创佳绩。这是为了学生的未来，也为了教师自身和学校的尊严。高考备考，需要氛围，也需要气场。全体高三教师必须到高三办公室办公和考勤，每天带着真诚的爱心、饱满的热情、充分的准备走进课堂。

第八，高考是团队协作项目。每个教师的知识、能力、特长不同，多个头脑的优势整合可以提升自我、惠及学生。“文人相轻”是“书功不透”的表现，保守与落后容易形成恶性循环，因此既要避免“单打独斗”，又要防止过度依赖，重要的是实现每个教师能力的最大化发挥。每次备课组活动都要有主题，有实效，有记录。

在黔东南支教的这些年，我归纳总结出了一个结论：校长对教师提要求，不如对自己提要求；教师对学生提要求，不如对自己提要求；家长对孩子提要求，不如对自己提要求。

来一场规范的教代会

关于管理的方法手段，我曾听过这样一种说法：管100个人靠感情，管1000个人靠制度，管10000个人需要文化重构。对此，我的理解是，管理对象较少时，可以通过个别谈话、面对面开展情感交流进行有效管理；当管理对象人数上千后，通过谈话进行情感交流会占用太多时间，或者客观上也谈不过来了，故只能用制度来规范；当管理对象突破万人时，他们可能会分散在几个不同区域，身处不同的社会环境，难以用统一的制度来规范，何况制度也存在漏洞，这时就需要重构本单位的特有文化来凝聚人心。

制度上的一小步，文化上的一大步

一所学校的发展，可以从“人治”起步，但必须逐步走向“法治”。这离不开规范化的制度管理。俗话说，“没有规矩，不成方圆。”学校实行封闭式寄宿制管理后，还出台了一系列相关管理制度，如校领导、教师值日制度，教师坐班制度，教工食堂用餐管理规定，教师考勤办法，课堂常规管理办法，青年教师培养行动计划，教科研管理办法，教学管理条例，课堂教学规范，关于旷教等处理办法，首席名师管理办法，职称评审方案，教学质量事故认定与处理办法，名师工作室管理办法，年级组扁平化管理实施方案，教师退出机制，强师计划，等等。

这些制度的出台，都要先经过校务会议讨论，再在行政会议上征求意见并进行针对性修改，汇聚学校行政班子成员的集体智慧。在试行过程中，有的比较顺利，有的也历经了不小的风波。如为了鼓励教师尽可能在学校教工食堂用餐，凝聚人气，学校出台《台江县民族中学教工食堂用餐管理规定》，试行阶段全体教职员工免费就餐，赢得了一片叫好声。而《台江县民族中学坐班制度》的出台，却一波三折。

我的办公室斜对面是学校行政办公室。初来时，我看到那里每天进进出出好多教职员工，几乎人满为患，十分奇怪。经了解才知道，学校的坐班制度本是这样安排的：每天上午9点，教职员工到办公室签到，11点签退；下午3点再来办公室签到，5点签退。这里就有两个问题，一是按照这个坐班制，教师每天只需坐班四个小时，时间实在太少；二是每个教职员工每天要跑四趟办公室，浪费了很多宝贵时间。

针对教职员工上班纪律松弛、工作应付懈怠的整顿，势在必行。于是，学校提出教师的坐班时间应为上午8点半到11点半，下午2点到5点，在不影响上课的前提下，每周可以请假1小时出去处理私事；考虑到青年教师接送孩子问题，可以提前到4点半离校。同时也取消了签到、签退制度，改为不定期考勤抽查。总体上讲，学校教师还是比较认真、淳朴的，在制度试行期，大家都执行得比较好。但当教代会讨论并表决是否正式推行这一制度时，问题就来了。

2016年底，学校校务会议决定召开学校教代会，并征得了县教科局和上一级教育工会的同意。县教科局还决定，各初中、小学、幼儿园分别派出校长和工会主席列席我校的教代会，说是为了观摩一届相对规范的教代会。

几十年当校长的经验告诉我：能大公无私，一心为学校发展而努力的人是少数；能把个人利益与学校发展结合起来的，已经称得上是好老师了；不少老师的注意力，还是聚焦在切身利益上。无论什么学校都存在这三种人，无非三者在教师总人数中的占比不同而已。

教代会上，一个半小时的分组讨论结束后，各工会小组组长分别向主席团汇报讨论情况，归纳起来，矛盾的焦点主要集中在两个地方：一是认为下午2点上班太早了，午睡都要提心吊胆，不能睡到自然醒；二是认为旷教一节课就要被扣除目标考核奖的90%，太过严苛。

主席团会议的主要任务是根据各工会小组的讨论意见，对各项制度进行修改，以求达成共识。对我而言，这是一个倾听各方诉求与呼声的机会，是了解校级领导和教师代表对学校长期存在问题的认识程度的机会，也是观察他们对学校发展的信心和态度的机会，这有助于我后续开展工作时确定更明确的方向，统一思想认识，准确拿捏工作强度。

讨论开始后，大家左顾右盼，都想先让我表态。但我只是倾听，想等他们把真实想法讲出来。果然，一些领导的态度出现了摇摆。对于旷教，大家都认为这是极不负责的表现，应该制定制度加以惩处，但旷教一次就扣除目标考核奖的90%似乎太严厉了。不过代表们的反应也不是很强烈，认为自己只要不旷教就行了。对于下午的上班时间，不少人认为下午2点上班早了一点，有的人主张还是原来的3点比较好，也有人提出是否折中一下，改为2点半。大家发言差不多了，我才亮明了态度："关于下午的上班时间定在2点，我宁可不做这个校长回杭州去，也不会妥协。"

在教代会投票表决前，针对下午作息时间的调整，我作了如下说明：一是下午2点上班更有合理性。因为一些教职工需要接送孩子，上午上班不可能更早，下午下班不可能更晚，如果午睡又要睡到自然醒，那还能有多少时间在校工作？我们都是吃“皇粮”的，肩负着育人的重任，总要有一些制度约束。如果想要午睡睡到自然醒，那可以选择辞职回家。二是下午2点上班更符合实际需求。下午2点是下午第一节课开始的时间，教师需要有充足的时间备课、批改作业、研究学情，尽早进入教学状态；同时，老师提早上班，对学生也是很好的引导。三是学校已经为老师提供了较好的工作条件。过去，3000多名师生只有一个食堂、一口锅，教师需要时间买菜、回家做饭，现在教师的一日三餐已由学校免费提供，理应有更多时间投入工作。四是加快工作节奏是教师的职责所在。台江是国家级贫困县，教育是阻断贫困代际传递的治本之策。台江县民族中学是全县的最高学府，积极进取、把工作与生活的节奏带动起来，是台江知识分子的使命与责任。提早上班时间，是制度上前进一小步，也是文化上前进一大步。

针对旷教旷工的处理，我也作了说明：教师的收入本就不高，这样做绝非有意减扣教职员工的工资。如果这项制度是一把剑，我希望它永远只悬在头顶，而不要落下。我始终认为，学校教育中，课堂比天大。希望大家在内心对课堂有一种敬畏感。学校的教育教学都是良心工作，而处罚是一种“堵”的办法，一味地“堵”容易使人产生应付心态。希望大家能多一点“爱与责任”，多一点为苗族社会发展尽一份力的使命感与责任感，努力创造学校的新历史。

其实，我的立足点还是以理服人，既不是高调强压，也不是示弱请求。进入投票表决环节，我坚持采用无记名投票，县教科局局长龙峰坚持举手表决。我觉得自己已经解释到位了，并已做好了最坏打算——即使有一两个制度通不过，还可以继续试行。如果不采用无记名投票的方式，教代会的规范性会受到质疑。当龙局长再次把我拉到一边，试图说服我时，我妥协了，尽管心里还是有些不舒服。但我想，他担任过台江县民族中学的校长，比我更了解教职员工的想法和当地的社会生态。事后了解到，他是怕投票结果与我的心理预期落差太大而伤了我的心。举手表决的结果是："坐班制度"有三位代表没有举手。如果采用无记名投票表决，我估计即使通过，也至多凭借微弱的优势。

旷教这项制度还规定：教师在上课五分钟之内才进入课堂，属于迟到；超过五分钟，就属于旷教。接下来的一个月里，有好几个老师对我说，晚上睡觉时，梦到自己没有按时进入课堂，醒来庆幸只是虚惊一场。

凝聚共识　实现跨越

召开这届教代会，我的目标是通过学校工作报告，让大家了解学校工作的思路，用三年发展规划来凝聚人心、激发斗志，调动教职工的工作积极性，共同为完成三年内创设黔东南州一流高中的目标而努力，进而为实现共同团结进步、共同繁荣发展打下坚实基础。

教代会通过了《台江县民族中学三年发展规划》。规划中提出的学校中长期发展愿景是：在"爱与责任"的办学精神感召下，围绕"爱心立校、责任强校、教研兴校、依法治校"的办学理念，树立"人类道德的基点是爱心与责任"的观念，实现学校管理由权力管理、制度管理向文化管理的过渡；由管理向服务过渡；从德育上的约束、教学上的灌输逐步向文化濡染、自主学习转变，着眼学校内涵发展；大力开展师生双方教与学的心理机制建设，促进教师和学生的精神成长，实现育人模式的转换和学校办学水平的显著提升。

三年发展目标是：着眼于内驱力发展，不断完善办学理念、推进科学管理、提高管理水平、培育学校精神、优化育人环境、提升教育质量、促进师生发展，通过三年努力，把学校建设成为办学理念先进、教育质量上乘、教师素质良好、学生个性张扬、管理制度完善、人际关系和谐、文化氛围浓厚、具有民族特色、适合学生、家长社会满意的黔东南州一流高中。

我在教代会上所作工作报告的标题是“凝聚师生共识，实现跨越发展”。报告共有7000多字，分为六个部分：提升干部队伍素质，强化行政制度建设；坚持品德养成为先，强化德育规范建设；注重教师队伍培养，强化课堂常规建设；充分挖掘内部潜力，强化后勤保障建设；争取政府社会支持，强化爱心工程建设；下阶段工作的主要思路——聚焦课堂、提升质量，聚焦学生、育人教书，聚焦环境、崇尚人文。

我在报告最后说：“台江民中是我们的发展平台，是我们的成长摇篮，是我们的衣食父母，是我们的共同家园。学校处在质量上的爬坡阶段，存在不少困难，但更多的是希望。台江号称‘天下苗族第一县’，台江民中是台江阻断贫穷代际传播的中坚力量。历史选择了我们，今天的台江民中已经站在新的起点上，我们承载着民族的未来，我们理应肩负起历史赋予的重任。大处着眼，小处着手，勇于改革，实现学生、学校和教师自身又好又快地同步发展。以教师的新观念、师生的新状态，以我们的实际行动，躬行践诺，振作师生精神，聚焦内涵发展，创建一流高中。为实现台江民中从平凡走向卓越的发展目标而奋斗！”

一所学校、一个教师、一个学生的发展都有着无数种可能。作为校长，首先要有一种卓越意识，想方设法使学校往最好的方向发展，这本身就带有理想主义色彩。很多时候，校长参与学习培训、考察交流的机会较多，应结合学校实际创新思考，在办学的思想理念、方法手段等方面，都需走在教师前面，这在某种程度上是孤独的。孤独前行，需要极大的勇气和智慧，我常常以此自勉。

台江县共有人口16.9万，是全州人口最少的县之一。2020年高考后，州教科所所长谢岑说："即使从绝对数来讲，台江县的教育也已进入了第一阵营。"谢所长是黔东南本地人，工作经验丰富，为人耿直，敢说真话，即使双休日请来为支教讲座，也从来分文不收。

附：台江县民族中学第九届教代会材料目录

1. 会议议程
2. 台江县民族中学第九次教职工代表大会正式代表名单
3. 台江县民族中学第九次教职工代表大会筹备组名单
4. 台江县民族中学工会换届选举办法
5. 台江县民族中学教代会学校管理制度通过办法
6. 台江县民族中学第九届教代会工作报告
7. 台江县民族中学三年发展规划
8. 台江县民族中学年度目标考核奖分配方案
9. 台江县民族中学教职工绩效工资考核分配方案
10. 台江县民族中学教师量化考核细则
11. 台江县民族中学教职工考勤制度及管理办法
12. 台江县民族中学2017年招生办法
13. 台江县民族中学2017年招生简章
14. 台江县民族中学2017年体育和艺术特长生招生简章
15. 关于重修台江县文昌宫及莲花书院的倡议书
16. 关于创设耕读传家民风、传承尊师重教风尚的倡议书
17. 台江县民族中学"陈立群奖教金"评比与奖励条例
18. 台江县民族中学"苗秀耀林杯"评比与奖励条例

课堂比天大

记得在我读大学期间，同学们为了把学校从金华迁回杭州，举行了一次罢课活动。活动开始的第一天，早上第一节课，徐士英教授准时出现在课堂上。尽管偌大的阶梯教室稀稀拉拉地没坐几个学生，但徐教授依然讲得十分投入。他说："不管你们来几个人，上课是我的天职。"

课堂比天大，也是美国耶鲁大学不少教授秉持的观点。有一年，新学期上课的第一天，恰遇飓风，尽管学校再三强调安全第一，教授们可以自行决定是否开课，但开学那天，教授们都出现在了讲台上。原来在开学前夜，教授们就各自从家中赶到了学校附近，自费住进宾馆，以保证第二天顺利开课。

来到台江民中担任校长一个月左右，我接到县里相关部门的电话，出于提拔两名副校长的需要，通知我"明天上午9点，把老师全部集中到会议室，进行无记名投票推荐"。我一听就懵了，因为学校的上午第二节课是8：45—9：30，这相当于全校的第二节课都要因此"泡汤"了。即便隔行如隔山，起码他们总读过书，是从校园走出去的，能不知道这个时间段要上课？无奈之下，我只能和他们商量，能不能安排在下午最后一节课，即全校活动课时再开会，这样就不会影响学校正常的教学秩序了。过了一会儿，对方来电，同意了我的意见。

第二天下午的最后一节活动课（下午4点50分开始），我把全体在编的学校教职员工组织好后，就把会议室交给了县里来的领导。因为我的编制在杭州学军中学，即便我是校长，但从严格意义上讲，我没有投票权。由于体育老师也在参加会议，我就走去操场，看看学生的活动课情况。

学校的晚自习通常这样安排：第一节自习课时，每班安排教师在教室中答疑辅导，帮助学生完成作业；第二节自习课时，不安排老师去教室，学生自主学习。第一节晚自习开始时，我被告知推荐投票还未结束，老师无法准时到班。晚上近9点时，我发现老师们还在会议室门前排队等候谈话。

我随便问了一个排队的老师：

"怎么要那么长时间?"

"第一轮无记名投票后，开始个别谈话；然后再进行第二轮投票和第二轮个别谈话。"

"晚饭呢?"

"都还没有吃。"

我一听就感到后怕。一是我为我的决定感到后怕，要是我当时同意他们上午来，今天学校的教学秩序不知会乱成什么样子；二是我为老师们的"听话"感到后怕，当时教师中还有几个怀有身孕的女教师呢!

过了一个月，我又接到了县里的电话。也许他们知道我会"反抗"，于是开口就说相关部门领导"明天下午没有空"，要求第二天上午9点把老师们集中到会议室，由领导宣布提拔副校长的结果。

我有点忍无可忍了："对不起，我不可能为了帮你们组织教师开会，让全校3000多名学生停课。我是台江民中的校长，要对全体学生负责。

我认为课堂比天大，除了人力不可抗拒的因素，否则不能随意停课。”也许是这番随口而出的话有点强硬，对方没有再坚持，又一次同意了我的意见。

贵阳的某所中学让我去给老师们作讲座，闲聊间校长谈及：“昨天下午，一位市领导要来考察学校，由于时间一再变化，我们前后动了四次课表。更让人气愤的是，领导最后又不来了，真是折腾人。”就这件事，校长向我念叨了三次，她那么纠结，说明这件事对学校的影响有些大了。

领导下基层调研是有必要的，但应以解决实际问题为最终目标，同时也希望能够尽量不要影响和扰乱基层的正常工作安排。

“看不到希望，我想调离”

2016年10月，因为学校师资紧张，在县教科局的协调下，我们从台江县第一中学、台江县第二中学分别请来了一名数学教师和一名语文教师。由于学校语文学科的师资比较薄弱，当年寒假，县教科局向我校推荐了一名乡镇初中的语文骨干教师，没有想到对方竟不愿意来高中执教，理由是职称问题和待遇问题不好解决。最终，只能作罢。

2017年暑假前，县教科局局长龙峰打来电话，问我：暑假准备从初中学校遴选哪些学科的老师？一共需要几人？

放下电话，我让办公室做了一个统计：全校教师中，有多少位是历年从初中遴选的。结果发现在全校167名专任教师中，共有57人从初中遴选而来。接着我就给龙局长回电话说，只要我还在这里当校长，即使师资再困难，也一定不再从初中遴选老师。一是遴选来的教师都是初中师资的骨干，这样下去会严重影响初中的办学。二是现有的从初中遴选来的教师已超过了全校专任教师总数的三分之一，有的起到了骨干引领作用，有的根本不适应高中教学。高中生与初中生处在不同的心智发展阶段，总是选拔初中教师教高中，久而久之，高中也变成初中了。

遗憾的是在我与初中校长的交流中了解到，当他们师资不足时，就通过县教科局向小学遴选优秀教师。听到这里，我的脑海里就浮现出这样一幅情景：一方高高耸起的肥沃土地，由于下部水流的不断冲洗，上部的垮塌只是时间问题，正所谓，“基础不牢，地动山摇”。

作为教师，就职前几年的成长最为重要。人都是有思维惯性的，工作开始几年在做什么、与怎样的人为伍、在什么样的环境中工作，会影响其整个职业生涯。

近几年，学校有部分教师就是因为职称问题解决不了，要求调离。2019年暑假，我收到了一位数学骨干教师的短信，要求调离台江县民族中学，回老家任教。这位老师刚担任完高三年级组副组长兼班主任，又被安排继续任教高三，继续当班主任。他做事踏实认真，在全校老师中的认可度很高。他在短信中说：“我喜欢您管理下的学校，但职称问题让我心里有些动摇。前几年努力争取条件评职称，到今年条件够了，突然加了一个下乡支教的条件，让我看不到希望。每当学生问我是几级教师时，我就感觉有愧于学生，也失去了原有的工作激情。”

台江民中现有教师210人，其中，高级教师32人、中级教师75人、初级教师103人。有的教师已到了可以评高级职称和中级职称的年限，却因为没有支教经历而评不了。如学校目前有23名具有参评中级职称资格的老师，但都缺了支教经历。

评职称需要支教一年，我相信，这个规定的出发点是为了鼓励优秀教师送教下乡。在贵阳市或者地级市，这样的规定也许是合理的，应积极倡导，但到了县一级，问题就出来了。黔东南州的县大多人口较少，有的全县只有一所普通高中。在大山深处，本来就很难招聘到优秀教师，师资力量相对匮乏。在这样的学校，教师评中、高级职称也必须要去乡下支教一年，就难为教师，同时也影响学校的教学工作了。这里主要存在以下几个问题。

第一，去哪里支教？台江县城本就是一个地处大山深处、仅有三万多人口的小城，全县只有一所普通高中，而且师资力量不足，每年都要从初中遴选教师来充实师资队伍。全县共有四所初中，三所在县城，只有施洞中学在施洞镇上。台江民中教师如要安排支教，只能主要安排去小学，这样大跨度的支教是对高中教师资源的一种浪费，也未必对小学教学真正有利。

第二，支教指标过少。支教的指标由州教育局决定，在我的记忆里，自我来到台江民中后，还没有教师拿到过支教名额。由于连续多年没有分到下乡支教的指标，教师们感到心灰意冷，也导致学校作为黔东南州一级示范高中，拥有高级职称的教师却只占教师总数的15%。

第三，优质资源流失。能够报名参评中、高级职称的，往往都是学校中相对优秀的教师，是有想法、有追求的教师，看着他们去小学、初中支教，我深感惋惜与无奈。

第四，影响教师积极性。获评职称是一种价值体现。职称评上了，其实涨不了多少工资，更多的是实现教师自己的价值，可以在学生面前更有底气，更大程度上是一种成就感、一种精神安慰。连这条通道也堵死了，教师队伍中必然出现干多干少、干好干坏一个样的现象，还怎么去激励教师，调动教师的工作积极性？

无奈之下，我只能找县主要领导反映情况，寻求解决问题的办法。主要领导放话给分管副县长，召集人事、教育等相关部门研究解决，让优秀教师能够评上职称，不能影响学校的正常教学工作。不合理的政策到头来也许还会逼着下面弄虚作假。

学校有一位骨干教师，多年来因为支教问题一直评不了职称。他来信表示："在这里我看不到希望，只能选择离开，去民办学校，起码待遇会好一点。"评职称的问题已经存在多年，其不合理性无需赘言，但大家都“绕着走”。人事部门和教育行政部门理应积极向上反映，寻求改革，或依据实际情况灵活变通，但我让学校办公室查阅相关文件后，却发现人事部门在支教要求上的最新解释，居然比原来还要严格。

这也许是东西部差距最明显的地方。支教以来，我有一个明显的感觉——收到的文件明显比在杭州时多。文件一级一级地传，通知一层一层地发，却往往都是“一刀切”“一锅端”。结合本地实情，政策是否合理、可行，一概没人管。

当下社会重物质、轻精神，虽说教师只是一份职业，但因其对象的特殊性，教师在本质上是一名精神工作者。知识分子在教坛上默默耕耘、育人教书，践行着“爱与责任”。他们希望自己的付出能得到社会的肯定，并以某种形式加以明确，如评上相应的职称。在老师们看来，评上职称更多的是自我精神追求和价值的实现，体现国家对教师的尊重，也是社会对教师的认可。

我真切地希望，教育者的真心，能被全社会珍存在这一片我们热爱的乐土中。

“苗秀耀林杯”

通常过了40岁，台江民中的一些老师就不想当班主任，也不想教所谓好的班级了；50岁以上的，则大多希望离开教学岗位，退居二线。究其原因大致有以下几点：

第一，受闲适文化的影响大。当地教师普遍不愿承受太大压力，工作进取心不强，抱着“不求有功、但求无过”的心态；不愿接受新生事物，有的几乎是水泼不进、火烧不开，仅凭着自己中学、大学里学的那点东西混日子。

第二，客观上学校长期“低进低出”的现象导致教师的教学能力严重退化，在相对严格的规章制度、赏罚分明的条例前缺乏自信。

第三，不能与时俱进。一些教师还算守得住本分，在大家懈怠应付的时候，能够坚守底线，按照教材、考纲的要求，认真完成日常教学工作。但在因材施教、课堂按学生的现场需求动态生成的要求面前，依然凭老经验上课。一些教师早年曾对学校的发展作出过很大贡献，但由于墨守成规，渐渐从学校初创时的功臣演变成阻碍学校发展的人。

青年教师的招聘

在职教师提前"老化"，从初中教师中遴选人才、补充队伍，绝非长久之计，唯一的出路是利用学校的50多个缺编名额，招聘青年教师，实现校本自培。可从以往多年的实际情况来看，每年全州统一的招聘往往到五月才启动，那时，好的师范生源早已"名花有主"，更何况台江县经济社会发展滞后，教育基础薄弱，很难招到理想的人选。

在学校的再三要求下，县人社局高度重视，经州委组织部批准，连续两次单独为学校开辟招聘试场。2017年，拟招20人，报名696人，实聘17人；2018年拟招14人，报考410人，实聘13人；2019年，共招聘和引进了20人。台江民中的师资队伍结构有了很大的改变，为后续发展奠定了基础。

每年招聘时，前来报名的应聘者中，有些已经在某中学上班了，但由于单位没有用人指标进不了"编"，因而实际上是想来考一个编制内的名额。学校正式录用后，可能对方学校也承诺了入"编"，或因为台江地处偏僻，考虑再三又不想来了。此类现象，造成了学校拟招人数与实聘人数之间存在落差。

在杭州，学校招聘老师一般是先经由笔试，按1∶3的比例选出优胜者后，再由用人学校依据相关规定开展面试，而在台江，面试的权力不在学校。2018年，学校想招聘一名生物老师，报名应聘的是一名贵州大学生物专业的毕业生。因为贵州大学属于"211"大学，要通过引进人才的渠道进行招聘。这名毕业生是台江人，正好在我校实习，但组内教师听课后，都感觉这名教师不够理想。

台江县把当年的招聘面试地点安排在陕西师范大学，也许是想帮助各行各业招聘到更多、更好的新人。于是，县相关局办、台江民中，还有其他当年有招聘意向的几家用人单位远赴陕西。没想到，整场招聘活动结束后，报名的只有那个在台江民中实习的贵州大学生物专业毕业生一人，于是就在当地进行面试，并草签了初定意向。得知情况后，我要求生物组老师再次组织对那名毕业生进行试教听课。组内老师的打分依然不高，结论是：这位教师不是理想人选。消息传出去后，县里的一位领导大发雷霆，打电话到学校办公室责问："谁给你们权力，组织他试教?"可以肯定的是，通常情况下，这位教师进入台江民中是板上钉钉的事。但这次，我们顶住了压力，没有招录那位毕业生。我想，能够考上贵州大学的学生一定是比较优秀的，只是我们学校可能不适合他的发展。

我这样把事实摊开来说，无意于指责谁。出现了这样的情况，一定有其发生的生态空间。我只是希望，今后招聘工作能够做得更高效、更科学、更合理。教师招聘应该更多地把目光投向本土，在这大山深处，本地教师应该更适应、更安心，也更稳定。

余杭来的丁耀林老师

教育帮扶最重要的是培养一支"不走"的教师队伍。2016年，学校就出台了《台江县民族中学中青年教师培养行动计划》。该计划分为三个工程：面向从教三年之内新教师的"小荷工程"，面向从教三到八年教师的"青蓝工程"，面向从教八年以上的"名师工程"。学校还实行导师制，每年对认真负责的教师进行奖励。同时开展青年教师课堂教学比武：在每个学年的第一学期，各教研组进行初赛，选拔出优秀选手参加第二学期举办的全校总决赛，由学校颁发奖杯、县教科局颁发相关证书。

为了给青年教师的课堂教学比武取一个好名字，我在支教食堂就餐时宣布，谁取的名字被录用，我个人奖励一瓶茅台。丁耀林老师起的名字——“苗秀杯”，在几个应征的名字中，看起来十分普通，但颇具深意。从“木秀于林”的角度看，优胜者是从青年教师队伍中选出来的佼佼者；从“天下苗族第一县”的角度看，评出来的是苗族之秀、苗疆之秀。

丁耀林是来自杭州余杭塘栖中学的语文教师，2016年初到台江民中支教，为期一年半。第一次在支教食堂一起用餐时，我说：“丁老师，相逢有缘，我们可以在此相处一年。”丁老师回答：“我等着你来‘剥削压迫’呗。”他这一“超凡脱俗”的回答让我倍感欣慰。能够这样对着校长讲话的老师，业务能力通常不会差，否则没有底气说俏皮话。说实在的，我讨厌那些业务能力很糟糕却热衷于揣摩领导心理的老师，也讨厌循规蹈矩的人，而喜欢出人意料、幽默又有智慧的人。有这样的同事，饭桌上就餐、操场上散步就不会寂寞了。

学校规定，行政领导每周一要轮流作国旗下讲话，大力开展积极进取的儒家传统文化的学习与引领。不少人觉得没有积累，讲不好。我提出，第一学期的讲话稿一律由我提供；第二学期按照主题要求自己写，如果觉得不放心，我们可以事先商量推敲一下。有一次，一位文科出身的行政领导作了一篇题为“怀仁德之心，扬中华之礼”的讲话。周一中饭时，丁老师对我说：“今天的这篇国旗下讲话，应该不是你的吧？”我回答说：“你到《寄语青春》上去找找吧。”晚饭时，丁老师说找到了，一字不差。

接下来的日子里，我们成了最好的朋友，东山寺、文昌宫、大炮台等地，都是丁老师带我去的。他对苗族社会的历史与现状、民族地区教育的跨越式发展，有着自己的深刻理解和见地。他的爱人张娅老师是塘栖中学的地理老师，与刀子嘴、豆腐心的丁老师一样富有爱心。她利用浙江、贵州两地不同高考模式的时间差，来到台江民中，一次次为高三学生开讲座，并利用学科优势，对苗族地区的生态农业、饮食结构、旅游发展等做了一些探索和研究。为了能有更多的时间指导学生，了解当地的民俗民风，他们夫妻俩与余杭第二高级中学的支教老师王松一起，留在学校过年。他们的爱心和奉献真令人感动、敬佩，在这苗疆腹地能够遇见这夫妻俩，我发自内心地感恩上苍的安排。

丁耀林与张娅商量后决定，每年出资1.5万元为“苗秀杯”的获奖青年教师颁奖。由此，台江县教科局挂名的“苗秀杯”正式更名为“苗秀耀林杯”，期待台江民中的青年教师都能“苗秀耀林”，快速地成长为参天大树。至今，“苗秀耀林杯”课堂教学比武已成功举办四届。此外，丁老师夫妻俩还一直默默资助着多名贫困学生，是促进民族团结进步的典范。

正因为有各级组织部门的悉心指导，有台江县委、县政府的大力支持，有各方爱心人士的热心帮助，有全体教职员工的不懈努力，还有像丁耀林、陈丹玫、陈成、李金甫等一批批支教教师的真情付出，台江县民族中学才有了较快的进步和发展。而我只是做了一名校长该做的事，有些工作，现在回过头去看，应该可以做得更好。

给教师扶扶志

教师是学校的能动资源，是学校可持续发展的根本。要扶学生的志，就必须先扶教师的志，或者说，只有扶起了教师的志，学生的志才能更好地激发出来。为此，我们确定“爱与责任”为学校的办学精神，高度关注教师的精神成长和专业发展，努力提升教师的精气神。

学校一个主要矛盾的变化

在我任职不久后的一次教师座谈会上，一些老师提出，学校教学质量不高的主要问题在于生源不佳，只要生源好了，教学质量一定会大幅提升。我在杭州当校长时，也遇到过类似的情况。对招生分数比自己学校高，尤其是排在前几名的学校，老师们总是不服气，常说：“如果他们的生源由我们来教，一定教得比他们现在还要好。”对于这种观点，我素来难以苟同。

一所学校一旦把教学质量低下的原因简单归为生源不好，老师也就为自己的懈怠、应付找到了借口。这样的学校，一般只能在低水平上徘徊。课堂教学是有思维定势的，突然面对全优的好生源，原来的老师也未必能教得好，因为好生源对生涯规划、学科拓展、思维变通等方面的要求，是与一般生源不一样的。

通常情况下，只有把一般生源教出不一般的质量，赢得老百姓的认同，才能在生源招收上逐步扭转不良局面，实现良性循环。

从学校层面上讲，无论面临什么样的生源，教师的培养提升都应是工作的重中之重。现在的台江民中，生源已经越来越好，学校工作中存在的一个主要矛盾，已经是改变了的生源与改变不大的教师之间的矛盾。作为校长，好生源留下来了、招进来了，肩上担子也更重了，因为不能耽误了好生源，辜负了孩子、家长、社会的信任。教师大会上，我从不同角度反复强调这一矛盾，目的是培植起教师的责任感。

当然，就像老师不能通过大量的压作业、做练习，把提高教学质量的压力转移给学生一样，校长也不能简单地把压力转移给教师，而是应该团结、依靠与引领广大教师，凝心聚力，找到与当下生源素质、学生家庭背景和社会环境相适应的教育教学对策，共同为提升办学水平和师生的精气神而努力。

管理的手段，不外乎“导”与“堵”。“导”是必须的，能够激发教师的内驱力和想象力，唤醒其内在潜能；“堵”也是必要的，人生来就有避苦求乐、好逸恶劳的天性，何况在台江办学还处在闲适文化的背景下。

相比之下，“堵”只要从制度上入手即可，作几个规定、定几项制度，相对简单。近几年来，学校出台了教师退出机制、教学质量事故认定和处理办法等，都属于“堵”的范畴。而通过“导”，唤醒人的内在潜能，要难得多。

倡导“爱与责任”，鼓励做“心灵工作者”

在学校，扶教师的志往往比扶学生的志更难。最明显的区别在于学生需要通过知识改变命运，而教师已经有了一份相对稳定的工作。为此，我们关注教师的精神世界，强调人在本质上是一种精神的存在，教师本质上是一名心灵工作者。

我们首先为教师立志。在组织学生栽种“志向林”时，我们也让每位青年教师在校园内栽种一棵“志向树”，从而开辟了一片青年教师“志向林”。每一位新教师来校报到的第一项工作，就是去教师“志向林”栽种一棵象征自我成长的“志向树”，并写下一篇对小树同时也是对自己的成长寄语，借此引导教师开展人生规划，让他们对自己的未来有想法、对学生的未来有责任、对台江的未来有担当。

其次，我们多方开拓教师眼界，提振教师心气。我一直倡导教师多读书，学校也开展了教师读书活动，每年都会发几本书给教师，充实他们的个人书库。近几年，我们发了《教育的理想与信念》《教育的智慧与真情》《教育的情趣与艺术》《品国学，悟师德》《致青年教师》《教育魅力——青年教师成长钥匙》《过一种幸福完整的教育生活》《中学教师自我发展规划》《如何成为骨干教师》《寄语青春》《我的教育主张》，等等。每年寒暑假，要求每位教师都要写2000字以上的读书心得或论文，开学上交后，学校教科处上网进行关键词搜索。令人欣慰的是，近几年老师参评省、州教研评比的论文，都不存在抄袭现象。此外，学校还请专家对读书心得和论文进行评比，并为优胜者颁奖。

我到台江民中后，学校先后派出七批教师赴杭州学习。行前集中开会，布置具体任务；学习期间，安排有参观、听课、听讲座等。行程安排上，考虑到大多数教师从没坐过飞机，部分教师甚至连高铁也没坐过，特别安排了来回一趟高铁、一趟飞机。一周学习结束后，每人都要上交考察学习心得体会，并进行评比；每次都要选择其中一人做好PPT，让其在全校教职员工大会上进行交流分享。

为了促进教师的专业化发展，着力增强学校可持续发展的“造血”功能，学校制订中青年教师培养行动计划；聘请校内外专家对青年教师实行集体辅导和个别指导；要求每位教师基于对自我特长的分析，写出三年发展目标，每年进行小结、反思；建立骨干教师成长档案，对青年教师进行跟踪管理；开辟各种形式的青年教师论坛，围绕学校教育改革工作中的热点问题进行专题研讨，促进教师的专业化发展。同时，学校开展“苗秀耀林杯”课堂教学比武活动，鼓励立志成才的青年教师在专业成长中脱颖而出，成为“苗族之秀”；与贵州名校凯里一中合作开展“同课异构”活动，改进教师教学实践；等等。

多措并举之下，近几年，我们看到了台江民中教师的自我觉醒、自我激励和自我完善。一大批教师正在快速成长，聚焦自我价值的实现，勇于担起苗疆中兴的责任，让人感佩。

少喝了1000斤米酒，多考了1000个本科

近年来，台江民中在“爱与责任”的精神指引下不断发展。通过师生励志活动、各种类型的教师培训活动、“同课异构”活动、“苗秀耀林杯”课堂教学比武活动等，大批青年教师脱颖而出。他们大学毕业后就入职这个学校，一开始就从高一带到高三，而且教学实绩都很不错，在成就学生的同时也证明了自己。与此同时，一批老教师也斗志昂扬、青春焕发。

这些教师爱生如子、默默奉献，对班上的留守学生、孤儿关爱有加，常常自掏腰包资助特困生。他们富有爱心，不仅把生病的学生送去医院，还陪伴在学生身边；他们充满激情，因材施教，具有立志改变苗疆落后面貌的责任担当；他们满怀信心，敬业爱岗，决心通过教育来阻断贫困的世代传递。早出晚归是他们的工作常态：有的早上六点半左右就已经到校，晚上10点依然未归。他们爱校如家，静心备课、细心批改、潜心钻研。他们的精气神鼓舞着学生、带动着同事，也深深感动着我！

“因为您的到来，我少喝了很多酒”

我校物理老师黄涛，年轻时是一个公认的才子。他性格内向，喜欢钻研，爱好广泛，琴棋书画、吹拉弹唱，学一样像一样。

来到台江后，起初他专心教学，空闲时弹弹吉他，充实生活。后来由于参加了一些同学、朋友组织的聚会，他开始喜欢上了喝酒，而且一发不可收拾。由于他喜欢喝，而且也能喝，一餐喝一斤米酒不在话下，渐渐地变成了一个嗜酒如命的人。

有一次，黄老师和一个酒友老师在外喝得天旋地转，在马路上徘徊，找不到回家的路。当看到马路边的电杆上有一闪一闪的红色按钮时，他按了下去。没多久，警车来了。经过一番艰难的交流，警察终于弄清楚了两人的家庭住址，把他们送回了家。

学校的学风好了、生源变了，更要让有担当、肯钻研的老师来挑重担。校务会上，一些老师提到了黄涛。在与他接触的过程中，记得他经常对我说的一句话是：“陈校长，您早来几年，我就不是现在这个样子了。”其实，这也是其他教师经常对我说的话。

2017年下半年，学校任命他为高三年级组长，这时他正好50周岁。自那时起，他就全身心投入高三年级的工作中，基本每天都最早一个到校、最晚一个离开，也很少再喝酒了。学生出现了思想上的偏差，他找学生谈话；学生心理上有了压力，他帮学生疏通；学生学业上有了问题，他为学生指导。高三年级事无巨细的工作，他几乎都亲力亲为：年级组的地面脏了，他动手扫；会场上话筒音量不合适，他动手调；学生练习卷要分发，他动手数。在为工作而忙碌的同时，他依然与数学老师张国庆等研究型老师一起，主动承担起了尖子生的培优工作。他在工作中耐心细致，与教师们打成一片，非常接地气。

由于工作出色、为人低调，他深得老师们的信任。黄涛连续担任了三届高三年级组长，后来还兼任校党总支副书记。他说：“因为工作繁忙，没时间喝酒，身体也更好了。现在心情舒畅了，感觉很有奔头，有使不完的劲。”但我知道，他其实挺疲惫，一直透支着自己的身体健康。

五年多来，从校领导到普通老师，经常有人对我说：“因为您的到来，我少喝了很多酒。”记得有一天下午，学校校务会议因需要讨论的问题较多，结束时已过了吃饭时间，我便提出请大家出去吃饭，但不能喝酒，因为晚上还要来管理晚自修。在饭桌上，我和黄涛开玩笑说：请你做一道数学题：“按照你的酒量，如果平均一天喝七两米酒，四年时间，一共可以喝掉多少斤米酒？”旁边有人拿出手机，很快算出来了：“哇，超过1000斤了。”黄涛辩解道：“我近几年基本没有喝酒啊！”我说：“对，四年来，因为你少喝了1000斤米酒，和老师们一起全身心投入育人教书的工作中，学校多考了1000个本科。”大家都开心地笑了起来，觉得还真是这个理。

他们是学校的脊梁

向熠琴老师任高一班主任时，班上有一名学生叫郃妹（化名）。这个学生家有兄弟姐妹四人，为了给常年患病的父亲治病，家里已四处借债。郃妹读完高一那年暑假，父亲还是不幸去世了。新学年即将开学，郃妹处在辍学的边缘，向老师得知情况后，表示会帮助她争取学校资助，其实，向老师是自己掏钱替郃妹交学费的，这样的帮助一直延续到郃妹高三毕业考上大学。至今，郃妹也不知道，高二、高三两年的学费是她的班主任为她交的。此外，向熠琴老师还帮扶了多个像郃妹一样的贫困学生。

平日里，向熠琴老师总是早出晚归。她为人低调谦逊，连续多年带高三，连续多年担任班主任。无论是所谓的“好班”还是“差班”，她都倾情投入、兢兢业业。因为心中装着学生，即使班上有70多个学生，她也对每个学生的家庭情况了如指掌。她来自黔东南，对这方山水有着浓浓的情感，也曾有过与孩子们类似的经历，深知大山深处孩子的优势与不足。她做思想工作，不显山露水，但成效显著、润物无声。学生们知她、懂她、崇拜她。默默地，她的追求成了学生们的追求，她的为人成了学生们的为人。她用付出，铺就了学生们走向成功的台阶。同一年级，她带的班级总能考出相对优秀的成绩。

一些老师常问我：“身为班主任，怎么做才能让学生的成绩提升得更快?”其实，向熠琴老师就是最好的答案，或者说这一问的答案就在班主任本人，就在班主任的工作常态中，就在班主任的“爱与责任”中。

高一班主任杨美华老师对班上的三名孤儿关爱有加。学生张花（化名）是养父母在广东打工时从路边捡来的。她身材瘦弱，身高不足一米五。她的养母68岁，是个残疾人。70多岁的养父病危，需要从县医院转到州医院治疗，这个不谙世事的小女孩不知如何才好。张花在给我的信中说：“杨美华老师知道了我家中的情况后，就陪着我把养父转到州医院。不料转院后的第二天，养父就去世了。对我来说，简直是天塌了，一时间自己完全没了主意。杨老师一直帮我渡过了难关，她还主动出钱资助我的生活。我一定要好好读书，成为一个对社会有用的人，报答我的养母，报答杨老师和所有关心帮助我的人。”张花是一个命运多舛的孩子，但她依然保持了积极向上的精气神，我想，这与杨老师的陪伴与关爱有着密切关联。

来自杭州余杭中学的高三支教老师陈成情系苗疆，希望通过教育帮助苗族同胞彻底摆脱贫困。为了让更多的孩子走出大山，她一心扑在教学工作上，每天都设计出适合不同层次学生的三类作业，每天晚自习期间都找学习有困难的学生谈话，进行学科答疑辅导。春节期间也保持与学生的沟通，在线布置学习任务，帮助批改，在线答疑。她还在生活上帮扶一些家庭特别困难的学生，深得学生的信任，孩子们都热情地叫她“成姐”。在她的关心帮助下，不少学生收获了思想、学业的“双丰收”，个个斗志昂扬，对未来充满信心，学习成绩也大幅提升。

数学老师石登忠为人低调、踏实厚道。他每天一早到学校后做的第一件事就是到教室看望学生。他了解班级中每个学生的家庭情况和每个学生的心理状态。为了解因疫情无法返校的学生情况，我们开展了全方位家访。行前，他给我发来数条信息，详细说明了他所带班级学生的情况，让我的家访更有针对性。晚自修时，他经常在教室陪伴学生学习；学生就寝后，他还经常去宿舍检查就寝情况。因为一些学生平时不回家，他双休日也常来学校陪伴学生。他数年如一日的付出，赢得了全校老师的赞誉。

因为有了黄涛、张国庆、张学辉、向熠琴、石登忠、杨美华等一大批爱岗敬业的本地教师，有了丁耀林、陈丹玫、陈成、王冬梅等一大批心怀大爱的支教教师，台江民中近几年取得了跨越式的发展。他们是学校实现跨越式发展的功臣，是学校的脊梁，是传递“爱与责任”的典范。正是这样一批教师，撑起了今天的台江民中。我发自内心地为他们感到骄傲。

2016年8月15日，我和爱人第一次走进台江民中，那时，当年的中考招生早已结束了。也就是说，2017年至2019年的三届毕业生，都不是我招来的。2019年高考，州教育局依据中考招生成绩，下达给我校的一本指标是44人，我们实际完成了107人；二本指标为306人，实际完成

561人。在全校教职员工大会上，我这样告诉大家："台上授课的是学校原有的教师，台下听讲的是原有的学生，为什么能够考出相对较好的成绩？这充分说明了以下四点：苗族孩子是很聪明的；在座的教师都是高水平的；学生和教师的可塑性是很强的；在相对的贫困地区，实现教育的高质量，不是'能不能'，而是'想不想''要不要''做不做''怎么做'。"

当然，与这些指标数字相比，我更欣慰的是近年来全校师生精气神的提升。

教育是一种保护，也是一种奠基；是一种生活，也是一种创造；是一种唤醒，也是一种发现。我想，教师存在的全部意义，就是在于学生的存在。我们的学生首先是一个人，是一个懵懂的、对世界万事万物充满好奇心、未来有着无限可能的孩子。《师说》有云："师者，所以传道授业解惑也。"是的，为师者不仅要"传道授业"，更要在孩子遇到人生路上难以逾越的沟沟坎坎时，给予及时的帮助，解答他们有关生活的种种困惑，从而呵护他们的弱小心灵，唤醒他们的内在潜能，点燃他们对生活的希望，最起码要让他们有生存下去的勇气，让他们感受到人间的温暖、世间的美好，让他们体验爱、感受爱，进而创造爱、传递爱。

孟子曰："恻隐之心，仁之端也。"爱心最深厚的基础就存在于这种悲悯之心中。人之初，性本爱。每个人活在世上，都有对爱的需求，即使内心很独立的人也是如此。

世界是否美好，很大程度上取决于人在受教育时是否感受到关爱；人类是否进步，很大程度上取决于人是否拥有自发的责任感、使命感。在每个人的心中，爱是最自然的情感。一切真诚的爱，本质上都是给予，不求回报。它是教师心中那片神圣净土里蕴藏着的巨大财富。

传递"爱与责任"，不是教育"达到为成，否则为败"的目标。"爱与责任”是随着教育的不断深入和教育所取得的成就，慢慢感染、延伸并传承的。如果教育的氛围中充满“爱与责任”，如果教育的泉水中流淌着“爱与责任”，那么教育的世界会是一个十分美好的世界。在我看来，教育的真谛正在于此。

只有高标准，才有高质量

俗话说："没有规矩，不成方圆。"我总认为，各行各业都有佼佼者，他们无非是在各自的专业领域内比别人钻得更深、研得更透、走得更远，比别人坚守了更高的做事标准。

担任中学校长30多年，我发现一些班主任不知道晚自习中学生应该以怎样的状态学习才是有效的、高效的。作为学校领导，同样的巡课、同样的检查，有的认为还不错，有的认为问题挺大。作为校长，如果对学校效率不高的课堂、交头接耳的自修、不那么整齐的跑操，熟视无睹，说明内心的认定标准还不高。

学校教育，人是目的。学生在校读书，提升品德，学习知识，强健体魄。学校首先必须倡导高境界做人、高标准做事。其中很重要的一点，就是要让学生养成好的做事习惯，降低随意性，杜绝应付式。在教师这一边，职评终身制在一定程度上造成了一些教师奋斗动力的缺失。所以，从行政推动起步的高标准做事，值得倡导。任何优秀、卓越、奇迹，都是在坚守高标准后创造出来的。

高标准的创设

学生在校学习，状态上从安静学习到专注学习、从假装学习到真心学习、从浅层学习到深度学习，态度上从“要我学”到“我要学”、从任务学习到自主学习、从外控外压的学习到内驱内生的学习，结果上从学懂学会到学通学准，都是需要一个引领和进步过程的。在台江民中，学生晚自习从开始时的哄乱嘈杂变为安静有序，经历了师生对高标准学习的认识、实践、反复、再认识、再实践的过程。在此过程中，我感受最深的就是，一部分师生因为有一点进步就满足了。经常会有一些领导来跟我说：“校长，不能要求太高，差不多了，现在已经比以前不知道好多少了。”

要创设高标准，需要学习、领会，需要走出去，看到别人的优秀成果；学习时还需要低姿态，要虚心，不能夜郎自大。

要针对学校卓越发展的要求、当下最紧迫的问题，因地制宜地创建属于自己的高标准。如：教学活动中教师备课、上课、作业批改、辅导、评价等各个环节的高标准，学生日常活动中每个环节的高标准。又如：校园文化创建中形式与内涵相协调的标准，提升学校各项活动仪式感的标准，教师穿着打扮的标准，教师办公室环境的标准，等等。校长内心要有高标准的模式认定，并处理好应该做与能够做的关系。

高标准的实施

学校管理，没有什么秘密可言。就那么一些事，大家都在做，就看谁做得更用心，谁坚守了做事的高标准。在高标准的实施过程中，我认为需要遵循“先上后下”“先学后教”“先外后内”“先礼后兵”等几条原则。

“先上后下”。一所学校的学生能走多远，得看教师走多远；教师能走多远，还得看学校领导班子走多远；领导班子能走多远，还得看校长走多远。正所谓“一个好校长就是一所好学校”。校长就是一所学校高标准做事的总设计师，也是总引领人。校长要把自己的设想和要求告诉班子成员，也要把可能遇到的问题和对策在领导层面讨论清楚，然后在教师大会和学生大会上分别进行动员，并争取全校师生的认同。

“先学后教”。学校里的高标准做事可以先从强化学生管理入手，从整顿学风学纪开始。一方面，学生有明确的学习目标，相对容易激发调动，而且真正竭尽全力深度学习的学生还是不多，可挖的潜力比较大。另一方面，如果学生的状态已经调整到了嘴巴张得大大的等着老师来喂，老师就找不到懈怠的理由，也不忍心喂给学生粗制滥造的东西。

“先外后内”。就是从外在的“形”到内在的“神”层层推进。对学生而言，教是为了不教，要促使他们从安静学习提升到专注学习再到深度学习，实现从被动的靠外在纪律管控到生发内在自我要求的转变。对教师，管是为了不管，从坐班、穿着、停车等的要求和会风会纪抓起，培养起集体质量意识，最终激活其内在精神气质；从时间管理、质量管理抓起，最终实现其自我管理。说到底，学校建立高标准做事机制，最重要的就是师生思想认识上的高标准。

“先礼后兵”。人是有惰性的，有鉴于此，学校要高标准做事，首先要向广大师生讲清楚高标准的重要性，然后讲清楚高标准的具体要求，接下来如果有随意性问题出现，也必须要严肃处理。比如，在台江民中，我们为推进教师有序停车，学校里画出了停车位，要求教师一律将车停在画好的车位上，并且车头朝外。这样就可以看着整齐，显得很有正气。整顿一段时间下来，大部分教师按要求做到了有序停车，但还是会有个别教师很随意。有的老师可能早上来迟了，看到车位就车头先钻进去再说，车子就像被追赶的兔子，头钻进石缝里，屁股露在外面。到了夏天，还有些老师就喜欢把车停到路边的树荫下。直到学校宣布校务会议决定：不按照规定要求停车，罚款50元，这些随意的老师才真正都重视起来。当然，停车的要求容易布置，检查起来也方便，教育教学工作中却有很多东西是肉眼看不出来的，管理起来没这么直截了当。我始终认为，学校工作很多时候是一份良心活，不是制度可以简单约束的。

对学生的学习来说，高标准就是深度学习、自主学习。

决定学生学习成绩的因素很多，个体智商、主观勤奋、社会资源等。从智商因素讲，特别高或特别低的总是极少数。从社会资源方面讲，贫困地区能够调动优质教育资源、信息资源的家庭为数不多，而且现有的中考、高考也是公平的。所以，学生们能够与人比拼的唯有勤奋刻苦的程度。智商差不多的学生，同样的勤奋刻苦，又往往学业成绩差距较大，其中原因，就是学习上所坚守的做事标准不一样。

学生的学习状态大致可以划分为三个层次——用力，用脑，用心。学生都有早读课，以读语文、英语课程中的内容为主，也有读政治、历史、地理、生物等学科内容的。有效的阅读必须要“过心”，一边读，一边在脑海里再现与内容相关的情景，理解其意义，感受其美好。大声朗读，除了能够找到一点语感以外，更多的只是锻炼脸部肌肉。又如，一些学生热衷于把课本上的内容认认真真地抄写到作业本或者学习笔记上，看起来很忙碌、很勤奋，其实这种学习也收效不大，或许只是在练字而已。这些都是典型的学习上停留于“用力”层次的状态。

一些学生，总是凭直觉听课，听懂多少就多少，没有对知识、方法进行归纳整理，不去作深度的比较分析，也就很难形成知识、方法的迁移。经常遇到一些家长说："我的孩子人很聪明，脑子很好用，数理化学得还可以，就是语文、英语差了一点。"我会告诉家长："看来你的孩子只是凭你们给予的先天智商在读书，自己后天花的功夫不够；只是在用脑读书，没有真正用心读书。"脑是思维的工具，但工具再好也只是工具，要为心服务。长期的低效勤奋，实质是一种虚假学习、浅层学习，忙忙碌碌却收效甚微。天道酬勤、勤能补拙的道理，激励了很多学生，也误导了很多学生，高效的勤奋必须建立在深度思考的基础之上。所谓的难题无非就是"转弯"比较多，因而没有思维的深刻性训练是解不出难题的。我们看到很多教室门上都写着"入室即静，入座即学"，其实比这更重要的是"入学即专"。

学生的学习有三个"当家"：自己当家（自主学习），老师当家，无人当家。老师当家，就是学习上什么都听老师的，如果问学生自己学得怎么样，他们通常会说不知道，只有老师知道，因为什么都是听老师的。只有自己当家的学习，才是富有责任感的学习。

学生往往有努力不尽力、辛苦不刻苦、自觉不自主的通病。如果学生的自我意识不觉醒，只是为老师学、为家长学，以完成任务为目标，这是肯定走不远的。声静可以靠外在力量实现，但心静取决于自我内在的心净。说到底，学习是个体的事，每个人学习上的问题都是个性化的，其他人无法真正为此负责，因而学生必须对自己负责，有针对性地学习。好学生的学习都建立在自主的基础上。老师只是拐杖，学生得学会自己走路。我们应该和学生说清楚：每天课堂上是否真正在用心学习，还是在装、在混，只有你自己知道；你在课堂上理解了多少，作业是否独立完成，哪些地方有漏洞，只有你自己知道；你是否在早恋，是否熄灯后在偷偷玩手机，是否真正扛得住各种诱惑，只有你自己知道。

自主学习，就是立足于无师自通的预习，立足于观点碰撞的课堂，立足于真正理解基础上的巩固，立足于全面掌握后的纠错。对自己的未来有想法，有完整的学习计划和职业发展规划，不等不靠，以老师的教学为辅助和拐杖，全时程专注浸润式地学习，这才是真正的自主好学。

高标准的落实

校长传递出高质量办学的意志力，中层体现出高境界做事的执行力，师生展现出高标准生活的凝聚力。全校师生对高标准做事内化于心，外化于行，管理上形成科学的封闭性，唯其如此，才能让高标准真正落到实处。

高标准的底线

高标准的魅力就在于“高”，在于到位，在于坚持，在于完美。同时，学校做事也不是一味地要求越高越好、管理越严越好，而是要有底线，必须遵道而行。这里的“道”，就是学生的身心发展规律与教育教学规律，就是师生的身心可接受程度。

第三辑
打造苗乡精神高地

教育是阻断贫困代际传递的治本之策。如何在欠发达地区塑造尊师重教、耕读传家的良好民风？我认为，只有到寨子里去，到村民中去，把社会最底层撬动起来，让百姓充分认识到教育对于改变贫穷落后面貌的重要意义，才是最好的解决办法。

一个让人心生温暖的地方

来到黔东南后，我听闻了许多关于苗族人的描述，如热情好客、能歌善舞、颇具民族特色等。在台江县，共有9项国家级非物质文化遗产代表性项目，分别是反排苗族木鼓舞、苗族古歌、苗族多声部民歌、苗族姊妹节、苗族独木龙舟节、苗族服饰、苗绣、苗族织锦技艺和苗族银饰锻制技艺。另外，台江舞龙嘘花和黔东南州“非遗”中心申报的“嘎百福”（主要采集地在台江）两个项目也正在申报国家级“非遗”名录。台江还有8位国家级“非遗”代表性传承人，其中6人列入歌舞类传承人。

于我而言，虽然来到苗乡的时间不长，但苗乡的独特风情足以让我印象深刻。

世界上最热情好客的民族

学校行政楼的走廊上，张贴着苗族传统文化系列宣传画，其中最热烈、最吸引人的便是主题为“苗族是世界上最热情好客的民族”的宣传画。几次家访下来，我就对这一点有了切身体会。

每次家访，无论在哪个时间段，家长都会热情邀请我们吃饭，即使家中无甚佳肴，也要向左邻右舍借一只鸡来，辅以自家酿的米酒，配点时鲜蔬菜，做出一桌盛宴。为了不增加家长的负担，我们尽量避开吃饭时间家访，但经常因山高路远不巧就赶上了吃饭时间。每年高考后，我们给考上本科院校的学生挨家挨户送喜报时，那便任谁都推辞不了苗乡同胞的热情了。为此，我都会交代老师们在县城买好肉，带些零食、点心再出发。

苗乡人的热情还在于待客时礼节备至，标志性的款待是请客人喝自家酿的米酒时的“高山流水”。“高山流水”指的是几个穿着苗族盛装的姑娘，唱着欢快的苗歌，每人双手捧着一个大碗，酒从最高的一个碗开始倒，然后一个碗接着一个碗地往下流，最后一个碗里的酒流入客人嘴中。喝酒时，客人不能去碰碗，否则必须全部喝光。

支教的生活是相对清苦的。支教老师原来所在学校的领导大多会来台江看望慰问。记得有一次来了一位自认为酒量不错的校领导，当地相关部门安排请客吃饭。作为台江民中的校长，我也受邀作陪。那位校领导端起酒来品了一下，说：“这酒好喝，好像度数也不高。”我忙接着说：“听说后劲还是很足的。”那晚，我因学校安排了班主任会议，便提前告辞回学校了。后来，听说那位校领导是被四个人抬出饭店的。第二天早上看到我就笑着说：“苗族人太热情好客了。”

杀年猪的时候吃“刨汤”或过苗年时，本地教师就会喊上同一学科组的老师去家里吃饭。大家轮流做东，相互请客，其乐融融。记得2018年年底的一天，支教食堂的张阿姨给我打电话，说那天她家杀年猪，不能来食堂做晚饭了，请我们几个支教老师去她家吃“刨汤”。那天，我们六个支教老师就一起来到离学校不远的张阿姨家吃晚饭。在确保不醉的前提下，能喝酒的就放开酒量喝米酒。

每到年底，一些在校学生的家长或已毕业学生的家长，都会打电话来请我去吃“刨汤”。我从不“敢”去，不仅因为重油、重辣的口味难以接受，也怕在盛情之下守不住滴酒不沾的“底线”。一些老师、家长也会送我一些他们自制的年货，如腊肉、香肠、血豆腐等。

平时领导或同事请我吃饭，只要能推辞的，我都推掉了。一是每次名义上都是请我吃饭或陪我吃饭，但事实上，我一碗米饭，十来分钟就吃好了，而他们喝酒的才刚刚开场，我往往只能坐着陪他们几个小时。二是我毕竟是来贫困地区支教的。当然，周末时几个老师相约一起出去吃饭也是有的，每次当地教师总是抢先买单，尽管他们的收入不高，但热情好客、爽朗大气的个性真让人感叹。

会走路就会跳舞

2019年暑假，与杭州的几位朋友相约，我们几家人一起到桂林旅游。在阳朔蝴蝶谷景区看演出时，主持人上来报幕：“下一个节目，反排木鼓舞”，还补充说，“热情奔放的反排木鼓舞，被誉为‘东方迪斯科’。”我自豪地向朋友介绍：“这是出自我们台江的舞蹈！”

反排苗寨是台江县方召镇的一个自然村，寨子里的不少孩子在我们学校读书。我到过那里三次。寨子距离县城26公里，路况较差，驱车过去需要一个多小时。第二次去时，我在小路边停好车，让路边小店的男店主帮忙照看一下车辆，没想到他认出我来了。我以为他的孩子在我校读书，但他说没有，然后用手指了指小店里的电视机，说是在电视上看到我的，还说了一番感谢我的话。

“反排”，是苗语音译，意思是住在山上的人家。反排苗寨共有400多户2000多人，全都是苗族。寨子坐落在雷公山脉中，平均海拔1080米，常年气温在13℃到20℃之间，是全国第一批入选中国传统村落的苗族古村落，拥有“木鼓舞艺术之乡”的称号，民族风情浓郁，民族文化源远流长。村里的节庆日达上百天之多，其中最具特色的是二月二敬桥节、苗族鼓藏节和苗年节。黑衣、黑短裙、银帽是当地的民族盛装。崇尚自由婚姻，也有家族与家族间的联姻。当地的农作物以水稻为主，牛耕目前还普遍存在。

反排木鼓舞源于祭鼓节（祭祖、鼓藏节），是苗族一种世代相传的祭祀性舞蹈，至今已有1000多年的历史。2006年，反排木鼓舞入选第一批国家级非物质文化遗产保护名录。该舞蹈粗犷、奔放、豪迈，充满了浪漫主义色彩和积极向上的生活气息，是苗族舞蹈的精华、苗族文化活动的“活化石”，也是世界民族文化中的一朵奇葩。过去，木鼓舞只能在每七年一次的祭祀祭祖节跳，在庄严肃穆的仪式中进行，现已演变为群众健身的民族舞蹈。

反排木鼓舞是汉语名，苗语称之为“方白牛浆”或“著牛方白”。“方白”即“反排”，“牛”是木鼓，“浆”是鼓社，“牛浆”即为鼓社祭鼓时所用的木鼓；“著”是跳，“著牛方白”，即为跳反排木鼓舞。反排木鼓舞由五个章节组成：“牛高抖”“牛扎厦”“高抖大”“扎厦耨”“厦地福”。这种舞蹈鼓点急时如雷鸣，缓时如滴水，由踏步、腾越、翻越、甩同边手等基本动作构成，主要反映了苗族祖先不畏艰难险阻、披荆斩棘、长途迁徙、开辟疆土、创造美好家园的历史。每个章节的鼓点、动作、韵律，分别表示艰难跋涉、守山打猎、开辟田土、创建家园等具体过程。它是连接过去、现在、未来的最显著的文化纽带。

1956年，反排木鼓舞走出大山，在北京召开的农民体育运动会上演出。1986年，反排木鼓舞再次露面，参加全国第二届少数民族民间传统体育运动会表演，一举成名。1990年，该舞参加北京亚运会开幕式表演，演员们在中南海受到党和国家领导人的亲切接见。此后，反排木鼓舞声名远播，被西方誉为“东方迪斯科”，表演队还远赴英国、美国、加拿大、意大利及东南亚等10多个国家和地区演出，誉满海外。1992—1998年，表演队在深圳、广州、北京、沈阳、成都、武汉、杭州等全国大、中城市和澳大利亚、新西兰、法国、西班牙等国家演出。2008年，表演队应邀参加成都市世界文化遗产日展演活动，用激情奔放的表演赢得了在场嘉宾的阵阵掌声。近年来，反排木鼓舞表演队多次登上中央电视台等多家电视台演出。

如今，反排村组织上百人常年到全国各地演出，使木鼓舞的表演艺术得到了普及、推广和提高。同时，为传承本民族文化，该村不仅在学校举办苗族歌舞班，让苗族文化走进课堂，还经常组织青少年培训苗族歌舞，特别邀请了国家非物质文化遗产木鼓舞传承人万政文培训木鼓舞。现在，村里的青少年个个都能跳木鼓舞。

每年10月下旬，我校都会举办科技体育文化艺术节，希望能“以科技激荡心智，用文化沐浴灵府，借体育强健体魄，凭艺术滋养精神”。过去，木鼓舞比赛每两年举办一次，现在改为每年一次，与学校田径运动会同步举行。每年此时，同学们都会穿上苗族服装参加木鼓舞比赛，这也成了孩子们期待的重大节日。我的追求是，从台江民中走出去的每一位毕业生，都会唱苗歌，跳木鼓舞，以期传承优秀的苗族文化。

千百年来，反排村都是一个穷山村，但这里创造并传承了全国闻名的反排木鼓舞。大山深处的台江县城中，晚饭后经常可以在翁你河两岸看到苗族妇女背着孩子跳舞、对歌，一些刚学会走路的孩子，也在一旁学着大人的模样扭动着身子。家访时，我曾去过坐落于山顶的南宫乡白帮村，遇上一群青年男女正在球场上跳芦笙。数米高的芦笙吹出来的声音低沉、浑厚、悦耳，男男女女围着跳舞，有的还背着孩子参与其中，让人不禁驻足观看，流连忘返。

精神生活是人生的本质所在，不管生活顺遂还是艰难，追求丰裕的精神生活，都会让一个民族焕发别样风采。

会说话就会唱歌

一个国庆长假的某个晚上，一位初中校长来电话，说他们在K歌，让我一起去放松一下。我便与几个支教老师过去凑热闹。一位名叫梁晓英的当地小学老师点了一首《兄与妹》，结果MV一放出来，屏幕上的演唱者正是她本人。这着实让我吃惊，也不由对这位老师肃然起敬。

后来，深入了解了苗族人对音乐的爱好，我才明白，这样的情况不足为奇。

2008年，苗族多声部情歌入选第二批国家级非物质文化遗产保护名录。苗族多声部情歌流传于台江县方召镇各村寨和南宫乡白帮村、革一乡的部分苗族村寨，是一种苗族原生态复调民歌。反排苗族多声部情歌《假如你是一朵花》、方召情歌《来玩趁年轻》、革一多声部飞歌《花开花艳》等，先后多次参加县、州、省各种文化活动，且获得了奖项。

其中，反排苗族多声部情歌《假如你是一朵花》、方召情歌《来玩趁年轻》在2002年参加了文化部举行的首届南北民歌擂台大赛，由台江苗族青年农民歌手方绍保、张兴雄等演唱，一举夺得大赛的最高奖项——歌王奖。在2004年1月中央电视台举办的“清逸·佳雪杯”CCTV西部民歌电视大赛中，台江青年歌手张本云、方绍保、唐光华、张再保等人荣获本次大赛最高奖——金奖。

《假如你是一朵花》《来玩趁年轻》等歌曲都是当地男女青年在“游方”或“坡会”等场合中对唱的传统情歌。这种多声部情歌对唱具有独一无二的发声、独特的和声及优美的旋律。歌曲的节拍相对自由，根据歌手的气息运转，旋律不变，唱词内容不断变化，音色、音质独具一绝，下滑音多用颤音。这是苗族祖先创造、留下的文化瑰宝，靠一代代口耳相传，一直保存着完好的原始文化生态。

苗族多声部情歌是集体传唱的原生态民歌，是苗族男女青年交流感情的载体，是模塑苗族民族心理的平台，对于增强民族认同感、增强民族凝聚力具有重要的作用。同时，多声部情歌还是苗族男女青年自由恋爱、追求自由婚姻的体现。

一个不到17万人口的小县，有着歌唱自己美好家园的歌碟，这在文化底蕴深厚的东部县市中非常少见。偶尔几次，支教老师们假日出去K歌，总有几个不会唱歌，但当地教师个个都能唱，而且都唱得挺好。

记得有一天晚上，中组部帮扶台江工作组组长赵凯明来我校看望学生的学习情况。临走时，正好遇上音乐教师在给学生排练多声部无伴奏苗歌。他突然停下脚步，循着歌声来到一楼的阶梯教室，看了一会儿以后告诉我，这歌声让他感到非常震撼。在他的推荐下，我校的无伴奏苗歌演唱节目参加了在杭州剧院举行的杭州市艺术节演出，并获得了特别奖。

众多的节日习俗，丰富的精神生活

苗族人的精神生活是丰富的，“大节三六九，小节天天有”就是他们追求精神生活的最好诠释，也让大山深处的平凡日子过得更有仪式感、更有意义。吊诡的是，在经济发达地区的人们抱怨年味越来越淡、一切向钱看的时候，身处相对贫困地区的苗族群众，却始终虔诚地固守自己的信仰与追求。

2020年春节后，因为新冠肺炎疫情的影响，学校迟迟开不了学。在确保安全的前提下，学校组织教师开展全方位家访。家访活动的第一天又恰逢苗族的农历二月二敬桥节，我们沿途所到的村寨都在过节。家家老小都带着米酒、肉、香、纸、彩蛋等，见桥就拜，即使面对小道上一块石板铺成的或山涧中由几根杉树干搭成的极简小桥，也是如此。所有桥上都挂满了纸钱。在桥头举行敬桥仪式的苗族老乡看到家访路上的我们，都会很热情地请我们喝米酒，家长还送我们染红的鸡蛋。

台江苗族的最大节日是每年农历三月十五至十七的姊妹节，又称“姊妹饭节”，其前身是“坡会”，做“五彩饭”是过节的标志。几百个村寨、10多万苗族同胞的礼仪习俗大同小异，究其来由也基本一致。

传说过去有一个苗族大寨，寨子里的男子每年都要到很远很远的地方去打猎，久久不归，留守寨子的是众多妇女、孩子和70个如花似玉的姊妹。妇女们劳动回来就一起养儿育女，姊妹们则上山摘果、下田劳作，回家后纺纱、织布、织锦、挑花刺绣。织出来的布多得箱子都装不下，织出来的锦比彩霞还美，绣出来的花连蜜蜂、蝴蝶都飞来驻留，可是已到豆蔻年华的70个姊妹总觉得缺少了什么，心里一直畅快不起来。

于是，姊妹们又相伴去开田，并在田里放养了很多鱼。春天来了，她们在田里播下糯米种子；秋天到了，打下的糯谷装满了一仓又一仓，酿出了一缸又一缸糯米酒。吃喝穿戴都齐全了，可姊妹们还是觉得缺少了什么，少有欢声笑语。

老人们看出了姊妹们的心思，想出了一个好办法：把吃不完的糯米和喝不完的糯米酒保存起来，待来年春暖花开时，做糯米饭，再到田里捉鱼虾、摸螺蛳，拿出糯米酒设宴，招呼远方的青年男子前来吃饭、喝酒、跳舞，趁机交谊择偶。第二年的春天来了，饭酒都备好了，远方的青年人来了，姊妹们选中了如意情郎，高高兴兴地嫁出去了。从此，春天吃姊妹饭便形成了一个特定的节日。

每年此时，小小的县城会热闹好几天。县教科局也会下文，让全县中小学放假参与活动。节日期间，各寨的苗族人都会穿着盛装来到县城，不少外地游客也会慕名而来。一些来自湖南、重庆，甚至江西、浙江等地的商人看准了其中蕴藏的商机，在县城摆摊卖些吃的、玩的新鲜物件，赚了不少钱。而苗族人只顾舞龙游街，又唱又跳，边走边买。于是，有人认为，苗族人不够精明，钱都被别人赚了。网上有一篇文章——《一个苗族人的检讨》，指出这些商人们成了姊妹节活动的最后赢家。但我以为，最后的赢家无疑仍是苗族人。因为各地的经商者只赚了一点蝇头小利，只获得了物质享受，苗族人则尽情地享受着节日联欢带来的精神愉悦。这对于他们而言，是平凡生活的精彩点缀，是疲惫身心的自由放飞，是一种精神享受。两相比较，哪一种浅陋如沙砾，哪一种璀璨如珍宝，自见分晓。某种程度上讲，苗族人物质上相对贫穷，精神上却相对富有。随着时间推移，在很多方面，我对苗族人的敬意越来越深。

家住吴门，暂作苗乡旅，竟少有思乡之时，这或许是工作繁忙、无暇遣怀之故，但更多的可能是因为这里的风土人情，苗家人以那份纯朴与热忱，让一颗异乡人的心日渐安定，倍感温暖。

我的微信头像

初加我微信好友的人通常都会觉得我的微信头像有点奇怪，这破破烂烂的，是什么地方？为什么拿这个做头像？

一些朋友还以为这就是我支教的学校，其实不然，我所在的高中在县城，有3000多名学生、200多名老师。

我用这张照片作为微信头像，绝非想以此张扬或炫耀什么；我只想用它来提醒和激励自己，不能忘记来台江时的初心。

来到台江民中不久，县教科局就安排全县的初中、小学校长来台江民中跟岗培训。2016年11月底的一个下午，正在培训的两位小学校长邀请我去看看他们的学校，我也可以顺路做一些家访。

前面的车陷在了塌方崩落的乱石堆中

平时家访，我大多会选择在双休日进行，因为学生只有双休日在家。但经常让司机休息日出车，我又觉得不好意思，所以有时就自己开车出行。

贵州多山，学生们也多住在大山深处。几次家访后，我真正体验到了在大山深处开车的不易。从大路拐入羊肠小道后，道路狭窄到仅容一车勉强通行，坡度常常陡然变大，有时大到车头已然抬起，根本看不到前方的路是往哪边拐弯，只能放慢速度、伸长脖子，通过观察路旁的树木和草丛来判断可能的走向。经常已是“山重水复疑无路”，大着胆子稍稍往前再开一点或硬着头皮绕着大山继续转，突然间便“柳暗花明又一寨”——一大片苗家吊脚楼赫然排布在山坡上。我曾去过南宫乡白帮村和岩板村，交包村的展包苗寨，翠文街道伍寨上寨和南省村的南冬苗寨，台拱街道的登鲁村，方召镇的大寨村、巫梭村和李子村等，路途中无不如此。

这些山区道路除了狭窄、坡陡外，还占了一个“险”字；因为路都是在斜坡上挖出来的，所以一边是陡峭嶙峋的山壁，一边是深不可测的悬崖。我出生在杭州临安山区，驾龄已有20多年，但在贵州家访时途经的一些路，开过一次以后总感到后怕，再也不想开第二次了。山区行车遇到落石和道路塌方是常有的事。有一次，我从台雄到大红寨，不足10公里的路，就有大大小小近10处塌方。最让人感到后怕的是，一次看到开在我们前面的车，陷在了塌方滚下来的乱石堆中，所幸只是车子受损，并无人员伤亡。

一次去南宫乡家访的路上，司机刘伟跟我说：“在平原地区，修路的钱都是花在道路中间；在山区，修路的钱都是花在道路两边。”的确如此。山区道路靠山的一边，要防止山体滑坡塌下来；靠溪流或者悬崖的一边，要防止道路坍塌下去。为防止出现这一“来”一“去”，就耗费了大量资金，而且一旦某处塌方，往往改变其地质状况，极易一塌再塌，很难修整如初。难怪山区道路的维修虽花钱很多，但路面仍不够平整。

此次，由两位校长做向导，我这一路还算顺利，或者说，我已多次身临险境，不再大惊小怪了。

四面漏风的教室

我们先来到排羊乡小江村。车无法直接开到小学，我们只得找村边道路稍宽一点的地方停好车，沿着路边山坡一直向上走，走一段路，再拐个弯，才到了小江小学。

我幼时也是在农村读的书，那时的条件简陋不比如今；之前几次家访，我或多或少已知此地群众生活艰难，但当时眼前的画面依然让我十分惊讶。

一所小学，竟然就是一幢很破旧的、两开间的二层木板房。木板之间的缝隙很大，四面漏风。一楼是教室，一间是一年级教室，共有9名学生；另一间稍小一点，是二年级教室，共有3名学生。孩子们都很可爱，聚在我们面前，好奇地打量着我们，如大山外的孩童那般天真纯洁。我分给他们一些饼干、糖果和苹果，他们接在手上却转头看向他们的老师，当老师说可以吃时，他们才开心地尝起来。此时已过立冬，站在教室中，寒风从四面木板的缝隙中呼啸而至，再冷一点，这里将是怎样一番场景？想想就让人心疼不已。

二楼是学生吃中饭的地方，但没有楼梯，几块木板从地势较高的地方直接搭至二楼。在我看来，这样很是危险，但孩子们似乎习惯了，走起来如履平地。我小心翼翼地走上去，看到墙面上贴着泛黄的奖状，房间里没什么摆设，仅靠墙安置着一个简易灶，中间放着一张桌子，搁着孩子们的碗筷。这里只有一个老师，他不仅要负责两个年级的教学，还要负责给学生做中饭。

从教室的窗口望出去，能看到当地村民们修葺一新的房子，可见从中央到地方的帮扶，“两不愁三保障”发挥了作用，见到了成效。可唯独这一栋小小的教学楼，似乎还是20世纪时的样子。

是对教育不够重视？认识不到知识改变命运的道理？或者是因为家里的住房是自己的，学校是公家的，因此不够上心？或者是在他们看来，那十来个学生只是十来个无关紧要的孩子而已？

在我的观念里，一所学校就是一个村寨的文庙，是当地百姓的精神高地，理当集众人之力经营、呵护。但在这里，学校似乎是一片荒地，其中却偏偏生活着最纯真的孩子、最有奉献情怀的教师，我们于心何忍？

我把当时拍下的这所学校的照片，设置为我的微信头像，以便时常激励自己，即使在支教中遇到一些困难，只要看到这张照片，想到大山里的孩子还处在这样的环境中读书时，心里就会有份沉甸甸的责任感。我希望通过自己的努力，为这里的孩子创设更好的学习环境。中国那么大，教育欠发达地区那么多，总要有人来做这些事情。

每次有人说起我的微信头像，我就把这件事说给他们听。从2018年暑假开始，已成危房的小江小学原教学楼停止使用。所有学生全部转往排羊乡中心小学，有两个孩子因为种种原因，去不了乡中心小学，也被安排搭班寄学在小江幼儿园。这真是一个好消息。

当天，我们还去看了台盘乡中心小学。学校坐落在一个山坡上，高低落差较大，但相关设施比较齐全。走进食堂，师傅们正在为学生制作免费午餐，砧板上放着许多猪肉。我想，对比小江小学，这里的孩子们要幸福很多。

孩子们迫不及待地穿上新校服

2018年，为了支持贵州省陈立群名校长领航工作室的培训活动，增强相对贫困地区教育可持续发展的造血功能，《中国教育报》记者时晓玲和特约通讯员袁因来到我校。开展讲座活动外，他们还去了排羊乡中心小学。我们一同参观了学校的课外活动室，观看了小学生们做课间操。大家为学校浓厚的传统文化氛围和精细的管理感到高兴。在校长陆暾的带领下，我们还一起进行了家访。

活泼可爱的孩子、相对贫困的家境，给两位远方来的客人留下了深刻印象。通过时晓玲的牵线联系，浙江始祖鸟进出口有限公司决定，通过我的领航工作室向排羊乡中心小学捐赠校服，包括寄学于小江幼儿园的两名学生在内，一共271名学生。公司向每人无偿捐赠春、夏、秋、冬4套校服，所有校服根据山区孩子的学习、生活特点量身定制。

按照文件规定，乡村小学不准向学生收费制作统一的校服。第一套冬装发放时，浙江始祖鸟进出口有限公司董事长童莉娅亲自来到大山深处的排羊乡中心小学。时值隆冬雨季，天寒地冻，孩子们在教室里迫不及待打开包装换上新衣，像过年一样开心。与一般的校服相比，孩子们的这套校服从选料到做工都非常考究，体现了该公司在国家脱贫攻坚中的社会责任和一片良苦用心。2019年，后续捐赠的另三季校服也都发放到了孩子们的手里。

高质量的校服捐赠，让大山深处的孩子们暖在身上，更暖在心里。

一个好县长才可能办出一所好学校

捉襟见肘的教育经费

台江民中近年来取得了较大进步，首先要感谢台江县委、县政府的大力扶持。

记得第一次走进台江民中时，我参加过一次会议，就学校经费方面的问题表过态。

那次，在学校行政楼三楼会议室，台江县委、县政府、县人大和县政协的主要领导都来了。介绍完台江的基本情况后，主持人让我说话。我知道这是让我表态，除了开头、结尾的几句客套话外，我这样说："作为校长，'知人善任，人尽其才'是一项重要工作。其中，首先要知道自己的长短之处在哪里。我自认为在教育教学管理上有一点积累，相对擅长，而行政、后勤方面相对薄弱。作为国家级贫困县，我知道台江县的办学经费相对不足，但我希望必要的保障能够到位。"

几年下来，食堂员工的工资、班主任津贴、代课和超课时津贴等，经常遇到拖欠的情况。

教育、医疗实行“组团式帮扶”是中组部在台江县的一大创举。针对台江县教育的“组团式帮扶”，贵州省委组织部、省委教育工委、省教育厅联合下发了《推广“组团式帮扶”模式，提升贫困地区教育质量的指导意见》的通知。对口帮扶台江县的杭州市余杭区也出台了相关政策，从2015年开始，余杭区每年派出4名教师赴台江民中支教。此外，2017年开始，杭州市、贵阳市、凯里市都相继派出教师来校支教。为保障支教教师生活，台江县委、县政府出台政策，每年向每位支教教师拨付1万元生活费。这笔费用支付给学校，用于食堂开支。2019年下半年，各地来台江民中支教的教师共有25名。开学后，分管行政、后勤的副校长拿着文件去县财政局要钱，却得到了“没钱”的答复。

早在2002年，我就提出了“人类道德的基点是爱心和责任感”这一观点，并把这句话刻在了杭州市长河高级中学的大门后。在台江民中，每次教工大会上，我都强调“爱与责任”，还把“人类道德的基点是爱心和责任感”这句话镌刻在了学校的文化墙上，将“爱与责任”确定为学校的办学精神。

2019年11月下旬，学校的60多个临时工已有5个月未发工资，一些人无法继续承受，就选择了离开，尤其是食堂临时工，流失得厉害。为了保证师生正常就餐，学校只能到处托人寻找替补的工作人员。此外，班主任津贴等各类津补贴，也在同年3月后暂停下发。学校里的不少教师都靠这一份工作养活一个家庭，钱都是扳着手指计划着用的。尽管大多数教师理解政府的困难，也习惯了这种拖欠，但也有一些教师在微信群里抱怨：“看来我们只能不食人间烟火，只讲‘爱与责任’了。”

即便如此，需要特别说明的是，平心而论，相对于贫困地区面临的财政窘境，台江县委、县政府对学校已非常重视了。只是，在东部地区，按时发放教职员工的工资、津补贴是理所当然的事，在这里则需要一次次争取。在我为经费经常无法准时到位而担忧时，几位副校长比我知足，他们更担忧的是我回杭州了以后，学校该怎么办。

我被村民围堵在办公室了

2020年1月6日上午，学校东面朗等村的三个村民来到我的办公室。因为不久前他们刚来过，没等他们开口，我就知道他们的来意——要求学校赔偿。

2016年底开始，县里对校门前的大路实施改造延伸工程。过了半年多，大路改造完毕，人员出行顺畅了很多，但也留下了“后遗症”——学校的排水口被堵住了。学校所处的大部分区域地势较低，而学校门前新铺的大路地势较高，没有了出水口，平时学校产生的生活废水、下雨时160亩校园内的积水，只能遵循水往低处流的自然规律，流进了学校西面的农田，造成了部分农田的庄稼绝收。

几年来，要求赔偿的村民来了一批又一批，少的时候三四个，多的时候十来个。说实话，因学校排水不合理而导致农田绝收，村民要求赔偿的确合情合理，学校也应该承担一定责任。但赔偿主体不应该是学校，事件的根本原因是修公路时堵了学校的下水道，主要责任应在具体施工方。但村民们认为污水来自学校，赔偿主体应是学校。再说，他们不知道具体施工方是谁，即便知道也找不到，但学校是逃不掉的。在讨要赔偿时，村民们还翻出旧账：学校所占土地原本都是朗等村的，土地征用时说过，郎等村的孩子来读高中可免收学费，但学校没有全部兑现，现在也应该给予适当补偿。

这个问题，学校曾向县里反映过几次，都没有得到解决。向学校要不到赔款的村民也去县里反映过几次，但据村民说，相关部门的答复是让他们来找学校。以往，他们几次来学校找我，办公室都安排由分管后勤的副校长或总务主任负责接待，一直都没达成双方都满意的结果。那天村民坐到了我的办公室，任谁来请都不走，说："年底了，没有饭吃了，今天校长一定要给予赔偿解决。"

这天上午，恰好浙江省杭州第二中学党委书记王华琪带领六名教师来校慰问支教老师，王书记还给部分高三学生作了有关语文学习的讲座。上午11点半左右，讲座结束了，按照安排，接下去是慰问团一行在行政楼前与支教教师集体合影。学校办公室的同志来叫我，在我站起身想要出去时，这三位村民堵住门不让我走，并说："你如果一定要走，我们就一直跟着你。"尽管他们语速较快，但大概的意思我还是明白了。无奈之下，我只能打电话给县主要领导求救："我被村民围堵在办公室了！"

没过多久，县教科局主要领导、郎等村所在街道的领导、派出所的同志悉数赶到学校。

村民见到有领导来了，又大声提出了要求。一位领导说，去现场看看，在什么地方，到底影响有多大。我知道，这是他们想尽快把我"解救"出来的一个招数。几个村民很听话地跟着走了。后来，这件事是否已经解决、怎么解决，不得而知，但我还是很希望能够得到切实解决。

一个好县长才可能办出一所好学校

有人曾说，一个好校长就是一所好学校。但在西部相对贫困地区，我发现，这个判断似乎不适用，而应改为一个好县长才可能办出一所好学校。一个好校长至多是一所好学校的必要条件，不是充分条件。

到贵州后，我接触了很多当地校长，了解到教育经费被"统筹"的情况较为普遍地存在。既然比较普遍，一定有其存在的合理性。应该说，在贫困地区，政府“当家”可谓捉襟见肘。这不是“八个瓶子七个盖”的问题，可能是八个瓶子只有三四个盖。

由于资金上的入不敷出，教育常常只是说起来重要。一些县（市）教学质量的升降往往是过山车式的，一个重要原因就在于政府对教育的重视不持续、不稳定。我这样直白，也许会招来很多批评，但只要能换来当地政府对教育的足够重视，也值了。

此外，在相对贫困地区，一些领导干部的官本位意识较强而服务意识不足的现象，也是客观存在的。学校应是育人的地方，不是政府下属的行政单位，行政部门不应经常给学校下达与教育无关的行政任务，更不能将完成情况与年度考核挂钩并以此施压。如何避免学校的行政化倾向，加强经费保障，为校长创造集中精力办好学校的条件？如何让真正懂教育的人来办教育，让校长的聪明才智得以充分施展？这些都是亟待解答的问题。

我认为，一地的教育局局长不适合安排从未当过老师、没有教育管理经验的乡镇干部担任；一地的主要领导除了应自身真正重视教育外，还应引导各级政府部门一起重视。

不得不两度推迟开学

我到台江后第一次主持招生工作，是在2017年。鉴于以往每年全县中考的前100名，甚至前200名学生，大多不愿留在台江读高中的现实，县教科局专门召开了招生工作会议，请各初中校长和初三班主任出席，台江民中全体校级领导也都在场。会上，中组部台江帮扶工作组书记赵凯明进行了动员讲话，县教科局局长龙峰提出了具体要求。需要特别感谢的是，近几年来，全县各初中的校长和老师，对台江民中的招生工作非常支持。

准备在台江待几年？

记得那年4月的一天，我与副校长杨群去台江县第二中学拜访校长张桂生，这也是我第一次走进这所学校。

学校坐落在山坡上，放眼望去，校舍错落有致，校内井然有序。早就耳闻张桂生是一位很优秀的校长，果不其然。其实，他来此任职才一年多。来到校长办公室，我们发现校长、副校长、办公室主任、教导主任等竟一起挤在同一间屋子里办公，可见条件之艰苦。相对贫困地区的学校大多如此：内在的设备、设施远没有建筑的外观看起来漂亮。

坐下说明来意后，张校长张口就问我："你把他们招进去，会把他们送出来吗？"因为大家都知道，我的身份是支教校长。在台江教育界，民族中学发生了一些变化是有目共睹的，但大家也清楚我只是一名"临时工"。也许同行的副校长杨群觉得我难以作答，张口就接住了张校长的话，说："肯定嘛，起码还要坚持三年。"

听得出来，张校长是一个能把复杂问题简单化的人。其实，被他这一问，我还挺高兴的，因为这番言语间充满了对我的信任。如果我回答还要坚守三年，可能他们会放心地把学生送到台江民中来；如果我回答支教满一年就回杭州，也许他们就不会送学生来了。

由于一些偶然因素的影响，2017届初三最好的生源在台江县第一中学。尽管学校每个副校长负责一所初中的招生工作，但几所主要的初中，我仍决定自己登门拜访。来到台江县第一中学后，时任校长王安刚为我引见了初三（11）班班主任张玲凤，并让我自己进入教室与学生见面并回答学生的问题。在中考模拟考试中，这个班级有30多人进入全县前100名，是名副其实的尖子班。

走进教室直接与学生对话，是一件令我愉快的事。前前后后我一共回答了学生们提出的27个问题。譬如：

"你是怎么管理台江民中的？"

"我们都很喜欢你，你喜欢我们台江吗？"

"你自己的孩子读书怎么样啊？"

"你喜欢吃辣吗？"

"我很喜欢物理，台江民中有好的物理老师吗？"

"怎样才能学好英语？"

教室里不断响起笑声，气氛轻松和谐。在这群优秀且淳朴、可爱、上进的孩子身上，我隐约看到了台江乃至苗族未来的希望。

其中，被问到最多的问题，还是“我如果来台江民中读高中，就是冲着你来的。你还准备在台江待多少年?”这真是一个让人非常纠结的问题。其实，回答这个问题，我的确有些顾虑：自己的身体状况、家中90岁的老母等。如果说领导的邀请可以推却，但孩子们期待的眼神、用知识改变命运的期望，则让人无法拒绝。“同学们的提问，深深地打动了我，我愿意陪伴大家三年。台江是‘天下苗族第一县’，希望我们共同努力，成为苗族的领军人才，承担起改变家乡落后面貌的使命与责任。”

这是我对孩子们的庄严承诺，也是对孩子们提出的要求。当然，我也告诉同学们：“无论杭州还是贵州，都有很多好校长，重要的是台江民中的快速发展是可持续的。”孩子们未来的路还很长，建立这样的认知，是很有必要的。

暑假期间，招生工作的胜败即见分晓。2017年，台江民中的录取分数线比上一年提高了68分。全县中考的前100名学生留在台江的，过去只有10来个，最多时30来个，2017年则达到了95个。得天下英才而教之，乃人生一乐。全校教师的精气神得到了空前提升，无不期待着新学期的到来，高一新生也都期待着人生新阶段的开始。

可新学期的开学工作，远没有想象中那么顺利。

校长回杭州了

2007年，学校迁入的新校区是现任县教科局局长龙峰在台江民中校长任上建的。当时，起步资金为200万元，后陆续得到香港热心人士的赞助和政府的后续支持，得以建成。可以想见，当初学校面临的困难之大，这也决定了新校园硬件设施的标准是相对较低的。学生宿舍楼直到

2016年冬天才有热水供应。

一号宿舍楼共5层，有1000个床位；每层楼只有1个卫生间和1个盥洗室。由于空气湿度较高，楼梯的扶手栏杆已锈迹斑斑，甚至有些已霉烂脱落；大楼顶层有多处漏水，外墙面黑斑点点。

在学校的多次要求之下，2017年暑假期间，政府决定对一号宿舍楼进行维修。我在杭州担任校长期间，校舍维修是由政府出资、学校负责请人来做，而这里的做法不同，由政府出资并请人维修。对学校而言，减轻了负担，但问题也显现出来了，那就是维修时“使用的不负责，负责的不使用”。

放暑假时，学校明确告知施工方，考虑到高一新生要军训，下个学期定于8月12日正式开学。对方表示，一定在8月12日前完成宿舍楼的维修工程并交付使用。因此，学校就在学生成绩单和高一新生的报到通知单上，写明了新学期的开学时间为8月12日。

时间临近开学，学校的各项准备工作都在紧张有序地推进，军训教官也腾出了时间。8月11日下午五点，学校总务处副主任莫昌剑匆匆来到我办公室汇报说，他刚去看了学生宿舍，维修尚未完成，明天无法入住。

这可怎么办?！这是我以往校长生涯中从未遇到过的情况。我连忙赶到龙局长的办公室报告情况、寻求对策。很快，龙局长找来了负责维修的施工队领导。我见面就问：

“没有按时维修好，为什么不提前告知学校?”

“我也刚知道。”对方回答。

“已经通知了明天学生报到，现在怎么办?”

“我们接下来尽量加快一点。”

一听这话，就知道施工方是没有责任意识的。龙局长与施工方协商后，提出推迟四天开学的解决方案。我“惊魂未定”，一种不信任感促使我提议推迟六天开学，确保开学时宿舍可以正常使用，并请求龙局长协调，高一新生由他们原来所在初中的主任帮忙通知。

回到学校后，我还在回想，如果学校总务处没有去宿舍察看，明天学生来报到了却无法入住，该怎么办？大山深处，很多学生的家离学校都有几个小时的车程。平时节假日，如果我们下午放学迟了，很多学生当天就回不去了。现在这种情况真是让我担忧害怕。

六天很快过去了。8月17日下午五点，莫昌剑又一次匆匆赶到我的办公室，说：“校长，我去看了学生宿舍，卫生间没有修好，明天学生还是不能入住。”听到这话，我再三告诫自己要冷静，但一种无助与绝望的感觉瞬间袭来，还是没能撑住，人都要晕了。看来我自己也大意了，于是急忙让莫昌剑再次向相关部门反映。

能够把那么多好的生源留在台江，是台江民中历史上的第一次。全校教师都洋溢着满满的自信，高一新生都充满期待地准备到校就读。遗憾的是“出师不利”，竟然连开学都开不起来！我这个校长在学生与家长面前，岂不颜面扫地？

施工方提出购买一批临时厕所来救急的方案。那么大的量，一天时间去哪里买？又打算放到哪里去？学生使用后该怎么处理？这个方案根本没有可行性。

他们对待教育如此儿戏，我必须有个态度。

回到住地，我让爱人简单整理了一下行李，自己打电话告诉凯里的一个朋友，请他帮忙在凯里预订一个旅馆。接着，我打电话告诉县教科局，我回杭州了。一番准备后，我带上行李，开车直奔凯里。接下来的两天，县里和县教科局的电话我一概不接、信息一概不回。几个副校长在电话里告诉我：还要推迟三天开学，已经通知到了所有老师和学生；县里这次高度重视，分管副县长每天来到现场督阵，中午都在现场吃盒饭。

第三天，我回到了学校。分管教育的副县长先向我表示了抱歉，接着说："我们打不通你的电话，非常着急，后来向几个副校长打听你的情况，他们说你一直与他们保持联系，'遥控指挥'，我们才放下心来。"难怪除了第一天县里给我打了几个电话，后面不再有任何来电和短信。原来，我是被自己的几个副校长"出卖"了。

贫困地区缺少对教育的真正重视

我曾在杭州多所学校任校长，老师们认为我做工作的一大特点是特别有自信。但在台江，经历了本不该发生的两度推迟开学事件，加上平时学校不时停水停电，我的自信心受到了影响，禁不住感慨不可控的、自身力量难以抗拒的因素太多了。

好端端的开学工作被迫两度推迟，这一波三折中，起码可以说明以下几点：

第一，闲适文化对当地人影响很深。苗族人崇尚"生活第一、工作第二"，干任何事都慢条斯理，走路慢、做事慢、生活节奏慢。这大概是由于长期在大山深处的村寨里生活，每天早上起来，山还是那座山，树还是那棵树，地还是那片地，没有日新月异的变化，好像他们最不缺的就是时间，因此也少有时不我待的紧迫感。

我是一个反对把生活过成速溶咖啡式的人。现代科技发展迅速，人们的心态越来越急功近利，无限制地追求快节奏：希望水果蔬菜快速生长，希望猪牛鸡羊迅速长大，希望孩子快速成熟。人们总是醉心于利用科学技术创造财富，忽视了心灵的培养。从这一点上来说，黔东南地区被誉为“人类疲惫心灵的最后栖息地”是不无道理的。在一定程度上，我也喜欢台江人的“慢”。

但事物总有两面。一味地慢，一味地悠闲享乐，就无法彻底摆脱贫困。生活上的慢，绝不应导致对工作的倦怠、应付。我们秉持的处世哲学，还是应该入世为事、出世为人。《列子》有载：“子贡倦于学，告仲尼曰：‘愿有所息。’仲尼曰：‘生无所息。’”做人，要靠自己“做”出来。“做”的含义则非常丰富。台江民中不得不两度推迟开学，本质上是快节奏的进取精神与慢生活背后的闲适文化之间的冲突造成的。

第二，部分当地人缺失契约精神。一个约定、一份合同、一纸协议，无论是口头的还是文本的，议定了就是一个承诺、一份责任、一种担当，需要尽力维护、用心守护。不能说一套做一套，不能先把工程揽下来，至于是否能够完成、什么时候完成，到时候再说。

当地不少人对契约信用、法规法度相对随意。正如我前面所说的，刚到学校时，要改造食堂和启用学生宿舍楼，但两栋楼都还没有经过验收，导致无法动用改造，但按照建筑合同，两栋楼早就该验收完毕并投入正常使用了。

台江民中高三教学楼的窗外是一片山体滑坡的控制区，非常陡峭，上方还有一条公路，所处位置比学校所有建筑的屋顶还高很多。有一阵子，有农户要在学校与公路之间的陡坡上平整一块地基，准备建造房屋。这样一来，一方面，因施工挖开了上方公路的路基，让人看着都害怕；另一方面，工地距高三教室的直线距离仅有30多米，施工产生的嘈杂声响使学生无法正常上课。一次次反映，一次次现场勘察，最后都不了了之。我想，这样的地方怎么能被批准建造房屋呢？老师们说，这边造房子，没有几家会去办理正规的审批手续，自家的自留地想怎么造就怎么造，反正先造起来再说。最后，直到县委书记亲临现场，工程才终于停下来。

2019年11月，杭州市委宣传部在浙江省人民大会堂召开了所谓我的先进事迹报告会，最后一个环节是杭州市人民政府向台江县民族中学捐赠2200万元，用以建造钱江综合馆。经过规定的招投标程序后，2020年春季综合馆开工了。由于地下车库造价较高，按照设计，架空层为车库，一层是羽毛球、乒乓球馆，二楼为会议室兼篮球馆。全校师生闻讯都欢欣鼓舞，充满期待。

可随着施工队进场，奇葩的问题一个个出现了。施工方先是说选址不准，需要整体向南平移13米；而后又说地基勘探不准，需要加桩20根，这就需要另加400万元；接着又说顶层的钢架结构少算了270吨钢材，需要另加700万元。如果不能加价，那么就把一层去掉，只建造一个篮球馆。对于建筑，我不懂行，不知道这种改变与加价有多少合理性，也不确定这其中是否有什么套路，我只知道这么一来，钱江综合馆就没有什么“综合”可言了。

第三，教育受重视程度不高。刚到这里时，我就听说，在台江，教育上的事往往“求告无门”，或者说起来很重要，具体做起来却很慢，即使不能慢慢来的事也照样得慢慢来。几年干下来，我想说句公道话：简单地说当地不重视教育，可能不太合理，因为教育涉及的各方面问题大多需要钱，而这又是贫困县最为难的地方。但我也想指出，如果能多为基层着想，如停水停电、路灯不亮、校园排水管网堵塞、教师职称评定等问题，解决起来应是不难的。在这些问题的解决上总是拖拖拉拉，可以说明教育在大家心目中的地位还是不够高。

学校里经常停水，最长一次停了五天！当时正值酷暑，教学楼与宿舍楼里的厕所全部“瘫痪”，臭气熏天。学校只能向消防队求援，拉水来保障食堂用水，以使学校不至于停课。平时即使有水，水压也不足，三楼及以上楼层没有水司空见惯。“组团式帮扶”来的各地老师都住在支教楼中，楼里三天两头停水，作为校长，我一直觉得很对不起他们。我一直住在台江县人武部的宿舍，几年来，曾有几次早上起床后没水洗脸、刷牙，只好背上包就出发去学校。有时，我还在行政会上自我调侃说：“今天开会我批评过火，甚至说错话，就请你们多多包涵了，因为早上没洗脸。”

许多学生的抽屉里都备着蜡烛。一旦停电，学生有的用蜡烛，有的用自备的应急灯，还有人把应急灯挂在黑板上方，让更多同学共享看书。学校的学生处也常年备着几大筐蜡烛，以备不时之需。

与四年前刚到台江时相比，现在这里停水停电的情况已慢慢好转了。其实，台江地处大山深处，即使是枯水季，翁你河也水量充沛。在我看来，台江不缺水，缺的是基础设施的保障，缺的是对教育的真正重视，缺的是领导干部开动脑筋、心系群众、服务百姓的动力。

培训驻村第一书记

大红苗寨位于贵州省台江县南部，地处南宫森林公园的旅游干线上，海拔1000多米。这里山清水秀，民族风情古朴浓郁，既有悠久的历史底蕴，又有十分丰富的民族文化，如音乐、舞蹈、医药、纺织、印染、土建等。如今，大红苗寨修复了不少人文景点，如建于清朝雍正、乾隆年间的古寨门、有着美丽传说的龙女潭、千年古樟祭祀树、姜秧睡石等。可这样一个自然风光十分美丽的苗寨村落中，竟有130多个光棍。要改变这种现状，先要搞清楚问题究竟出在哪里。

家庭教育中的男、女孩差异

第一次到大红苗寨家访，我走进了张国菊的家，看到屋子左右两边的墙上都满满地贴着奖状。这家的模式是母亲外出打工，父亲在家照看田地和四个读书的孩子。我对着这位父亲说：“你这个家养出的孩子将来一定会很有出息。三个女儿的读书成绩在各自的年级里名列前茅。但为什么墙上的奖状都是三个女儿的，没有一张是儿子的？”他回答：“我对女儿的要求比较严格，而对儿子的要求不严格，比较宠。”我到其他一些儿子多、女儿少的家庭去看，发现情况也差不多，基本上女儿都比儿子的读书成绩好。

回到学校，我对大红苗寨在台江民中读书的学生人数做了统计，三个年级共29人，其中男生8人、女生21人，说明男生由于成绩相对较差，考不上这所全县唯一的普通高中。大红苗寨并非孤例：在台江民中就读的翠文街道的排朗村学生共13人，其中男生1人；老屯乡羊屯村学生共16人，其中男生3人；方召镇养薅村学生共27人，其中男生7人；施洞镇猫坡村学生共12人，其中男生2人；革一镇田坝村学生共50人，其中男生15人。可见，这些村寨中的家长知道要让孩子读书，但在家庭教育中往往对男孩太过宠爱，没有严格要求，导致男孩学业成绩不如女孩。正因如此，全校学生中，女生比男生多了200多人。在校园内、县城里，常可以看到一些男子的走路姿势与众不同，他们不走直线，而是左右摇摆，两手微微撑开着，显得特别自信、自傲，甚至张扬、张狂。

家访中，我也发现了另一些村中存在与此相反的现象。由于重男轻女思想作祟，家长对女孩是否上高中根本不重视，初中毕业就让她们出门打工或早早嫁人生子。于是在这类村庄中，又出现了高中生男多女少，比例严重失调的现象：如在台江民中就读的革一镇排生村学生共24人，其中女生6人；南宫镇养开村学生共19人，其中女生3人；方召镇交汪上寨村学生共41人，其中女生14人；施洞镇井洞坳村学生共13人，其中女生3人。

苗族的中兴取决于教育

要想真正把社会最底层撬动起来，培育尊师重教、耕读传家的良好民风，只有让离老百姓最近的驻村干部一起行动起来。在中组部帮扶台江工作组组长赵凯明的组织协调下，2017年4月25日，县里召开了台江县帮扶、驻村干部大会，所有来台江帮扶的干部和驻村第一书记都出席了。

会上，我结合PPT和大家作了交流。因为听众都接受过高等教育，我的讲座也拉高了起点，尽量从问题的源头入手。

一、台江脱贫攻坚的起点

解决“三农”问题的根本是把农民的孩子培养好，使苗族家庭摆脱世袭式贫困。教育是阻断贫困代际传播的关键，是发展现代农业的必要前提。

任何一个国家、任何一个社会、任何一个民族，平民教育都是托底的，是衡量一个国家、社会、民族文明程度的标志，是社会可持续发展的关键。台江县脱贫攻坚的根本在于教育，苗族的中兴，也取决于教育。板凳寨的张秀眉是清末农民起义领袖，有一种说法是起义失败与他本人没受过正规的教育不无关系。

教育，应该从源头抓起。让孩子输在起跑线上的通常都是父母。我们要：从社会的最底层做起，把社会的最底层撬动起来，形成重视教育、耕读传家的良好民风；从驻村干部做起，广泛宣传教育对于脱贫攻坚的重要意义；通过乡规民约来约束家长，让孩子上高中前尽可能与父母或其中一方一起生活，否则将严重影响孩子的身心健康与发展。

驻村干部应该对孩子、对家长、对民族同胞、对社会、对国家、对人类负责，全心全意地为百姓服务。驻村干部能否倾心为民，直接关系到全村每个家庭的命运，千万不能让孩子耽误在我们手上。

政府应该大力倡导尊师重教，倡导领导下乡一定要关心当地的学校。调研一地的经济社会发展情况也应多听听当地学校校长、老师的意见；有学生考上大学的，政府应该把喜报张贴到寨子里；要不断提高教师待遇，让教师安心在村级学校任教；每年教师节对教师的慰问，要及时送达所有学校。

二、学前教育，奠定一生基础

俗话说："三岁看小，七岁看老。"影响人生的很多因素都在幼儿阶段萌芽并逐步形成。在正式的学校教育开始前，一个孩子人生棋局的胜负，往往便已露端倪。

弗洛伊德和行为主义者的流行观点认为：婴儿的大脑是一块白板，会永远保留最初刻印在上面的东西；婴儿阶段的教育十分重要，将奠定其一生的教育基础；孩子成人以后的诸多心理问题，一般都可以追溯到他的儿童期经历。

通常幼儿不具备正确的评价能力，更需要家长的真心、爱心和耐心。世界上最残忍的事，莫过于把幼儿与母亲分开。家长要善于用孩子的思维方式与孩子交流，注重与孩子对话，重视孩子提出的问题。不要简单地给个手机，任凭孩子打电子游戏消磨时光。据说，全世界有50万个不健康的网站，手机、电脑只能作为现代人生活、工作的工具，而不应是孩子的玩具。台江当地不少男生带着手机上学，消磨了大量时间，消耗了大量精力，是其学业成绩不及女生的很重要一个原因。

希拉里·克林顿在《举全村之力》一书中指出：如果父母对孩子充满爱心和关注，孩子就会对家长产生安全感和亲近感，就会成为有自信、友善的孩子；如果父母对孩子严格要求，孩子就可能少去闯祸；如果父母对孩子过于严厉、苛刻，孩子就会变得具有攻击性或十分焦虑，或两者兼而有之；如果父母没有为孩子提供一个完整的家，孩子在成年之后，多半也过得不好。

人是所有生物中自然生存能力最弱的，因此，后天养育与教育的任务特别重。好的教育建立在真情投入的基础上。优秀的人才，通常都有完整、健全的家庭教育。好家长，会用爱养育、用心教育、用情抚育。好的家庭教育，或许就是多一些时间和孩子一起在家里吃饭。

三、对孩子的一生影响最大的人是谁

过去，人们通常认为父母对孩子一生的影响最大。父母对孩子的教育，是别人无法替代的，比教师的教育重要得多，或者说，任何教育都是家庭教育的延伸。现在的结论则认为，对孩子一生影响最大的人是他的兄弟姐妹。这也间接说明，年龄相近的玩伴非常重要，生活中潜移默化的影响作用很大。当然，生活在一起的兄弟姐妹，对一个人的影响更大。

我总认为，世界上所有带“长”的职务中，家长的门槛是最低的。理论上来说，年轻人都有生育能力，但细究起来，似乎一些年轻人只有“生”的能力而“育”的能力相对缺乏。人生是一个不断学习的过程。从牙牙学语到大学毕业，人一直都处在学习过程中。参加工作后，要接着学习如何组织家庭；有了孩子，又要学习如何做家长，依次学习如何做幼儿园学生、小学生、初中生、高中生、大学生的家长；好不容易孩子长大成家了，还要学习如何做爷爷奶奶、外公外婆。

家是温情的港湾，是存在家长权威和相互包容的组织，是扶助成长和老有所养的依靠。家文化是家庭成员所创造的一切物质与精神财富。相较于物质财富，一个家庭的家规、家训、家谱、家史等构成家风的精神财富往往是独特的。西方更多地倡导个体文化，中国注重家文化。大凡孩子身上的问题，都可以在家长身上找到缘由。黔东南地区存在的许亲、偷亲和抢亲等婚姻形式，单一的赡养方式，男孩性格放纵、女孩责任心欠缺，是“寒门难出贵子”的重要原因。

培养“贵族”需要三代人。孩子的智商与家长的受教育水平关系不大，但家长对孩子的期望值和孩子的抱负水平成正比。孩子在家时，家长最好做什么？我以为，除了做与自己主业相关的事外，看书、看电视、看报纸、干家务，都可以；重要的是，看什么书、看什么电视频道、看什么报纸。圣雄甘地说过：半两的身教，胜过两吨的言教。家长永远是孩子最重要的老师，家长对孩子提要求，不如对自己提要求。

教育孩子时，需要夫妻默契配合。考虑到孩子的敏感性，有些话题不宜正面切入，要时刻充分顾及孩子的自尊心。对于孩子说假话、拿别人的东西、早恋等问题，对孩子进行严厉的询问，可能不是最佳方法，因为孩子会有抗拒心理。如果选择在吃饭、散步、看电视时，夫妻双方说说同事、朋友家的事或新闻媒体上看到的事，可能孩子听了更容易入耳入脑，教育效果也会好得多。我总认为，做家长合格与否、成功与否的标志，是孩子是否与家长说真话。

四、从培养生活习惯入手

所谓习惯，常习则惯，形成容易改变难。当下的家庭教育往往重学习而轻生活。其实，让孩子适度干些家务，可以培养孩子的责任意识，有助于养成良好的生活与学习习惯。

记得一名高三学生曾对我说：“我们不是不想读书，只是从小就在山林、田地里玩耍，砍柴、挖笋、抓泥鳅。父母不重视教育，自小就没有养成读书的习惯。”在家访中，我发现一些高三学生的家中居然没有学习用的书桌，家长从不过问孩子的学习情况。我也从没有在学生家里看到过书柜，甚至多数学生都是在床上写作业的。我认为，父母应该注重培养孩子的“书心”，重视与孩子交流在校的学习情况。家中应该为孩子学习设置专门的场所，至少应有一个书柜，哪怕是简易的。

苗族家庭普遍较早开始生育，有的家长虽然为人父母，但其身心都尚未完全发育成熟。饮食习惯和生活方式也存在一些问题，导致孩子偏矮偏胖。长期生活在大山深处，人们容易养成坐井观天的心态，少有远大的志向。近年来手机不断普及，但由于学生的自我管理能力较弱，家长又疏于管理，所以当地学生玩手机、早恋、抽烟现象普遍比东部地区严重得多。

能否分清必要的爱与过度的宠，取决于家长的智慧。娇宠过度、爱溢反溺，被过度宠爱的孩子往往责任感比较弱，表现在学习上，往往做事动作慢或毛手毛脚、差错较多。

家长的失败往往在于过多地把对孩子的喜欢表现在嘴上、体现在眼里，而缺乏爱的智慧。老师的失败，往往在于过多地把对孩子的不喜欢表现在嘴上、体现在眼里，缺乏爱的纯真。

我经常被问到一个问题：家长最应该关注孩子什么？我以为：一是健康的身体，家长要帮助孩子养成健康的生活习惯，确保孩子健康成长；二是哲学的头脑，有时在家长看来是小事一桩的事，在孩子看来却是天大的事情，应从不同的高度和不同的角度分析同一问题，培养孩子的辩证思维。高度问题关乎胸怀、境界、价值观，角度问题关乎辩证、中庸、世界观。

《周易》在解释蒙卦时说："匪我求童蒙，童蒙求我。"这是对教育本质的揭示。教育应始于"童蒙求我"，真正的教育不应是师长围着孩子转，请求孩子学一点进去，而应该是孩子围着师长，求其传授学问。学习上的"家"，要孩子自己来当。家长要养成"不问孩子有没有做作业"的习惯，学习应该是孩子自己的事。根据我的观察，学生的学习态度可以分为自主当家、老师当家和无人当家三种。判断孩子学习上是不是自主当家，只要连续问三个问题就能辨别。第一问：所学的所有学科中，哪些学科学得好一些，哪些学科学得差一些？第二问：没有学好的学科，哪些章节学得还可以，哪些章节"夹生"的问题比较多？第三问：那些没有学好的章节，你打算怎么弥补？如果这三个问题学生都能答出来，可以断定这个孩子在学习上是自主当家的。

联合国教科文组织在《学会生存》一书中指出："未来的学校必须把教育的对象变成自己教育自己的主体，受教育的人必须成为教育他自己的人，别人的教育必须成为这个人自己的教育。"对于学生来说，"我要学"，才有可能实现教育；"要我学"，则远离了教育的本质。人的自我教育才是唯一有效的教育。应该倡导学生在学习上立足于无师自通的预习，立足于观点碰撞的课堂，立足于真正理解的巩固，立足于全面掌握的纠错。

五、初中生的叛逆心理

记得在美国联邦教育部访问时，对方介绍说，在美国，初中生是最难教育的。在这一点上，看来全世界都一样。也许小学生是哄得住、骗得住的，高中生是能讲理的，而初中生既骗不住也不讲理：因为初中生处在从依赖性到独立性的过渡阶段，具体表现为不再一味听从父母的指挥，出现一定程度的叛逆心理。

父母是一所学校，家庭教育都是个性化的。孩子逆反后，如果家长不具备教育能力，家庭就不应成为教育场，让孩子没有逆反的机会，而应多表扬鼓励，让孩子自我教育。在孩子的教育上，宽和严都是手段。父母宽严的不同类型有四种：父亲严，母亲严；父亲严，母亲宽；父亲宽，母亲严；父亲宽，母亲宽。一般认为父亲严母亲宽会好一点，不过也得从父母的个性和心理特征出发。

孩子太不听话，没有上进心，不想读书，肯定是不好的。在知识经济时代，中考、高考是现代年轻人必然要跨越的两道坎，所谓"读书不是唯一的出路"，多半是不想好好读书的孩子为逃避学习的借口。孩子太听话，表现得过于成熟懂事，也是不好的，越听话的孩子长大以后心理问题越多。孩子过于听话意味着他们以满足他人意愿为主导，忽视了真实的自己和自己的真实需求，做选择时不敢表达自己的真实情感，总是牺牲自己去讨好别人。“后喻文化”（指年轻人因为对新观念、新科技良好的接受能力而在许多方面胜过他们的前辈，年长者反而要向晚辈学习）时代，不能一味要求孩子乖、听话。

人的缺点，往往是优点的不适当延长。灵活机智的，容易滑头多变；稳重踏实的，容易呆板守旧；情商高的，善于调动他人，容易自恋，经验不足；智商高的，善于探究挖掘，容易自负，不擅沟通。人的精力总是有限的，人的优缺点是对立统一的。阻挡优点的不适当延长，是有难度的，因为大家都在褒奖你的优点，不自觉间优点就往另一方面延长了，而每个人对自己的优点总是感觉良好。

喝酒、斗牛、抓金鸡，苗族地区孩子的生长环境相对不适宜于教育发展。

六、鼓励探究，发展孩子的思维能力

智慧的家长总是让孩子值钱，而不是直接让孩子有钱。家长管不了孩子一辈子，不应对其人生有太多的包办和指导，应让孩子自己拿主意、做决定，家长提供参考意见即可。孩子的上进心是第一位的，应培养孩子在思想、学习、生活上自主当家，对自己的学习和前途负责，对自己的未来有想法。

当孩子有疑问时，无论是学习上的，还是思想、生活、身体、心理等方面的，优秀的家长不会直接告诉孩子答案，这是家长有智慧的体现。师长的任务是启发孩子思考、引导孩子想象、帮助孩子分析、促进孩子感悟，不是把自己的观点简单灌输给孩子，答案应永远留给孩子自己去探索。直接告诉孩子答案，容易限制孩子的想象空间与想象能力，何况走向答案的道路通常是不唯一的，很多问题也未必有所谓的标准答案。

学生的品德培养、知识积累，不是靠说教传授就可以实现的，需要孩子自己去体验与感受。归纳得精而又精、提炼得纯而又纯、咀嚼得细而又细，却只有理性没有感性，孩子接受起来索然无味，很难真正进入他们的认知本体。会玩的孩子体验多、感悟多，思维与体能都得到了锻炼，所以知识面比较宽，能动面比较广。

七、男女生学习差异

关于先天基因和后天环境对智商的影响孰大孰小的问题，科学界一直存在争论。目前的结论是，对知识性的智商而言，人与人之间的差异约40%与基因有关；而对解决问题的能力等方面的智商而言，人与人之间的差异约51%与基因有关。教育界倡导天道酬勤，刻意无视遗传的作用，是为了避免在孩子一上学时就被贴上标签。

男女生学习上的差异，是一个全球性的问题。哈佛大学教授威廉·波拉克著有《真正的男孩》，中国学者孙云晓著有《拯救男孩》。目前，在美国，男孩普遍胆小懦弱、缺乏自信，取得的成就远不及女孩，几乎在社会的所有层面，女孩都优于男孩。类似现象在欧洲也比较严重，非洲则有实验干预项目正在进行。

从内在因素上分析，男女生成长速度与成长方式存在差异。有研究认为，7岁的男生仅达到了不满6岁的女生的接受能力，平均相差1.46岁；女生生理成熟早，较多地受到母亲生儿育女、操持家庭的责任感熏陶，显得比男生懂事、成熟、文静。

学习态度上，男女生存在差异。女孩普遍具有安静、沉稳的心理特征，在课堂上听课的认真程度普遍比男孩高；课间，女孩交往少，更愿意留在座位上思考，男孩则较多地外出玩耍。

学习习惯上，男女生存在差异。女孩耐心、专注，善于表达情感，回答问题更充分、细腻，在课堂上善于做笔记，课外复习因此有了依托，便于巩固提高；男孩不容易集中精力，容易忽视老师的要求，作业应付了事，讨论时喜欢表现自己。

思维方式上，男女生存在差异。男孩擅长逻辑、推理，回答问题简短、犀利；女孩擅长形象、感性、表达、记忆，这些特点与现行的应试要求更为吻合。

行为习惯上，男女生存在差异。男孩好动、好玩，这方面花费的时间比女孩多得多，且常常是动得起来却静不下来；男孩崇尚力量，比较自信，但往往一开始就在学习上落后较多，而后又陷入恶性循环。

从外在因素上分析，苗族地区重男轻女现象比较普遍，男孩自小占据家庭中心地位，做事责任感不强；父教缺席、母教溺爱。一般认为：应试教育对男孩、女孩都不利，但对男孩的伤害更大；网络游戏、视频软件、手机等，对男生的影响更大。专家认为，社会性别形成的主要机制是模仿。男孩从小生活在一个相对女性化的环境中，家里缺少父亲这个男性榜样，幼儿园和小学中缺少男教师的榜样，社会上存在一些较为中性的娱乐明星，这对于社会性别形成过程中的男孩有负面影响。课堂上问题讨论、探究的设计不多，吸引不了男生的注意力；男生在生活习惯和学习习惯上的问题，总是比女生多；在当前的考试评价中，陈述性的知识较多，只需要简答的问题较少，明显对女生有利。

未来的人才需要具备宽泛的知识面与能动面，动得起是必要的；同时要有深层次的思考，静得下也是必须的。如何培养男孩？从对策来讲：需要多增加男生的运动与活动，强壮其体魄，培养其成就感和责任感；要求男生记笔记，课堂与卷面回答问题时要表达充分，养成良好的学习习惯；结合翻转课堂和教学内容问题化、探究式、挑战性，激发男生的学习兴趣；关注男生的文科基础，开展相关的竞赛活动；关注男生的卫生与生活习惯。

寻根文昌宫

来到台江后，听说县城内有文昌宫和莲花书院，我心头一喜，说明这大山深处的“生苗”地区也有中华传统文化的标志与传承。每当老师们和我说起这两处建筑时，他们脸上都洋溢着自信。

2016年11月的一天，早我半年来到台江支教的丁耀林老师带着我和凯里一中派来支教的杨海副校长等人，一起去探访位于县城内一座小山上的文昌宫和莲花书院。

来到入口处，仰头只见文昌宫大门紧闭，我们就与工作人员商量，希望能进门游览。可工作人员坚持说：“文昌宫已经是危房，一般情况下不接待游客。”我向工作人员解释说：“我们是杭州来的支教老师，很想看一下这两处文物。”工作人员终于同意了，还把邰磊先生所著的《走进苗疆腹地——台江》一书送给我，让我得以较快地了解台江的风土人情及台江教育的发展史。

走到文昌宫的大门口，需要上行五段台阶，第一段5级、第二段7级、第三段9级，第四段和第五段都是13级。初步可以断定，这里的建筑应是汉族人所建。

周庆芝与台江教育

雍正六年（1728年），清廷成功开辟苗疆。因苗民不服统辖，多次起义反抗，导致该地区办学道路艰辛而漫长。

周庆芝，湖南湘潭人，清光绪四年（1878年）迁任台拱厅（今台江县）同知，是台江教育史上一个划时代的人物。

一、开办32所义学

在光绪二十七年（1901年）清政府将全国所有义学、书院改为大、中、小三级学堂之前，苗家子弟入义学或书院识汉字、习汉语、接受汉文化教育的过程十分曲折，几经兴废。

第一次是雍正八年（1730年），官府首度在台拱寨设置义学。由于清廷刚刚开辟苗疆，苗民不服统辖，爆发了白党领导的台拱苗族起义，义学被迫于雍正十一年（1733年）废止。

第二次是乾隆五年（1740年），学校仍为台拱寨义学。由于白党、包利等率众起义失败，苗民“十去八九（死亡或逃荒）”。乾隆皇帝为安抚人心，诏谕“永免台拱粮赋”，致使厅署基本没有收入，筹集办学经费比较困难。于是，厅署借口“苗性愚蠢，欲其通晓四书义理甚难”等为由，于乾隆十六年（1751年）裁废了义学。

第三次是道光十三年（1833年），新修三台书院和台拱、施洞、革东等5所义学，后因爆发张秀眉领导的黔东南苗族人民大起义（1855—1872年）而废止。

第四次是周庆芝任台拱同知期间。周庆芝上任之时，恰值张秀眉领导的黔东南苗族人民大起义失败，苗疆大地满目疮痍、百废待兴。这个受命于危难之时的父母官体恤民情、善解民意，上任伊始，便做出两项深得民心的决定。一是创办台拱义仓。他采取捐赠的形式，发动城乡军民为义仓捐得万石稻谷，以接济青黄不接的贫苦农民。二是开办城乡共32所义学，劝导苗家子弟入馆读书。他坚信“苗民之梗化，实由智识浅陋，文字隔膜所致，决非性愚”。周庆芝复兴义学时，清理了张秀眉起义期间全家战死或逃荒他乡的农户产业，将其充作学馆学田，作为修建馆舍和聘请教师的经费来源，既不劳民伤财又可持续，为义学得以持续开办奠定了基础。

这两项措施事关民生，深得苗疆人民的拥护。贵州都院考虑到周庆芝治理苗疆功绩卓著，连续三次任命他为台拱同知。

二、创办莲花书院、倡建文昌宫

莲花书院是周庆芝第三次任台拱同知时修建的。据《台江县志》记载：“莲花书院建于清光绪十七年（1891年），系当朝同知周庆芝倡建，因其大门南侧有一口莲花池而得名。”开办之初，院内还专门设立了一个女子班。可以说，莲花书院的建立对台江苗族人民来说是一件意义重大的事，同时也充分展现了周庆芝勤政为民的精神。1978年，莲花书院被贵州省人民政府列为省级文物保护单位。

在创办莲花书院的翌年，周庆芝又在书院的左前方倡建了文昌宫。这是贵州省现存八大古建筑之一，1982年被列为贵州省重点文物保护单位。

重修文昌宫

在台江县文物管理所冯金祝、韦先祝两位同志的带领下，我们怀着敬仰之心，参观了莲花书院。

书院是一处榫枋衔接的四合院，由大门、配殿、天井和正殿组成。

书院大门很古朴，是三列四柱穿斗式构架门亭，外砌砖、内镶木，八字双开。檐下为如意斗拱方柱，间饰以骑马花牙瓦，柱表雕花画龙，很是精致。推门走进院落，迎面是天井，全用方块青石铺墁；两边是配殿，各五楅四间；正殿耸立于正前方，为单檐顶风山墙硬山式建筑，檐下斗拱层叠，楼宇窗花雕饰精美。据介绍，正殿上方的额枋原悬挂着一块木匾，写有“学足三余”四个大字。匾下的木柱上原竖挂着一副楹联：“善政慕前贤，培成满院青莲，千古边城沾化雨；文明期后进，折得上林红杏，一鞭归路走春风。”据说此联为倡修者周庆芝所书。正殿内还架梁设台，有木梯从两侧上去，当年供奉着的孔子及诸弟子像牌已于“文化大革命”期间与横匾、楹联一起被毁。所幸正殿大门、偏门上的雕刻都保存完好，其中大门上相向的一对麒麟嘴携书信的“麒麟送瑞”雕刻，寓意读书人终于苦尽甘来、金榜题名。

书院四周，古树盘根错节、绿叶成荫，很适宜于读书休憩。从台江县文物管理所王安军同志所保存的书院旧图纸来看，当年莲花书院的地产比现在多出两三倍：正殿专用于祭拜孔子及诸弟子像，两厢配殿为书院老师的住宿；学生教室、食堂、寝室等则修建在书院与贯城河之间的地面上。

修建莲花书院的划时代意义在于第一次把儒家文化以物态的形式置于台江境内。

接着，我们又去了不远处的文昌宫。大门正前方是一条垒得整整齐齐的青石古阶梯，如今已青苔密布。阶梯两边的香樟、白蜡、枫香、凤尾竹交织生长，郁郁葱葱。和风过处，树叶“沙沙”作响，伴着几声鸟鸣，幽静中凸显生机，令人心生灵气。我顺着石阶拾级而上，至一平台，抬头望去，一堵灰头土脸的旧砖墙挡在眼前。围墙中央，嵌着两扇高大的木门，虽油漆斑驳但古色古香。门上以白棉纸石灰浆镶成凸体竖匾，阴刻“文昌宫”三字，红底贴金，熠熠生辉。匾的上方是青瓦盖顶的木结构屋脊，飞檐翘角，雕龙画凤，玲珑剔透，优美壮观。

从2011年开始，文昌宫就不对外开放了。推门入内，站在宽敞的天井中望去，百年的风雨沧桑映入眼帘，令我感慨不已。由于年久失修，整座宫殿已显风雨飘摇之态，宫顶已向南倾斜了15厘米，随处都是用来支撑的毛竹支架。尽管如此，还是能够感受到这栋建筑当年的辉煌气派，感受到修筑者超强的想象力和创造力。

参观了莲花书院、文昌宫后，我的心情非常复杂。一次偶然的机会，与县领导谈及此事，我一方面为台江拥有这样的古建筑而感到欣慰，说明台江在清末曾有那么一段重视教育的历史，但很明显，倡导读书、重视教育的风气没有真正形成。100多年过去了，书院没落了，文昌宫也摇摇欲坠。我半开玩笑地对领导说：“台江教育的问题，看起来在下面各个学校、各个教学点上，而解决问题的答案其实都集中在莲花书院、文昌宫。这里理应是台江百姓的精神高地，倘若有一天，台江百姓的孩子要上学了，家长能带着孩子来此瞻仰，在孔子像前虔诚地祝盼，也许台江教育的春天就到了。”

此后，我又多次到访文昌宫，竟都没有遇到一个到此驻足的人，真是令人失望。为了重塑台江尊师重教之风，台江民中教代会还专门通过了一份关于重修文昌宫和莲花书院的倡议书。令人欣慰的是，后来中组部帮扶台江工作组组长、台江县委副书记赵凯明亲自过问并力主重修文昌宫。我还有幸参加了文昌宫修缮开工仪式。那天，我回到学校就和教师们讲了这件事，大家都很高兴。

大约一年后的2017年12月29日上午，我接到通知，邀请我参加文昌宫的重修竣工典礼。出席仪式的人员不少，有省、州文物界的一些领导，台江县的一些领导，还有几位中小学校长。县长发言后，接着是文物界的领导，还有中小学校长，大家都说了几句。遗憾的是，没有人提到周庆芝这个倡建文昌宫和莲花书院的先辈。我也受邀在文昌宫重修竣工典礼上发言：

今天是一个喜庆的日子，文昌宫重修竣工。所谓盛世修史、盛世修志、盛世修传，一个文昌宫，见证了国家的昌盛与强大。

100多年前，时任台拱同知的周庆芝认为“苗民之梗化，实由智识浅陋、文字隔膜所致，决非性愚”，并在1891年、1892年，分别倡建了莲花书院和文昌宫。去年初到台江，听说有文昌宫和莲花书院，我为之一振。遗憾的是，这里一度没落，风雨飘摇；可喜的是，今天终于修葺一新，重新开放。若周先生地下有知，一定倍感欣慰。

继承周先生的遗志，是我辈之责任。习近平总书记指出：教育是阻断贫困代际传递的治本之策。说实话，台江苗族地区当下的贫困是不重视教育的直接后果。今天，文昌宫的重修只是政府行为，如果是百姓的自发要求，或许更好。台江要奔小康，还有较长的路要走。小康的起点，在于社会最底层百姓的真正觉醒，意识到教育的重要性。台江百姓在孩子上学前，能够带着孩子来文昌宫顶礼膜拜之日，就是台江社会尊师重教、耕读传家的良好民风蔚然成风之时。

文昌宫不仅是一个活动场所。这里留存着儒家文化的根脉，应是台江民众的精神高地，应是一个令人肃然起敬、虔诚仰望的地方。本人建议：第一，莲花书院一楼正厅中央恢复孔子像，供人朝拜；第二，新建周庆芝铜像，因为他是台江教育开启鸿蒙的功臣，同时也彰显台江人民的感恩之情；第三，设立台江优秀学子榜，包括历史上的台江文人，近年来的台江中考状元、高考状元。

由衷地祝愿台江的明天更美好！谢谢大家！

仪式结束，我满怀期待地去看重新开放的文昌宫和莲花书院，结果却大失所望。文昌宫内空空如也，只是修好了一栋房子，里面什么也没有。莲花书院内依旧是苗绣博物馆，放着些织布机，厢房内展示着台江苗族九个支系的不同苗绣织品。

在不同场合表达了我的看法后，我的办公室迎来了县文广局和文物局的两位领导。一落座，他们就表明了来意：“县委吴书记让我们来听听你的意见，文昌宫和莲花书院内如何布置好？现有的苗绣博物馆，半年内会另寻他处妥善安置。”我们一起讨论了莲花书院和文昌宫内原有的布置。我谈了我的想法，即在莲花书院内恢复孔子像，不妨请一尊山东曲阜的标准孔子像，并在莲花书院和文昌宫之间放一尊周庆芝的铜像，以纪念这位创建者。另外，还可以展示台江县历年优秀学子、学有所成的台江籍人士等。

重建精神上的文昌宫

一处清代晚期的建筑，从危房到修缮再到内部布置的过程，引发我不少思考。

首先，物质上的文昌宫已然修葺一新，精神上的文昌宫却依然飘摇。据《台江县志》记载，当年莲花书院内不仅设有孔子像，还有孟子、颜回等一众亚圣像。可见，清朝官员尚知道弘扬积极进取的儒家文化对开发苗疆腹地的重要意义，明白文明认同是使化外之地归顺的根本所在。

教育的见效周期长，着眼于未来。重视教育的领导是有远见的，正如当年的周庆芝。那时，他站在文昌宫所在的小山包上眺望四周，所见之处定是一片萧条。如今，站在这个小山包上环视四周，翁你河上架起了多座风雨桥，两岸连廊亭阁蔚为壮观，高楼大厦拔地而起，御江苑高高耸立，还有学校、医院、政府大楼等，唯独文昌宫和莲花书院风雨飘摇、萧条冷落。当年，周庆芝尚且知道教育是台江发展之本，倡建莲花书院和文昌宫，积极办学兴教，积极践行“再穷不能穷教育、再苦不能苦孩子”。当下，发展教育的基础比100多年前不知道好了多少倍。当然，现在有现在的难处，摊子实在铺得很大，每年的财政收入只占财政支出的30%左右，经费安排捉襟见肘。现实一点说，这小山包上的建筑修好了也产生不了看得见的经济效益。

站在一个书生的角度看，当下的困难客观存在。2019年7月公布的数据显示，整个黔东南州户籍人口为481万，常住人口353万。100多万青壮年外出打工了，本地的经济社会发展必定会遇到困难。当今之计，台江要获得可持续发展，除了通过教育提升民众的整体文化素质，我实在想不出还有什么其他的路可走。在中央与社会各界的大力帮扶下，当地人应更多地聚焦未来，以“功成不必在我”的心态，把社会最底层撬动起来，抓好教育，形成尊师重教、耕读传家的良好民风。如果做到了这些，在不久的未来，也许整个台江将不再受穷，共同团结进步、共同繁荣发展也就真正实现了。

精神脱贫，任重道远。俗话说：“滴水之恩，当涌泉相报。”全身瘫痪的科学巨匠霍金说：“我的手还能活动，我的大脑还能思维，我有终生追求的理想，我有爱我的和我爱着的爱人与朋友；对了，我还有一颗感恩的心。”如果我们能用感恩的心来面对这个世界，便觉得世间甚是可爱：阳光普照带给我们光明与热能，树间鸟鸣声动人悦耳，即便是路旁的野花也让人心旷神怡。

因为周庆芝，清廷才认识到苗族人的聪明、勤劳，他们之所以相对顽固、不服从教化，是由于智识浅陋，文字隔膜。也因此，朝廷从一味地围剿镇压，变为教育引导，真正从根子上着手解决问题。

因为周庆芝，台江才有了32所义学，拥有了自己的学堂，当地百姓开始接受儒家文化的熏陶。从此，台江人开始寻找另一种更为强大的生存发展方式——向内充实和武装自己，争取更多生存权利，避免了可能发生的一次次血腥战斗。

因为周庆芝，台江人拥有了自己的书院，形成了文昌文化。他创办的女子书院，开创了“生苗”地区女子上学的先河。矗立着莲花书院和文昌宫的小山包，成了台江百姓的精神高地。当下黔东南州最好的高中——凯里一中的校史上写着，其前身是“贵州省立台江国民学校师资培训所”。这足以说明台江的莲花书院和文昌宫在黔东南州文化教育史上具有至高的地位。

因为周庆芝，台江人有了从当下到未来的道路设计。义仓解决了当下的民生急需，提供物质层面的保障；义学满足了未来的发展需要，提供精神层面的追求；莲花书院、文昌宫崇尚中华传统文化，为百姓提供了灵魂安顿的居所。

也许正是周庆芝创办了义学的原因，清末至民国时期的台江县施洞镇张氏家族出现了两个重要人物。一个是张伯修（1881年生，至周庆芝创办义学时刚到入学年纪），曾在施洞筹办了高等、初等两所小学堂，后参加民主革命，成为孙中山的秘书、军事委员会秘书处长，北伐战争后任福建省财务委员会秘书长、江苏扬州县县长等职。一个是张卓（1891年生），留学日本，历任教官、国民革命军第六军参谋长、中央步兵学校教育长（任期为10年）、第一战区中将副司令兼第一军军长等职，曾率部在潼关、灵宝等地大败日军。此外，张氏家族在民国时期还出了两位县长。

令人遗憾的是，周庆芝当年凭一己之力推动的文化启蒙，随着他的离任而逐渐淡化，书院也冷落下来，进而土地也遭侵蚀，其所属面积失去了三分之二。这种文化根脉、文明传统的断裂，怎不令人长叹？

无论怎样，周庆芝，值得台江人感恩。为了表达对周庆芝先生的崇高敬意，弘扬儒家传统文化，我们自己动手张罗。如今，高2.7米、由黄铜制作的标准孔子像，已重新立于莲花书院的正殿位置。在殿外两侧厢房开设台江图书馆的建议，已得到县委主要领导的同意。

从文盲、半文盲家庭到知识家庭的跃升

家访中，我遇到的很多家长没有上过学，也不会说汉语。由于近半数青壮年外出打工，当地想办农民业余夜校都有困难。所幸的是，他们的孩子基本都在学校读书。现在当地几乎所有家庭中，孩子的受教育程度都超过了父母。这让人倍感欣慰，也充满信心和希望，因为作为教育工作者，我们的工作就是让贫困地区的万千家庭实现从文盲、半文盲家庭到知识家庭的跃升。

“吃鸡”毁一生，网游穷三代

2017年秋季学期刚开学，浙江大学来我校支教的老师发给我一张图片。图片中是浙江大学新学年欢迎新生入学的一条横幅，上面写着：“‘吃鸡’毁一生，网游穷三代”。

对此，我深以为然。智能手机的问世，给青少年教育带来了很大挑战。现在的年轻人，受手机和互联网的影响太大了。一方面，他们能够以此为工具，学到很多课本上没有的新知识；另一方面，也有一批自控能力较差的孩子玩物丧志。在贫困地区，有益于孩子身心健康的活动

本来就少。智能手机的普及有利有弊，但利的一面往往被多数年轻人忽视，弊的一面则很容易被部分心智不成熟的年轻人无限放大，进而毁了自己的一生，也毁了家庭的幸福。

开学后不久，我校一名曾多次被发现在就寝后玩手机的男生，屡教不改，再次犯错。学生处主任告诉我，就学校对学生的处分等级而言，已经没法再“加码”了。班主任把学生带到了我的办公室，同时也请来了该学生在县内打工的家长，准备让家长带其回家，停课反思一周。

办公室里，家长看到我就开始不停地用当地语言数落儿子的不是。通过当地老师的翻译，我才知道家长说的是：暑假期间，这个学生在家机不离手，晚上不睡觉，早上不起床，有时连吃饭也要叫上好几遍。家长还说：“我没有读过书，也讲不出什么大道理来。偶尔叫他一起去地里帮忙干一点活，他说不去，因为要做作业，其实都是在家玩手机……”还没等家长说完，站在一旁双眼迷蒙的学生，突然冲着父亲冒出一句：“瞎嘿哇！”翻译成汉语即“你不要烦了”。我对学生说出的话感到很吃惊，显然老子和儿子的位置颠倒了。

通常，我们叫家长来学校，是想借助家长的力量一起教育孩子。但大多数家长只要看到老师，就会不停地向老师抱怨并数落孩子的不是，如在家里如何不听话等。一般来说，用这样的方法教育孩子，是不可取的。

很明显，让家长把该学生带回家反省，也不可能有什么教育效果。于是，我就对这个学生说：“既然你放不下手机，那么喜欢手机，觉得玩手机游戏比读书、吃饭、睡觉更要紧，就索性让你先玩个痛快。停课一周期间，你就在我办公室斜对面的学校会议室玩手机。你父亲作为你的法定监护人，有管教的责任，让他也陪你一周。饭卡交给你父亲，一日三餐由你父亲从学生食堂打了饭菜给你送来。什么时候你觉得玩过瘾了、想要读书了，再过来告诉我，同时把手机交给我，由我来替你保管。然后，我再和你约法三章。你先考虑一下。”说完，我就走了。

随后，我请该学生的家长到学校办公室坐下，进一步了解情况。原来，这是一个离异家庭，父亲没有上过学，留在本地打零工，干一些粗活。母亲读到小学三年级，在广东打工。家中有三个孩子，在我校读书的这个孩子是老大，在他上初一时，父母离异了。至于为什么离异，这位父亲说：“她可能嫌我没文化，总说我太笨了。”

回到校长室，我让学校办公室的同志把会议室的门打开，然后让学生处的同志请该生过去。不料这时，这个学生像被钉子钉着一样，怎么也拉不动，看来他已经拒绝了我提出的方案。但我还是觉得不能让他回家反省，所以我又加了一句：“可能你父亲没有读过书，跟你没有什么共同语言。要不这样，先让你父亲回去，把你母亲叫来，一起陪你。”有关家庭变故的情况，我装作不知道。也许这话有点刺痛他了，僵持了一会儿后，他开口了：“校长，我现在就想读书了，能否现在就让我进教室读书？”

“那不行，还有一周的停学反思处分呢。”我说。

“我一定不会再玩手机了，这次请学校一定要相信我，而且我会把所有落下的功课都补起来。”

“我凭什么相信你？”

“我写一张保证书放在您这里，如果再违反，就开除我。”

“好吧，我就信你这一次，但保证书上要有你父亲的签名作担保。校长不会开除学生，但接下来本周末放假，你来找我、给我带路，我顺便去你们寨子家访，也去看看你的家。”

自那以后，他再也没有在学校玩过手机，成绩也有了很大的提升，高考分数超过二本线34分。

“天误人误不自误”

通过一次次家访，我发现学生家长中有不少人没上过学，还有的小学没毕业或初中没毕业。这还只是全县成绩靠前的50%初中毕业生的家庭情况，全县的情况可想而知。这些家庭中，母亲没有上过学的家庭又特别多。她们只会说苗语，不会说汉语；但母亲在孩子的启蒙教育中，又发挥着旁人无法替代的重要作用。

所有教育归根结底都是自我教育。如果我们把自然环境中大山的重重阻隔看作对孩子的“天误”，把家庭教育的相对缺位看作对孩子的“人误”，那么我们学校要做的，就是让孩子们虽经“天误”“人误”，但不“自误”。

为此，台江民中开展了内容广泛、种类丰富的励志活动，如设立“励志日”、栽种“志向树”、开展励志演讲比赛等。写有“不早恋，不‘吃鸡’，立志成才，天误人误不自误；更自律，更勤勉，博观群籍，潜心专心更净心”的对联，挂在教学楼两侧，以此营造自强不息、发奋求知的学习氛围。与此同时，学校依据年级特点，在同一年级开设相同内容的班会课，由专人负责做好PPT，全年级班主任经培训后再使用。

良好的开端是成功的一半。高一年级在整个高中阶段至关重要，因此，做好高一新生的适应性心理教育、行为习惯教育等非常重要。班会课是班主任开展教育活动的一个重要阵地，必须精心设计组织好每一次班会课。于是在高一年级，我们把班会课按月份分为多个主题，如行为养成教育、集体合作教育、生涯规划教育等。每个主题的班会课由一名班主任负责，也让学生参与整体策划和实施，从而让学生真正成为活动的设计者、组织者和参与者，让他们在参与中感悟，在过程中体验。

后喻文化与家庭过渡

我始终认为，民众整体文化素养的提升是一个国家长治久安、可持续发展的基础，也是摆脱“中等发达陷阱”的关键。

曾有人言：中国在农村地区有9000万孩子，在贫困地区有近6000万孩子。如果这6000万孩子一直身处薄弱的教育环境，中国就强不到哪里去。如果教育跟不上，人类所谓的和平、发展、繁荣、昌盛就不可能真正实现。

所谓“薄弱的教育环境”，是指在家庭教育、学校教育和社会教育中，促进孩子健康成长的环境还相对薄弱。要改变这种情况，最重要的是学校教育富有使命意识和责任担当，不但要做强学校教育这一薄弱环节，还要承担起引领家庭教育和社会教育的责任。

社会学家玛格丽特·米德将时代划分为前喻文化时代、并喻文化时代和后喻文化时代。在《文化与承诺》一书中，她指出：前喻文化，是指晚辈主要向长辈学习；并喻文化，是指晚辈和长辈的学习都发生在同辈人之间；而后喻文化，则是指长辈反过来向晚辈学习。后喻文化亦称“青年文化”，指由年轻一代将知识文化传递给他们在世的前辈的一种文化形态。在交通和信息技术等迅猛发展的现当代，长辈只有虚心向晚辈学习，利用晚辈广博而新颖的知识，才能建立一个有生命力的未来。她认为，后喻文化将成为当代世界独特的文化传递方式。

目前，台江民中在校生的文化素质水平，普遍比他们的家长高，台江社会无疑处在后喻文化时期。他们将成为从文盲、半文盲家庭到知识家庭的过渡一代，但就学校教育而言，这正是最为困难的历史阶段，也是教育助力脱贫攻坚的瓶颈所在。其中的困难主要在于孩子在得不到家庭教育高期望值的情况下，要成为家庭开创性的过渡一代。为此，几年来，我们以扶教师的志、扶学生的志、扶家长的志为切入点，努力使各方形成合力，以实现更多家庭的跃升。

扶教师的志，才能盘活“家庭过渡”的整个系统工程。教师大会上，我问全校教师：“你们中多少人的父母是接受过高等教育的?”应者寥寥。这说明我们的教师是“家庭过渡”的成功一代，他们的孩子一般不会再出门打工。处在后喻文化阶段，教师需要有大胸怀、大格局，需要有知识分子的情怀与坚守，需要在自身家庭实现跃升的基础上，帮助更多家庭实现过渡。在民族地区，教育者需要在这一立足点上理解这份工作。我们的使命与责任，在于为万千家庭的成功“过渡”而教，为中华民族的伟大复兴而育。

扶学生的志，重要的是使其自觉承担起“家庭跃升”的责任。在学生大会上，我反复告诉学生一个道理：“你们要勇于承担起从文盲、半文盲家庭到知识家庭跃升的责任。处在后喻文化阶段，你们不要抱怨父母，也不要把这种责任再留给下一代。处在我们党领导全国人民摆脱贫困的伟大历史时期，你们生逢其时，绝不能放过‘家庭跃升’千载难逢的机遇。父母外出打工，不是你们的错；如果将来你的孩子还要出门打工，那就是你的错。也许你们是不幸的，正经历着心理上远离父母、无处撒娇的煎熬，经历着学习上基础薄弱、视野狭窄的迷惘，经历着生活上手头拮据、省吃俭用的艰难，但你们更是幸福的，因为‘贫穷，更多的时候是一种财富’。父母外出打拼赚钱，供你们读书，你们应该为父母感到骄傲，正好可以借机锻炼自己独立生活的能力。出生在相对贫困的家庭，已成事实，你无法选择自己出生的时间和家庭，但你有机会选择并打拼自己的未来。山区教育的基础相对薄弱，但你们依然拥有通过奋斗拼搏，用知识改变命运的机会。你们可以每天都过得充实而充满希望，人生比拼的不是起点，而是过程，是结果。大山的重重阻隔，可以挡住你们的视野，但挡不住你们的梦想；可以局限你们的阅历，但限制不了你们的斗志。”长期以来，台江民中考上大学的学生，基本都选择在贵州省内就读。2019年，学校高三毕业生全部上了大学，其中，65%上了二本及以上的院校，而且走向了全国29个省（市、自治区）。

台江县每年的初中毕业生在2000人以上，我校招生1000人。2020年，台江职校高三有81人毕业。部分没上我校分数线的学生，可能去凯里市读书了，还有一部分可能因为台江职校的专业不对口，去其他职校读书了。但这两部分加起来应该也没有多少学生，说明还有相当一部分孩子初中毕业后就选择了就业。未来，他们的孩子仍出门打工的可能性相对较大，他们的家庭“过渡”可能要等到下一代才能实现了。因此，要实现从文盲、半文盲家庭到知识家庭的跃升，至少需要一到两代人的努力。

习近平总书记指出：无论时代如何变化，无论经济社会如何发展，对一个社会来说，家庭的生活依托都不可替代，家庭的社会功能都不可替代，家庭的文明作用都不可替代。但扶家长的志，相对比较难着力。几年来，我们不仅通过家长会、班主任与家长长期保持联系，慢慢影响他们，而且通过驻村干部向他们宣传知识改变命运的重要性。每年高考后，我们还组织送喜报活动，宣传“考上一个学生，脱贫一个家庭，带动一个寨子”的重要意义。

希望我们的政府、学校和老师都能够清醒地看到：通过一到两代人的努力，这种家庭的变化是完全有希望实现的。唯有如此，我们才能在真正意义上实现共同进步、共同繁荣发展。实现这个跃升是非常困难的，需要各界各方统一认识，担当尽责，共同努力。我想，只有每一个孩子都能在适龄阶段享受校园文化的熏陶，教育才能真正更快、更好地促进家庭的跃升和变迁。

台江的变迁

我自2016年3月来到黔东南地区支教，并于2016年8月开始担任台江县民族中学校长。其间，我多次被问到同一个问题：“你一个月大概在台江待几天?”当然，提问的肯定不是教育圈内的人。其实，问“你平均一个月大概可以在杭州待几天”，可能更为合适。作为学校校长，几年来，因为放不下校园里的3000多个孩子，我平时很少回杭州。有时，偶尔回一趟，也基本都是来回路上各一天，在杭州待两天，处理一些必须办的事情，从不敢多作停留。

五年多来，我见证了整个县城的巨大变化。翁你河两岸建起了连廊步行道，沿着河南岸、途经我校门口有了一条宽敞的马路，小县城日益有了车水马龙的繁华景象。得益于翁你河边风雨长廊、新风雨桥等城镇基础设施的建设和提升，我看到县城百姓的文化生活也日益丰富。翁你河边，早晨到处是打拳、跑步、快走的人们，晚上很多人在跳热情的广场舞、典雅的交谊舞，有人为了过“舞瘾”，甚至还背着孩子跳。

当然，更让人欣喜的是孩子们对知识的渴求、家长们对教育的日益重视。我想，这些精神方面的变化和提升，会让这座小县城的未来更有希望。

校门口的变迁

初到台江民中时，校门口的道路又窄又乱，两边布满了卖点心的流动摊位，炸油条、糍粑的，卖水粉、炒粉、卷粉的，卖奶茶、炒饭的，应有尽有。所有摊位都没有营业执照，也都没有卫生许可证，但一放学，摊位前都挤满了民中的学生。

整改后，现在校门口的马路整洁、宽敞，沿河的房地产项目取消了，改建了沿河连廊和步行道，还增设了漂亮的绿化带。由于学校实行寄宿制管理，只有少数家在县城、学校宿舍又实在容纳不下的学生走读，校门口的摊位失去了客源，自然消失了。

2017年高考时，校门口三三两两的没有几个家长，似乎县城里也很少有人关注高考。近几年来，慢慢地，高考日校门口聚集的家长越来越多了。2020年，不少外出打工的家长特地请假回来，给参加高考的孩子加油鼓劲。两天半高考的时间里，校门口人头攒动，还有数十辆停放整齐免费接送考生的出租车。一位家长告诉我，他本想打车，却被司机婉言谢绝了，表示当天的任务就是接送考生。7月9日上午，英语听力考试结束后，我来到校门口。一些家长都过来和我握手，有的特地给我送来鲜花。我上车准备回宿舍时，家长们还热情地给我鼓掌。其实，我只是做了一些很普通的支教工作，而百姓却报以满满的感恩之情。这让我很感动，仿佛看到了扶贫、扶志、扶智给苗疆带来的巨大变化。我想，这掌声应该送给他们自己，送给台江的未来。

2018年高考后，黔东南州教育局开展了一项很有意思的统计，即全州所有考生不管在哪里读书，都以户籍为准归到各县，然后对各县进行“万人比”的统计分析。结果，台江县位列第一。可见，台江的孩子是非常聪明的。在我看来，台江是一个富有正义感的地方，是一个崇文尚武的地方，是一个人口上的小县、精神上的大县。

来到台江之初，晚上我偶尔开车经过秀眉广场和县政府门口的广场，经常会看到一些妇女在跳舞，但队伍不大。自从翁你河两边的连廊亭阁造好后，每天晚上都有跳舞者的身影，队伍从几个人到十几个人不等。河的南北两岸，从东到西，有近10处：放置一个音响，放起音乐，人们随着节奏跳起广场舞。还有人在练习太极拳，也有姑娘、小伙几个人结伴，放着歌曲伴奏，拿着话筒高歌。这些场景无不诠释着苗族人能歌善舞的特点。他们离开酒桌、牌桌，走到河边来唱唱跳跳，说明他们的生活方式越来越健康，他们的生活追求越来越高雅。我家住在杭州的钱塘江边，如今身在苗疆，晚上行走在翁你河两岸，似乎已分不出身处钱塘江边还是翁你河畔。不知何时，翁你河已经悄悄地住进了我的心里。

高考前三天，我去高三教室转了转，见同学们都在安静地复习备考。尽管教室与校门之间有200米左右的距离，但校门口沿河几处放广场舞音乐的音响音量较大，声音还是清晰地传到了安静的教室里。个别学生也向我提出了校门口沿河处广场舞音响音量较大的问题。

我来到校门对面的河边，看到大家正跳得尽兴，实在不忍心打扰。一曲终了，我才走过去与大家商量。这时正好有个自称是县水利局干部的人经过，认出了我，就帮我一处处去说明，请大家把音量放小一点。没想到，大家听说影响了高三学生的复习备考，全都停止了跳舞，而且直到高考结束，校门对面的几处跳舞点，都没有人再跳舞。这让我切实感受到，台江百姓真的变了，教育在他们心中的分量更重了。

“这是家族出的第一个大学生”

几年来，台江县从物质到精神层面发生的巨大变迁，让人欣喜。可以说，台江百姓尊师重教、耕读传家的良好民风已初步形成，但这种崇尚读书的社会氛围仍是相对薄弱的。事实上，一些公务员、事业单位工作人员和一些先富起来的百姓培养孩子的愿望很强烈，他们的孩子可以在台江读书，也有能力和条件选择出去读书。我想，办好台江县民族中学的意义，在于把更多底层百姓的孩子吸引进来。他们没有其他选择，如果台江民中办不好，他们就只能跟着一起倒霉，有的甚至就选择不读书了，这样一来，家庭转型升级的希望也就此破灭。

所以，多年来，我们没有把最好的生源和最好的师资力量集中在一两个班级中，而始终把着力点放在让更多的孩子接受完整的高中教育上，让更多的孩子考上大学、走出大山，接受现代科技知识和人文的熏陶，进而摆脱贫困，拥有不一样的人生，也让更多家庭实现从文盲半文盲家庭到知识家庭的转型。我想，这应该是教育基础相对薄弱地区的必然选择。通过一次次家访，接触苗族群众，我更坚定了这种理念。至于让学生考入一流大学，我认为应该是一件水到渠成的事，而不应是一种把优质教育资源集中在某些少数人身上的刻意追求。

在杭州学军中学当校长时，学校的一本上线率可以保持在97%左右，因而可以投入比较大的精力开设两个竞赛班，专门培养拔尖创新人才。台江是教育相对薄弱的县，在这里办学，重要的是让更多的普通百姓看到教育的力量，看到未来和希望。

台江民中的2020届高三有8个A班、11个B班。备考过程中，我到B班去鼓励讲话时曾许下承诺，只要考上一本，我就亲自上门送喜报。高考成绩公布后，B班有9个学生冲上了一本线。于是，我花了一天时间，前往排羊、老屯和施洞等乡镇送喜报，兑现承诺。和高三（9）班班主任王冬梅一起来到施洞镇平兆村潘吉金的家，映入眼帘的是一栋破旧的房屋。父母打工在外，只有他和80多岁的奶奶在家。奶奶脸上始终洋溢着笑容，说这是他们家族出的第一个大学生。我们看到桌子上放着几碗烧好的菜，潘吉金说："不知多少年没有看到奶奶脸上的笑容了，今天听说有老师要来家访、送喜报，奶奶一大早就开始准备中餐了。"不过，由于急着赶路，我们没有在他们家吃饭。

几个家庭走下来，家长们都说这是他们家出的第一个大学生，还表示要把家里所有的孩子都送去读书。

2019年高考，台江民中一本上线107人，这是学校历史上第一次一本上线人数达到了三位数；二本上线共有561人。2020年，一、二本上线829人，其中一本上线270人。我接触到的人很多都为没有学生考进北大、清华而感到可惜，认为总还是缺了一点什么。但我想说，教育是永恒的事业，优秀的学子会在书海中寻找那盏指向巅峰的明灯，成功会水到渠成。我没有遗憾，只有更高远的展望。

送喜报的第二天，台江县委书记吴世胜和分管教育的副县长曾武松一起来学校慰问教师。在我的办公室里，曾县长说："在机关食堂吃中饭的时候，大家都很开心，都说台江民中这几年进步很快。一位县领导问我：'如果拿这270个一本换2个北大、清华的名额，你换不换？'我回答：'不换。'"我为曾县长的平民教育理念点赞。在我看来，拿270个换2个，简直是一个疯狂的念头，是一种心中无百姓的表现。

百姓是我们的衣食父母。基层群众往往在教育、医疗等方面缺乏好的资源。脱贫攻坚战略的伟大，就在于让底层百姓都能享受到优质的政策资源。台江通往南冬的马路边有一句标语："苗族百姓奔小康，先送子女上学堂。"一语道出了教育对于脱贫的关键作用。现在，我们能做的就是让更多的普通家庭享受到优质教育资源。家长们大多在外打工，我们教育好他们的孩子，助力百姓从根子上摆脱贫困，就是对脱贫攻坚作出的贡献。

任重道远，我一直在路上

为全球教育改革发展提供中国方案

中国教育国际交流协会邀请我去北京参加联合国国际教育日的相关活动，并作现场发言。后因疫情原因，改为拍摄一个10分钟的视频。

视频中，我做了一个简短的演讲，主要分享了这几年支教过程中的所思所想，除了表达我对“教育与脱贫”的一贯看法，还分享了两个“扶贫先扶志”的故事：

张二里，家住方召乡黄毛村海拔1000多米的高山上，父母没有接受过什么教育，目前都在广州打工。她的父亲曾对二里说：“我当年父母去世比较早。当我看到和我一样大的玩伴上小学了，回家吵着向伯伯要两毛钱交学费。但因为没有钱就没有进过校门。”这番话，对张二里的刺激很大，也坚定了她要好好读书，将来去帮助更多困难学生的决心。

在很多苗族山区，由于自小家长教的都是苗语，整个小学阶段，老师都是用苗语教学，学生的汉语言水平受到了影响，学习英语更是难上加难。

在高三的时候，张二里对班主任说：“我们方召乡的学生参加中考、高考时，在英语学科上吃亏太多了，也会影响他们的未来发展，如果我能考上大学，一定要读英语专业，将来回到方召家乡去做一名英语教师。”

她把自己的心愿写在纸上，埋在了“志向树”下，这是一份质朴的情怀、责任与担当。天遂人愿，张二里在高考中上了一本线，目前是贵州师范大学英语系大三学生。一名未来的优秀英语教师，正在自己所梦想的大学里默默地积累积淀着。

王丹凤，来自台江县南宫乡。父亲小学没有毕业，母亲没有上过学，现在父母都在外地打工。她在“志向树”下许的愿望是考上“985大学”，未来学有所成，回馈苗乡。

2019年暑假，我收到了王丹凤从武汉大学写来的信。她在信中说：“您的到来，台江教育改变了太多太多，我在大学求学一年，觉得台江教育需要改变的还有太多太多，由此，我也看到了自己肩上的责任。”

正因为有了张二里、王丹凤这样的一批批毕业生，我的心中略感安慰，我深信，台江社会的家庭转型是能够成功的，台江的经济社会良好发展是可持续的。一方教育的兴起，必然伴随着当地百姓的觉醒，对教育的高度重视。为了把台江社会底层撬动起来，营造尊师重教、耕读传家的良好民风，我们通过家长会积极宣传教育对于家庭转型的重要意义。我还曾给全县的驻村第一书记开展有关家庭教育的专题培训。我们已连续4年坚持在高考成绩发榜后，赶到每个村寨去张贴感谢信，给考上本科以上的学生送喜报、放鞭炮。

2017年暑假第一次开展活动时，我曾说过，如果一直就只有我们学校一家在这么做，那就是我的失败。令人欣喜的是，从2019年暑假开始，全县有不少苗族村寨开始自发为考上大学的学生开庆功会，给学生戴大红花，还颁发一定数额的奖学金。“考上一个孩子，脱贫一个家庭，带动一个寨子”的理念，已经在这里蔚然成风。

疫情期间，学校不得不采用线上教学，在大山深处，“网络平台的稳定性差、家庭教育的差异性大、学生学习的自主性弱”等问题比较突出，这在一定程度上影响了教育的公平发展。我们学校持续开展的扶贫先扶志活动，在一定程度上很好地弥补了这些不足。在疫情稳定下来以后，我们发动全校教师，对全校3000多名学生，开展了全覆盖式的家访活动。

活动结束后，中国国际交流协会秘书处还专门发来了感谢信，信中写道：“陈立群校长：由我会主办，北京师范大学联合承办的‘2021联合国国际教育日——中国活动’于2021年1月20日成功举办。活动以‘线上+线下’的形式，聚焦‘后疫情时代的教育公平和可持续发展’。活动当日，来自13个驻华使馆的大使和官员、4个国际组织代表和12个国家的近千名各大教育团体、教育企业和机构负责人参加了活动。您结合活动主题，分享了在教育扶贫减贫一线工作的经验和思考，为全球教育改革发展提供中国方案，为世界了解中国教育做出了贡献。活动得到参与人员的热烈响应。”

其实，在这个“中国活动”中，那些立志于为乡村教育奉献青春、奉献光和热的年轻人才是主角，大山深处已经被撬动起来的百姓，应该有更多的机会出镜，他们是乡村教育的希望和未来，也是乡村振兴的主力军。我希望以自己的小小支点，去撬动乡村教育的发展变革，希望更多的人看到大山里的变化。这种变化是：经由教育引发人的思想观念转变后，形成一种自发自立自强改造乡村生活的积极面貌。当然，这条道路依然很长，任重道远。

节目录制完后的1月10日上午，我从住地去学校，穿过郎等桥，就要沿着翁你河向西走，后面突然赶上来一位老农。他冲到我面前，很激动地问我："你是不是台江民中的陈校长？"我说："是的。"他说："我在福建泉州打工，刚回来。我有个侄女儿叫潘秀年，在台江民中读高三。家里比较贫困，是建档立卡的贫困户，她是家里的希望所在。因为你的到来，她学习很认真，进步很大，还担任着班长。你能否在这里等我一下，我把她找来，请你帮我鼓励一下她。"我站着等了一会儿，看着这位"伯伯"电话联系他的侄女儿。得知她在学校，我就直接去学校找到了她，了解了一些她的家庭情况，给予她鼓励，也给了一点资助。后来，我和这位热心的"伯伯"一直保持着电话联系，了解到他自己的女儿在北京的一所大学读书。他还多次邀请我去他的老家看看，到他家里去做客。

这件事让我特别感动，一位学生的伯伯，自己的孩子已经进了大学，对自己侄女儿的教育还那么重视，说明他是一个珍惜亲情、家族家乡观念很重的人，说明他笃信教育能够让人从根本上摆脱贫困，说明台江社会尊师重教、耕读传家的良好民风已经初步形成了。

不行，我得去大歹苗寨看看

此次到台江，我还给高一年级的学生作了两场讲座。因为教师会议室不足300个座位，而高一年级有1100名学生，所以只能分几场来讲。这些年来，给学生讲座，我都是这样分场进行的。

1月13日，我又应邀到黎平县分别给老师和学生作了两场讲座。1月

14日，我赶往从江县，看望我“工作室”的学员——从江县民族中学的石庆鹏校长。县里非常重视，县委常委、宣传部部长主持召开了一个有县教科局领导和部分中小学校长参加的座谈会。会上，大歹小学王绍东校长说：“大歹苗寨现有人口为2112，直到2019年村里才出了第一个大学生；2020年，大歹小学才把第一个女生送到了初中。”在此之前，我只知道从江县的基础教育是黔东南州最为薄弱的，芭莎苗寨共有2200多人，2014年才出了第一个大学生。

听到这里，心情已然十分沉重。当时，我双手捂着脸，脑海里浮现出了一个个活泼可爱的孩子生活在相对封闭的家庭环境中、忙碌于家务劳动、奔波于田间地头的情景；想到了当年州教育局一位科长说的话：“从江的一些苗寨，已经习惯了没有文化的生活。”

座谈会结束了，因为工作上的安排，我匆匆赶往凯里，第二天一早乘高铁回杭州。尽管人暂时离开了黔东南，但我的心似乎留在了那里。不行，我得亲自去大歹苗寨看看。

2021年正月初七，从杭州坐高铁，经7个半小时后到凯里，又与凯里一中副校长杨海，台江民中办公室副主任陈兴德、学生处副主任于玉明一起，在高速上驱车3个多小时，抵达从江县城，已是晚上7点多了。大约是春节的缘故，大多数店铺没有开门。我们找了一家路边小店坐下来吃饭，菜不讲究，米饭是冷的，又硬又夹生。第二天一早，大歹小学王绍东校长和六年级班主任赖玉平给我们带路，一行人直奔大歹苗寨。

大歹村属于从江县丙妹镇，距离县城约20公里。大歹小学有6个年级，13个班，共497名学生，其中住校生142人。学生分别来自大歹、上歹、老或3个行政村。

大歹小学六年级一共59个学生，其中女生23个：来自大歹苗寨的11人，来自上歹村的6人，来自老或村的6人。相比之下，大歹苗寨的读书氛围比较欠缺。这次家访的目的，是想让大歹村的六年级女生都能在2021年秋季到初中去读书。为了实现这个目标，我们必须做好家长的工作，因而也必须趁着家长出门打工前去家访。

来到大歹苗寨，我们首先看到的是脱贫攻坚的成果，尽管全寨分布于高山两侧，但宽敞的水泥路已经通达，路边还停了几辆小轿车、摩托车等；有线电视、网络全部覆盖；不少吊脚楼修葺一新，显然，大家的住房条件也明显改善了。

我们走访了大歹村和老或村全部六年级女生的家庭。在大歹苗寨家访了11个家庭后，我感慨颇多。

第一，村民们对送孩子进学校读书的热情并不高。大歹小学由澳门捐资3000万元建造，校园非常漂亮。曾来到这里的贵州省教育厅厅长认为这是全省最漂亮的小学。学校老师想尽办法把适龄儿童都找来上学，有位家长却赶到学校说："两个娃娃都被你们带走了，能否还我一个？家里没人放牛了。"

贵阳市南明小学与大歹小学对口帮扶，派来了学校第一校长和4名支教老师，他们鼓励孩子们回到家除了做家务，还要挤出时间多读书，完成家庭作业。结果家长对支教老师说："你们来了之后，娃娃都变懒了。"

女生潘怀明，有两个哥哥、两个姐姐：大哥小学未毕业就辍学了，二哥在从江二中上初二；一个姐姐读到三年级辍学，另一个未读过书。母亲未读过书，父亲外出打工。

"小学毕业后还想去读初中吗？"我问潘怀明。

"别人去我也去。"她回答。

"以后长大了想做什么？"我又问。

"不知道。"她迟疑了一会儿回答。

"知道爸爸在哪里打工，做什么吗？"我进一步问。

“不知道。”她回答。

……

不过情况也在悄悄地转变。潘乃党，15岁，家里排行老三，姐姐未读过书，在外面打工；哥哥正在从江二中读高二；1个弟弟和1个妹妹都在上学。母亲未上过学，父亲外出打工。一家5个孩子有4个在读书，在当地已殊为不易。也因此，新华社专门来此拍了《乃党上学记》。

第二，当地孩子的母亲普遍未受过学校教育。众所周知，母亲在孩子早期教育中具有无可替代的作用。但在大歹苗寨，11位六年级女生的母亲全部没有上过学，也都不会说汉话。

家访过程中，有的男主人不在家，我们想找孩子的母亲聊聊，但总是找不到人。陪同的当地教师说：“这里的母亲一般都会避开生人，也不知道怎么回答问题。”有的男主人在家，和我们一起围着火炉聊天，但孩子的母亲都坐得远远的，一脸木讷地看着我们。可以想象，这里孩子的早期教育一定是不足的，更别提什么智力开发了。

第三，寨子的社会生活封闭保守。大歹苗寨都姓潘，代家寨都姓代。也许是为了本寨男性不至于沦为光棍，女孩不准外嫁成了寨子里的不成文规定，由此形成了相对封闭保守的类似于部落社会的组织形态。很多学生的名字是重复的，学校只能以门牌号来区别不同的家庭。我们家访的11个学生都没有手机（一些家长也没有手机），孩子们最远只到过从江县城，与外界联系较少，对外界也知之甚少。王绍东校长告诉我，就在前些年，他们走进寨子，孩子们看到陌生的外来人员拔腿就跑。家访时问学生将来长大后想做什么，有7个孩子回答不知道，有4个回答说：“做老师。”我想，也许老师是她们唯一接触过的心中偶像。

第四，孩子生得多。在走访的11个家庭中，以我们的家访对象小学六年级学生所在这一代来计算，一共有55个孩子，正好平均每家5个，其中最多的家庭9个，最少的家庭2个。当问到为什么生那么多孩子的时候，回答大多是：想要生男娃，而且最好有两个。全寨272户，2112人，平均每户接近8口人，最多的一个家庭是21人在一口锅里吃饭。因为孩子多，父母不得不在家照看孩子与田地，无法出门打工。同时，大的孩子既要帮助父母做家务，又要承担照看弟弟妹妹的责任。在寨子里，经常看到略大一点的孩子背着弟弟妹妹的身影。

在走进大歹苗寨之前，我曾听说过，寨子里的女孩年龄普遍报的大，走到跟前一看就小不点一个。在家访现场，看到的女孩与她们的实际年龄相比，确实都偏矮偏小。在苗族地区生活了5年多，也听说过这样一种说法：苗族孩子一出生，天1岁，地1岁，生下来就3岁了。

第五，缺乏发展必要的“领头雁”。2000多人的寨子，没有一个是在外面工作，吃所谓“皇粮”的。知识改变命运，在这里还缺乏现实的榜样。2020年第一个被送入初中的女生，就是2019年考出去的全寨第一个大学生的妹妹。期盼不久的将来，这类情况会得到改观。

代桂花，15岁，家有4个哥哥（1个在从江一中读高一）、3个姐姐（已出嫁）、1个弟弟（同在6年级）。我问她的父亲为什么生那么多孩子，他回答：自己是好几代单传，遇到事情缺少人手，没有人帮忙，太难了。对啊，在农村，春播、夏耘、秋收、冬储，都需要人手。尤其是建造房屋、孩子结婚、老人过世时，都需要有人帮忙。代桂花的妈妈没有上过学，当我问桂花的父亲上过几年级的时候，这位父亲沉思了一下回答：“半年级。”在我30多年校长生涯中，还是第一次听到这样的上学年数单位。我正纳闷中，他解释说：“小学一年级读了半年就不读了。”

“你支持桂花读书吗？”我进一步问。

“只要她能读上去，我一定全力支持。”桂花父亲即刻回答。

家访中发现，尽管世世代代生活在大山深处，除了生活观念上有些陈旧，寨子里的人还是开朗豁达的。

位于大歹苗寨山脚下的老或村，是一个侗族村寨，所有的房屋都分布于一条溪流的两岸。这也印证了“苗族依山而建，侗族傍水而居”的传统习俗。

我们家访了村里小学六年级的6名女生：潘源芳、石香辉、潘琴辉、潘兰花、潘香连、潘香连（两孩子同名）等。总体上看，无论是住宅的建造，还是人的穿着打扮，老或村要比大歹村更现代一点。但家访中发现，几乎每个六年级女生的手上都拿着一部手机，而且都说晚上要玩到12点以后。问她们主要拿手机看什么，都回答玩“快手”等。如果我在东部地区遇到这种情况，肯定会提出批评，而在这里，因为有了大歹苗寨的参照，我除了对她们有玩物丧志的担忧外，似乎还为她们多了一条了解外部世界的渠道而感到些许欣慰。

在大歹苗寨，包括资金投入在内的政府外力强势推动下，外在的交通、住房、通信网络的发展是显而易见的，但人的内在思想观念的改变，显得相对滞后，给人的感觉有点类似于农村里的炭火烤红薯——皮焦里不熟。

问题的根本，我认为还是在于教育没有及时跟进，百姓还没有尝到教育的甜头，对“知识改变命运”还没有形成共识。可喜的是，出门打工的人，有的开着车回家，带来了外面世界的生存理念与生活方式。尤其是适龄儿童都已进入校园，读中学的孩子也越来越多了，考上大学的也有了。

陶行知先生说：“教育就是生活的改造，我一提及教育便含有改造的意义。教育好比是火，火到的地方，必使这地方感受他的热，热到极点，便要起火。‘星星之火，可以燎原’，教育有这样的力量。”我们当下要做的，就是在已经熊熊燃起的教育这把火上添柴加薪。

本次家访中，每个家庭我都资助了1000元，希望家长都能用这些钱购买孩子的学习用品，希望现在的小学六年级女生，下个学期都能上初中。

万事开头难。我深信，假以时日，定会一石激起千层浪，让教育从根本上助力乡村振兴，彻底改变山寨的精神面貌。

4月7日，我第二次来到大歹小学，在校长王绍东和学生潘友甩的带领下，我们到上歹村潘友甩、潘甘往、潘育糯、潘艳交、潘那你、潘秀玩6名学生家家访。上歹村位于更高的山上，海拔足足高出小学所在地300多米。车沿着大山盘旋而上，差不多半个小时后，我们来到了上歹村。在潘友甩家，当我问她将来打算做什么时，她也给出了一样的回答："做老师。"问她为什么喜欢做老师，她的回答非常现实，说"做老师退休后还有退休工资"。这让我体会到了童心的纯朴与真实，起码她是会选择继续读书的。

就在我以为家访工作可以圆满成功的时候，在最后第23个家庭那里却遭遇了无奈之事。在这名学生家，父亲已出门打工，妈妈挺着大肚子，有孕在身。她有1个弟弟、1个妹妹。我问她妈妈是否支持孩子读初中，这位母亲明确表态不读了，理由是家里缺少帮手，小孩子要有人管，家务要有人做，自己去地上干活，家里需要有人做饭。应该说，这位母亲面临的困难是非常现实的，她没有上过学，也不会说汉话，墙上两个孩子的总共3张奖状都是倒着贴的。我让王校长用苗语告诉她，孩子上了初中以后，我会想办法资助她的全部生活费用。可这位母亲还是说不行，家里没有人做事，她也没有办法。我又让王校长告诉她："不让孩子读初中是违法的。"这位母亲还是那句——"我没有办法"。我对王校长说，能否通过孩子在外打工的父亲做做工作。王校长说，这个孩子上周没有来读书，班主任赶来家访做工作，孩子的父亲知道后打电话给了班主任一顿臭骂。

上歹村有教学点，保留着小学一、二年级。从这名学生家里出来，一路上看到3个小男孩在玩耍。看上去他们应该是上小学的年龄了，我就问了一下情况，知道1个是一年级的，1个是二年级的，还有1个还没到上小学的年龄。我说："今天是星期三，怎么不去读书呢？是学校今天没有上课吗？"二年级那个孩子回答说："他们在上课的，我们不想读书。"

这天家访前，王校长告诉我，大歹小学所对应的3个行政村，教育氛围数老或村最好，上歹村比老或村稍差一点，但这两个村都要比大歹村好很多。但对六年级23个女生中的最后一个的家访，让人感到很压抑、无奈，也很无助。这里的女孩子不容易啊！这里的老师也挺不容易，我默默地对他们表示由衷的敬意。

我国的脱贫攻坚战已经取得全面胜利，现在所有村寨的外在环境都有了根本性的改变，"两不愁三保障"得到了有效落实，但内在部分家长的教育观念亟待转变。好在大歹苗寨和岜沙苗寨只是个别特例。但即使是特例，也应给予高度重视。我总认为，孩子是无辜的，所有的生命都值得敬畏。对特例就得采用特殊的办法，教育孩子要从教育家长开始。我多么希望能够有师范院校的毕业生来此开展教育实习，在政府的强势推动下，开办农民业余夜校，为这里的家长教授科学的知识、讲解基本的道理，向他们传播正确的教育观。如果有懂苗语的师范生过来，开展工作就更加方便，也更有针对性。

7月24日，我陪同浙江省义乌市教育局副局长吴彩军一行来到大歹苗寨，吴局长一行为11名小学六年级女生准备了书包和其他学习用品等。陪同我们一起家访的从江县教育局杨光攀局长介绍说：7月上旬，贵州省教育厅在大歹小学召开了"贵州省小升初整班移交现场观摩会"。邹联克厅长亲自到场安排部署，力争攻克全省基础教育薄弱环节的最后堡垒。这令人振奋，我为他们的行动点赞。

学校教育，人是目的。

如果说学校教育是一种保护和奠基，我多么希望自己就是一只蝴蝶，化身为苗族神话传说中的“蝴蝶妈妈”，保护孩子的自信，守护孩子的生命，为他们的未来奠定知识与精神的基础。

在学校教育中，比知识传授更为重要的是育人，是对学生精神、人格的影响。几年来，通过多方面共同努力，我们的学生看到了自己的希望所在，志向、志气、志趣有了普遍提升，精气神发生了明显变化。作为一名教育者，这最让我欣慰。

教育是永恒的事业，优秀的学子会在书海中寻找那盏指向巅峰的明灯，成功会水到渠成。我没有遗憾，只有更高远的展望。

陈立群

教育是阻断贫困代际传递的治本之策。要到寨子里去，到村民中去，把社会最底层撬动起来，形成尊师重教、耕读传家的良好民风，这是根本的办法。

2020年辰下秋奖学活动

第四辑

谈谈脱贫和教育

扶贫工作应该从贫穷的根源入手。扶贫先扶志，扶贫先扶智，治贫先治懒，脱贫先脱愚。这些都直指贫困的根源，指明了要从源头上消除绝对贫困。

脱贫“脱”什么

新的班级刚刚创建，学生的基础差不多，分别交给一位班主任管理。一个学期或一学年下来，哪怕师资配备相同，班级之间也会出现较大差异，个别班主任甚至到了当不下去的地步，让学校不得不考虑换人。为什么会出现这样的情况？从本质上说，是班主任这本“书”，被学生读完了；从形式上说，是被班主任“说”坏了，因为学生主要是通过班主任的“嘴”来认识和了解班主任的。

一个班级共50多个学生，出现个别问题甚至全班性的倾向性问题都是正常的，关键看班主任怎么处理。一些班主任总是看到问题就说，看起来很及时，但往往治标不治本。我认为，解决问题首先要找到问题的源头和发生的背景，从根源上着手，不对现象对本质。或者说，处理问题对果不对因，解决问题对因不对果。

由此，我想到了当下的扶贫工作。这项工作也应该从贫穷的根源入手。扶贫先扶志，扶贫先扶智，治贫先治懒，脱贫先脱愚。这些都直指贫困的根源，指明了要从源头上消除绝对贫困。

让精神脱贫

黔东南山清水秀、风调雨顺，生活在这里的人只要足够勤劳，想要丰衣足食并不难。那么，当地贫穷的根源是什么？是突如其来的生活变故？是长期的生活方式？是传统的生活观念？还是我校2017届学生郃凤在作文中提出的，源于精神的贫困？

郃凤在《让精神脱贫》这篇作文中写道：

"物质的匮乏不是贫困，精神的贫瘠才是永远的贫穷。"

无意间撞见的一则作文素材让我想起了丁老师语重心长的一席话，同时也让我思索一个问题："扶贫真的能让贫困人口彻底脱贫吗？"

这些年来，政府对扶贫工作越来越重视，各项优惠的扶贫政策相继出台，但也出现了部分地区农民群众自主脱贫致富的积极性降低、对扶贫政策的依赖性增强的现象。部分贫困地区被连续扶贫多年却依旧贫困，或者脱离贫困后再次陷入贫困的窘境中。归根结底，应该是这些地方的脱贫攻坚工作没有抓住精神脱贫这一根本，没有激发起当地群众的主观能动性，治标不治本。

精神贫困通常表现为思想意识上听天由命、消极无为，安于现状、好逸恶劳，不求上进、只求温饱，老守田园、小农本位、重农轻商，"等、靠、要"思想严重。

要彻底摆脱贫困，首要的是让精神脱贫。

穷，究竟意味着什么？莫言曾说过，大多数时候，穷竟然是取之不尽的财富。在《巴黎是一个庆典》中，海明威描述了自己年轻时在巴黎过的苦日子。那时的海明威，手头并不宽裕，住在熟悉巴黎的人一看就知道的拉丁区“下只角”。吃不上午饭的他，时常饥肠辘辘地走在回家的路上，从不敢走过那条飘着面包香味儿的繁华街道。那时的他还是一名按稿计酬的穷记者，但他并不认为穷让他失去了快乐。穷让他有机会散步到塞纳河畔的旧书摊，穷让他用文字充实知识的匮乏来满足自己的“饿”，穷让他在卢森堡博物馆里忘却了肚子的“咕咕”叫声。他说：“在巴黎的日子穷而快乐。”因为他的精神得到了满足。

真正的贫困是精神的贫困，并非物质的缺乏。面对贫穷，贫困人口不能一味等政府、靠政府、要扶贫，“养懒人”不但不能解决问题，久而久之，还将带来负面效应。一方面，贫困人口应当充分利用好当前的资源，努力发展创新型农业；另一方面，政府应当从益民和长久发展的角度出发，制定可持续的扶贫政策，支持乡镇企业发展和农村建设，提高贫困人口的脱贫自主性、积极性和创造性，变被动救济为主动脱贫。

精神食粮是更可靠、更持久的保障。2016年的欧洲杯落下了帷幕，有一个人被称为欧洲杯“励志哥”。四年前，他还在电视上看大牌球星们的表现，而四年后他已在别人的电视里踢欧洲杯，他就是北爱尔兰队前锋康诺尔·华盛顿。四年前的他还是一名小小的邮差，经过残酷的选拔与艰苦的训练，最终成为优秀的前锋，也踢进了欧洲杯。这种艰苦奋斗的精神不正是我们现在所缺乏的吗？古人云“寒窗十载”，现在不正是到我们背水一战的时候了吗？

不以贫穷为借口，要以摆脱贫穷为志向。寒窗十载，背水一战，让精神脱贫，来年的花儿也为我绽放。

我校一位老师告诉我，在以前更困难的时期，一些村民不要国家的救济粮，认为要了救济粮就是没志气，会被人瞧不起，家中的儿子可能因此娶不到媳妇，女儿则可能嫁不出去。而现在，各地或多或少出现了“不要白不要，越多越好”的不良倾向，甚至有些地方还出现了个别干部帮自己族内人多要一点的现象。“等、靠、要”思想不容忽视。

“借三不借二，救急不救穷，帮笨不帮懒”

孟子曰：“穷则独善其身，达则兼济天下。”在力所能及的范围内，人应尽可能发挥自己的力量，帮助有需要的人，这是儒家文人对自己的要求，也展现了中国人的家国情怀。中国人向来崇尚信义，在别人身处逆境时出手相助，是义不容辞的事。然而，老祖宗认为，并不是所有人都值得我们伸出援手。在帮助别人的问题上，老祖宗有一个原则，那就是“借三不借二，救急不救穷，帮笨不帮懒”。

在农村，借钱向来有很多避讳，其中有几种能借和不能借的情况得到很多人的认可。

先来说说三种能借的钱。一是借人治病的钱。一场大病往往能拖垮一整个家庭，拿不出钱治病的情况也很常见，因此在农村，如果有人借钱是为了治病，只要条件允许，大家都会尽力帮忙。二是给孩子上学的钱。孩子的教育事关一个家庭的未来，如果因为经济困难让孩子错过了最好的学习机会，实在是因小失大。为了孩子的前途，大家都愿意借钱。三是办红白喜事的钱。

但同时，有两种人是不能借给他钱的。一是常年借钱不还的人。那些老赖们多半都是好吃懒做的典型，大家无须对他们抱有太强的同情心，不然只会让借出的钱打水漂。二是那些借钱用于不正当用途的，比如说借钱吸毒、赌博等，自然不能借。

常言道，世事难料，风云莫测。谁都有急着用钱的时候，也许是生意上一时资金周转不过来，也许是家里突然有人身患重疾……遇到这些急需用钱的人，无论出于感情或道义，我们都应该伸出援手，帮助他们渡过难关。人生无常，谁也无法保证自己一辈子顺风顺水，难保有一天自己也会遇到类似情况。到那时候，我们也肯定希望有人能拉自己一把。

循着“借三不借二”的思路，救急不救穷也是讲得通的。同理，推进扶贫脱贫工作，关键要从根源上进行帮扶，而不是简单地施予钱物，正所谓“授人以鱼，不如授人以渔”。

在农村，因病、因灾、因伤、因学等所致的极度贫困，属于非主观因素导致。这些贫困人群在生活上有了过不去的坎，急需救助，我们理当能帮则帮。有些村民居住在山体滑坡危险区域中，个别农户独居深山老林生活不便，政府在征求意见后实施易地搬迁，这些都属于救急。

“笨人”，也许是天资愚笨，或是受教育程度不高，这些都是客观原因，不能怪在他自己身上。而且，很多人虽然天分不高，但愿意脚踏实地地工作，如果他们能学到一技之长，要养家糊口也并非难事，但懒人却无可救药。如果一个人自己不肯努力，缺乏改变现状的斗志，无论他人怎么帮忙，也无济于事。别人的帮助，也许只会滋长他的惰性，甚至有可能因为帮过他一次，他就利用你的善良，死皮赖脸地吃定你，令人徒增烦扰。帮助不应是盲目的，每个人的力量有限，不应该浪费在无谓的人身上，而应有所选择，将有限的力量给予那些值得帮助的人。

脱贫怎么“脱”

数千年来，苗族历经了五次大迁徙。迁徙途中，苗族先人顽强不屈、不断抗争。1728年后，为反抗封建王朝的劳役、赋税等沉重压迫，苗族又有过50余次大大小小的抗争。迁徙抑或抗争，都涉及根本的生存问题，尽管胜算不大，但在忍无可忍之时，苗族先民也不得不铤而走险。

当下，苗族同胞早已不再受劳役、赋税等的压迫，不必再为生存赌命，相反，还得到从中央到地方的大力帮扶，迎来了脱贫的大好机遇。

要贫困还是小康，这是一道没有难度的选择题。但有些人只想完全通过外界的帮扶脱贫，如果要其自身付出巨大的努力，他们可能就会选择安于现状，得过且过。

脱贫怎么“脱”？怎样阻断贫困的代际传递？答案在教育。但教育是一种长线投入，在出门打工与接受教育之间做选择，就是在眼下与未来之间做选择。过去，当地群众迫于生计，只能选择早早地出门打工以度过当下面临的困难。现在有了各种倾斜性的政策和资源，贫困家庭的孩子读书可以免除所有费用，因而选择教育的人已经越来越多，这是令人欣喜的。

高中生具有了一定的劳动能力，如果辍学去打工就可以赚钱，继续读书则需要生活费，所以一些目光短浅的家长会选择让孩子外出打工。更有甚者，选择让孩子尤其是女孩辍学在家，尽管孩子年岁尚小，还打不了工、赚不了钱，但待在家至少不用花钱，还可以在家务与农活上帮一把。杜绝这种现象发生还需要通过政策制约，更需要通过教育引导。

为了东西部共同繁荣发展，为了让更多的孩子接受更好的教育，来到黔东南地区支教，至今已经五年多了，我对这方山水有着深深的眷恋，对淳朴的百姓有着浓浓的感情，对孩子们有着深深的牵挂。我急切地希望这一方绿水青山能变成金山银山，希望大山深处处处都是美丽乡村，希望这里的百姓过上衣食丰足的小康生活。是什么减缓了这一进程？是资金的匮乏，是人才的不足，还是劳动力短缺？可能这些都是原因，但也许这些又都不是最重要的原因。

我切身感受到这里与东部地区的最大差异：上层思维偏于僵化，下层缺乏活力。无论做什么事都等着上级的指示，不敢做因地制宜的变通；谋虚多于谋实，缺乏干实事的氛围和决心，“空转率”太高。其实，当地有很多想干事、会干事的人，问题在于有点想法往往被视作冒险；即使有足够的能力，做事过程不出一点差错，而且把事情办好了，还会被人非议动机问题。最后的结果，还不如那些不求有功、但求无过的人来得稳妥。琢磨事的人不如琢磨人的人，看起来每个人都在照章办事，其实从某种程度上来说，都是在明哲保身而不敢担当，甚至推卸责任，最终贻误的是地方的发展。

大山深处的现代化之路

在黔东南州，我看到几乎每个县都有一个工业开发区，即使削峰填谷，也要整出一块平地，打造为某某县工业开发区。但从我所到过的几个工业开发区来看，区里大多没有什么像样的工业企业，也没有多少人气。在大山深处办工厂，原材料运进来、产品送出去，都意味着很高的物流成本。如果把东部地区一些已淘汰的落后产能搬来，还会严重污染环境。当地人告诉我，一些企业引入东部地区已淘汰的设备是为了向政府套取配套资金，至于已被淘汰的设备拿来怎么用，又是另外一回事了。总之，当地大多数工业开发区都是“半死不活”的，钱投下去了，却产生不了什么效益，连贷款利息都难以承担。

在相对贫困落后的地区，常常会有一个现象：做项目预算时大手笔，缺乏科学论证，好像钱会从天上掉下来一样。等到上面的配套资金用完了，项目只实施了一部分，无以为继，便只能停下来，成了“烂尾工程”。例如一个10多万人口的小县，每年的财政收入不足3亿元，但其境内一个集镇改造项目的预算资金就高达23亿元。场面铺开了，不过才投入2亿多元后，资金就没有了。整个改造工程只能暂停，留下成片的半拉子工程。我想，如果当初做预算时能量入为出，造一个2亿多元的预算，那该多好。每年我们都会看到公布的各地区生产总值增长率排名，我想，是不是可以同时公布各地政府的新增负债率排名？

贵州是中国唯一没有平原的省份，九山半水半分田。世界上绝大多数国家都是由工业化进入现代化的，但这条路对于人称“天无三分晴、地无三分平”的云贵高原，未必适用。中国幅员辽阔，完全可以实现东西部不同产业的优势互补，让秀山丽水的云贵高原走出一条适合地区特色的发展之路。

台江山好水好空气好，尽管地处大山深处，但山体表层基本没有石头，都是泥土。这里全年雨量充沛，水资源丰富。千百年来，受山地自然环境的局限，苗族人一直过着相对原始的农耕生活。为了填饱肚子，只要有稍大一点的平地，苗族群众就会设法将其改造成水田，并用勤劳的双手，把山坡平整成一级一级蔚为壮观的梯田。由于没法进行机械化操作，每到收割季节，农民们都要背扛一口稻桶到田间，手工摔谷子。由于是泉水灌溉的冷水田，水稻产量不高，但因为成熟时间长，这里的稻米煮出的米饭格外香糯可口。年复一年、日复一日，苗族人适应了这样的慢节奏生活，与世无争，于己无怨。

如何实现乡村振兴，让这方山水产生更大的效益，从而吸引更多年轻人回乡创业，也让这片土地赢得城里人的青睐？结合丁耀林老师和他爱人张娅老师的实地调研，我认为大山深处的现代化之路，有三个方向是值得考虑的。

发展生态农业、科技农业

黔东南州总面积3万多平方公里，东西相距220公里，南北跨度240公里。境内峰峦起伏，属于亚热带季风气候，温暖湿润，其最大特色就是保存了原生态的自然环境。基于这一特点，经济发展不能盲目引进污染严重的工业项目，以免破坏生态环境，应该立足本地的自然环境特征，借助科技手段，发展特色农业，助力脱贫攻坚。

当地的原生态环境为发展有机农业提供了得天独厚的条件。同时，廉价丰富的劳动力，较低的农产品种植成本，也为农业发展提供了有利条件，但制约因素也非常明显：远离市场，交通瓶颈，资金、技术短缺，劳动力素质低。目前，苗疆农业仍是小农经济的传统农业，这种小而全的经营不利于农产品产量的提高、质量的提升及市场的拓展。现代农业生产应具有产业化经营理念，使生产具有专业化、商品化、集约化的特点。因此，发展特色农业，离不开政府政策的支持以及资金、技术的扶持。一是搞好农业区划工作。组织技术人员对当地地形、气候、土壤、水源等自然条件进行考察、分析，宜农则农，宜林则林，宜牧则牧。二是建立健全农村经济合作组织。个体农户抵御自然灾害和应对市场变化的能力有限，因此地方政府应该帮助他们建立农村经济合作组织，以合作小组的形式进行专业化生产。三是，制定完善的惠农政策和保护生态环境的法规。用优惠的政策吸引一部分人带着项目来这里投资，弥补当地资金技术短缺、市场狭小的不足。加强交通运输建设，推进保鲜冷藏技术的发展，拓展电商平台，积极开拓国内国际市场。

黔东南州的地形以山地为主，气候湿润，流水侵蚀比较严重，本着因地制宜、扬长避短的原则，应发展立体农业。

第一，坡度较陡的山地可以发展林业，缓坡可以种植果树、茶树。褚时健在哀牢山承包了2400亩荒山种植冰糖橙的事迹，是山区果树经营的典范，在良种培育、种植技术、管理技术、市场开发等多方面都提供了可借鉴的成功经验。从生态农业角度考虑，可在果园里放养鸡、兔等禽畜，其粪便又能为果园中的作物提供肥料，实现经济效益、生态效益的双赢。

第二，梯田种植有机蔬菜。黔东南属亚热带季风气候区，具有冬无严寒、夏无酷暑、雨热同季的特点。年平均气温14～18℃，1月平均气温5～8℃，7月平均气温24～28℃，年日照时数为1068～1296小时，无霜期270～330天，降雨量1000～1500毫米，蔬菜全年可以露天生长，加上原生态的自然环境以及山谷昼夜温差大的特点，出产的蔬菜质量好、口感好，在市场上具有绝对的价格优势，因此可以在梯田中推广种植有机蔬菜。

第三，山麓地形平坦、土壤肥沃、水流充足的地方可种植有机稻米，并在稻田中养鱼等。

第四，降水较少的背风坡不适合发展林业和种植业，可以充分利用草场资源发展畜牧业。

此外，还可以农业带动工业和第三产业的发展。在农业发展的基础上，进一步发展食品工业、农产品加工业。另外，可以考虑因地制宜地开发特色农业精品庄园，结合当地的民族风情和自然风光，发展旅游业。这些产业的发展又会促进交通、商业、金融、通信等产业的发展，相互辅助。

发展旅游业

旅游资源贵在独特性，黔东南州的独特之处就在于原生态的自然环境。

黔东南有雷公山、云台山、佛顶山等原始森林，有27个原始植被保护区与自然保护区，其中雷公山自然保护区为国家级自然保护区，原始生态保存完好。另外，黔东南州还居住着苗、侗、汉、水、瑶、壮、布衣、土家、仫佬、畲等33个民族，独特的自然人文环境形成了各具特色的风土人情。当地出产美不胜收的民族手工艺品，如蜡染刺绣等；有风格迥异的山居建筑，如侗寨鼓楼、苗乡吊脚楼等；还有积淀深厚文化底蕴的各种节日庆典和娱乐活动。这里民风质朴，少数民族群众勤劳善良、热情好客，素被称为“歌舞之州、百节之乡”，被联合国教科文组织誉为“人类疲惫心灵的最后家园”。因此，这里的旅游资源丰厚，但在开发时，必须注意几个问题：

第一，要注重原生态资源的保护，适度开发。现代都市快节奏的生活，使都市人渴望回归日出而作日落而息的生活。近年来，新疆、西藏、云南、内蒙古的旅游线路颇受追捧，可见很多人出游就是为了体验慢节奏的生活，追寻原始的宁静。黔东南山腰间的吊脚楼，山谷深处的野百合、山野菜、稻田鱼、地锅饭都是极佳的旅游资源，符合现代人的休闲需求。

离开闹市的喧嚣，在这里住上十天半个月，劈柴，喂马，耕田，归隐田园，卧听深巷中的犬吠、桑树巅的鸡鸣，岂不美哉！这里可以让都市人放松一下心情，在大自然的怀抱中做一个幸福的人。

第二，要注重开发旅游资源的科学价值和历史文化价值。喀斯特地貌上的原始森林，在我国乃至全世界都比较罕见。它独特的自然景色，除了能给游客带来原生态自然美的享受，也是一部认识生物多样性的活教材，还是科学工作者研究喀斯特自然生态环境的博物馆。这就需要对森林植物进行科学考察，了解它们的生长习性、药用价值等，对一些珍贵稀有的物种如登鲁寨的金丝楠木等，尤其要充分研究并加以保护。

民族文化旅游资源的开发，不能只停留在欣赏歌舞的外在美，也应该追寻历史、挖掘内涵。比如苗歌又分为古歌、酒歌、情歌、礼仪歌等，不同类型的苗歌有不同的内涵，了解内涵才能产生共鸣。再如每一种民俗的渊源、每一个节庆的意义、每一件服饰的作用等，都能让游客增进历史文化知识。比如苗族婚俗中，新娘从娘家出发的时间规定为当天零点，为什么要在深更半夜出发？其实与这里交通不便、山路遥远等自然环境特征密不可分。

5000多年来，苗族在我国的华东、中原、中南、西南辗转迁徙，足迹遍布大半个中国，这部艰辛的历史早已反映在他们的民族文化中。苗寨大多分布在大山深处，吊脚楼多建在半山坡甚至山顶上，因这里易守难攻，比较安全。苗族女性的银饰服装积聚了家里的全部财富，因为男人一旦在前方战败，女人便可携带家产逃亡。厨房里的小地锅（地上挖个坑，上面放一个支架）也是过去逃亡生活的见证。房门上方的一捆小柴棒，能起到驱赶阴气、辟邪的作用，应该是苗族先祖迁移到人迹罕至的荒山老林后，所采用的一种心理安慰方式。

第三，要充分挖掘旅游资源的经济价值。除了要提升住宿、餐饮等方面的接待能力外，还应注重当地土特产的开发，满足游客的购物需求。黔东南有很多特色产品，如药材、红米、红椒、熏肉、从江香猪、反排黑毛猪等，但由于这些产品目前没有方便携带的精美真空包装，且受限于运输条件，其经济价值难以实现。

第四，旅游规划要有前瞻性和战略性。不论是对基础设施的建设还是旅游资源的开发，规划一定要有前瞻性和战略性。如麻江县夏同龢状元故里，文物极其丰富，具有非常高的历史文化价值，然而一条干道公路从状元府一穿而过，令人遗憾。

发展手工制品

黔东南州内的手工制品种类繁多、美观精致，颇能吸引外地人的眼球。银饰、竹编、刺绣、蜡染等，都堪称精品，但分散生产，未成规模，更没有形成品牌。要想有所突破，当地人必须转变观念，政府也要对此有所作为。

第一，要加强集中经营和合作化建设。目前，黔东南州手工制品的生产都比较分散，各自经营，规模小，无法适应市场经济的大趋势。这需要政府引导并具体规划，改变目前分散的布局，集中优秀工匠在某一区域进行生产。比如银饰集中到以吴水根为代表的施洞镇，竹编集中到三穗，蜡染集中于黄平，刺绣集中于凯里等，或组建行业协会、合作社，以此来增强各种手工制品的市场竞争力。

第二，加大资金扶持力度。生产分散、规模小等现状，使黔东南州手工业生产者很难获得银行贷款。如能实现集中生产，就能扩大规模，也将会产生资金需求。此时，政府就要协调金融机构，及时给予金融支持，解决手工制品发展的融资困难。

第三，提高从业者的文化水平。制约当地手工制品发展的一个重要因素是从业者的文化水平普遍偏低，读书人不愿从事手工业生产，使得当地的手工制品虽有原创性，但其创造力不足。因此，要想方设法提高现有从业者的文化水平，提升手工制品的创新性。

第四，重视从业者技能培训。当地手工制品从业者的技能大多继承自祖辈，因地区和历史原因，其技能水平参差不齐。政府要重视对从业者的技能培训，如举办“绣娘培训”等，以应对当下的市场化要求。

第五，努力打造手工制品品牌。除了上述几点外，政府还要努力打造各种手工制品品牌，每年可以举办各种手工制品的赛事，通过竞赛促使工匠创造精品，并推动一大批优秀工匠涌现，创建各种手工制品品牌。有了品牌，就有了市场话语权，才能为扩大创收开辟更优途径。

乡村振兴，教育先行

近几年来，台江民中每年招收高一新生1000名。我来到学校任校长时的那届高三学生是在2014年入学的。当时，学校的录取分数线是260分。2017年至2020年，我校的招生录取分数线分别为414分、450分、487分和344分（2020年开卷考的150分文科综合不计入中考录取成绩），可见好生源舍近求远的少了，更重要的是义务教育阶段的教学质量有了大幅提升。但老百姓不断地向县里反映，过去中考200多分就可以上台江民中，现在考了400多分还读不了。这让学校承受了很大压力。每年中考招生时，县教科局都希望我校能降分扩招，但由于教室和宿舍不够，学生在食堂就餐也总是排长队，学校终究心有余而力不足，无法扩招。

因为新冠肺炎疫情的影响，这届高三开学时必须进行封闭式管理，所以学校要求部分原来在校外租房的学生都来学校住宿，临时安排在高二年级的宿舍。当高一、高二年级开学时，离高考还有两个月时间，这些临时来校住宿的高三学生都不想再搬出去，但学校又实在没有办法安排。几个学生来到我办公室说："校长，我们求您了，想想办法，让我们住在校内。"我听了，热泪盈眶，但又实在没有办法。眼看着即将高考的学生拖着行李，极不情愿地向校外走去，作为一校之长，那种爱莫能助的无奈实在折磨人。

2020年，台江县共有2573名初中毕业生，县教科局派人来商量学校这一年的招生计划，这可又让我感到为难了。为了孩子的未来，为了提升劳动力的整体素质，为了苗疆获得可持续发展的动能，学校至少应该招收1250人。但学生宿舍已经住不下了，教室也不够，目前，在校的学生已经超过了3000人，3个食堂的座位加起来不到1400个……困难重重，但学校最终还是决定招收1100人。

在相对发达的东部地区，由于就业充分，初中毕业生读普高与职高的比例大致为五五开，有的地区甚至职高略高于普高。而在相对贫困地区，绝大多数初中毕业生不愿意读职高，主要是因为职高毕业生就业难，同时，家长也怕孩子进入职高后变坏。

由于就业不充分，黔东南州的职高都相对弱势，比较难办。在一个县作讲座时，我曾问："你们整个县有两所普高，那么读职高的有多少?"对方回答："2000人。"紧接着，对方凑到我的耳边轻声说："实际在读的可能不足500人。"这说明职高生"编在人不在"的现象是比较普遍的。

乡村振兴，教育先行。在各级政府的支持下，县里下决心要把职高办好。经过一番努力，在台江职高的改造项目中，政府决定投入2亿多元用于学校基础设施改造，另外还要增加教学设施的投入。

职高的专业设置，涉及"天下苗族第一县"未来的经济社会发展。我有幸受邀参加了在台江职高举行的职高未来发展座谈会，教育部职教司也有领导与会，关于职高的专业设置，我的发言受到了肯定。唯愿不久的将来，台江县的职高也能有长足的发展。

花与根，血脉相连

改革开放给中国人民带来了如沐春风般的幸福生活，令我们沉浸在物质的日渐丰裕和科技的极速进步之中。相对落后的西部地区，也越来越多地得到了“先富帮后富”的社会支持与国家政策的倾斜。但是，大量农村青壮劳动力外出务工，在广大农村产生了一个特殊的未成年人群体——留守儿童。这些孩子一般都与爷爷奶奶或者父母亲的其他亲戚、朋友一起生活，有的甚至无人看顾，几个未成年的兄弟姐妹相依为命。

2016年11月，民政部、教育部、公安部在全国范围内联合开展农村留守儿童摸底排查工作。数据显示，目前全国农村留守儿童数量为902万人，超过90%分布在中西部省份。留守儿童的整体数量虽有所下降，但是隔代监护或无人监护的比例却在上升。无人监护的农村留守儿童共36万，占总数的4%；隔代监护的留守儿童数量为805万，占总数的89.3%。

贵州作为劳务输出大省，留守儿童的问题异常严峻。我们在台江县做了抽样调查，统计发现，台江县各初中、小学中的留守儿童比例为43.9%。县内唯一的普通高中——台江民中的学生中，留守孩子比例为46%，其中的52.8%在普通班就读。

受新冠肺炎疫情影响，学校暂时开不了学。我们在家访中发现，一些高三学生的父母出门打工了，学生在家生活自理，过着有一餐没一餐的生活。有一个高三学生更可怜，父亲去世了，母亲出门打工，连春节都没回来。由于父母双双在外打工，我们看到一些初中生、小学生躲在屋外的墙角处玩手机。那时，刚刚进入农历二月，他们还光脚穿着塑料拖鞋。在县城里，深夜11点时，沿着河边的步行道走一走，就会碰到几个游荡的男孩子，或者撞见一男一女两个孩子在亭子里靠在一起。每个人手上一只手机，那是“标配”。

如何妥善解决留守儿童问题，从各级政府到各地学校、从爱心人士到广大教师都开展了深入的研究，积累了不少经验，但问题依然严峻。我认为，解决留守儿童问题的根本办法在于让“留守父母”成为可能，即孩子外出读书时，父母留守在家照料。

家庭是孩子自信的源泉

教导、培养子女是父母的职责与义务。好的家教造就优秀的孩子，坏的家教造就失败的孩子。我们不能苛求父母的文化水平有多高，但是，我们应该要求父母给孩子“家”的概念和温情。这是对家庭教育最基本的要求。

从小没有在父母身边的孩子，尤其在没有母爱的环境中成长的孩子，极难拥有对他人的信任感。一个从小不信任他人的人，是一个没有安全感的人，而一个没有安全感的人，是不可能有幸福可言的。没有幸福感的人，不会爱他人、爱世界，甚至不会爱自己。

“金屋银屋，不如自家的草屋。”这是为什么？父母与子女有着不同寻常的血脉关系，这决定了亲子关系超越功利与世俗，不是其他关系能轻易替代的。从发展心理学角度讲，被父母深爱的孩子，一生都会拥有一种来源于骨子里的勇敢与自信，因为他在遇到成长的困难时，总有父母的鼓励与引导。从某种意义上讲，有父母在，孩子才能享有真正的呵护与关爱，才能获得踏实的幸福感和安全感，而爱和安全感是维持一个人心理健康的重要保证。

从台江民中学生的调查数据来看，遇到难以解决的问题，孩子们寻求的倾诉对象第一是父母，占45%，第二是同龄人，占33.3%。从解决问题的能力和实际效果看，父母的优势也肯定大于孩子的同龄人。在黔东南州各县的讲学过程中，我还了解到，有的父母在孩子断奶后就急着出门打工，于是就抱着孩子来到乡（镇）政府，要求政府帮助抚养孩子。这实在令人咋舌。

台江民中高二（5）班的一名男生在习作中写道："在家里，邻居都说我有了上顿没下顿。自从你去深圳后，每次回家都倍加感慨呢。家里空荡荡的，堆满了父亲的工具、脏衣服，乱七八糟的书籍、物品；冰箱里的饭菜都已发霉，死在碗柜下面的老鼠还等人将它埋葬……一切都失去了秩序。你说年底回来，我说回来了就不要出去了，每个星期打电话怪想念的。"留守孩子的心声由此一见，但他们大多数都不会把这番思绪告诉父母，只是忍着、想着。

父母外出务工的初心是改善家庭的物质条件，使孩子过上更好的生活，能更加安心地读书。但事实上，在家人和物质之间，孩子更倾向于与父母团聚。我校98.3%的学生表达了这种期待，并且十分渴望和父母见面。然而，调查结果同时显示，75.9%的外出务工父母一年只回家一次。

在新年来临之际，我让学生写下新年里的最大心愿，不少学生的心愿是一样的——"希望父母不要再出门打工"。高一（15）班有位学生因高烧住院，但父母离异，父亲不再管她，母亲远在广州打工。我去台江县人民医院看望她时，尽管已经用上了药，但她的体温仍高达38.9°C，然而她仍表示输完液就要回校参加晚自习。

“医生说，你必须要通过三至五天的卧床休息来慢慢恢复。”

“不行，马上就要半期考试了。”

“傻孩子，生命重要还是分数重要？”

“一样重要。”

“不对，生命只有一次，而落下的功课可以病好了之后慢慢追赶，我会安排老师给你辅导。”

“我不想再过妈妈现在过的生活。”

说完，她的眼泪就夺眶而出了。

留守学生的心理发展倾向

孩子的成长中，健康的心理、健全的人格比学业重要得多。诚如孔子所言：“弟子入则孝，出则弟，谨而信，泛爱众，而亲仁，行有余力，则以学文。”英国心理学家约翰·鲍尔比（John Bowlby）开展了一系列有关“母爱剥夺”的研究并指出：“在个人成长的最初几年里，母亲照料时间短或者经常变换主要养育者，对人格发展有不良影响。”

通过调查问卷，我们对台江民中的留守与非留守学生在与同学相处、与父母沟通、课堂表现方面进行了比较，得出如下具体数据：

	每月与父母联系或没事不联系	容易产生孤独感	不能与同学愉快相处或喜欢一个人待着	遇到问题没有倾诉对象	课堂上不愿主动回答问题	回答错误后有久久的失落感
留守学生	34.5%	57.4%	32.8%	22.4%	76.9%	56.9%
非留守学生	25%	56.9%	22%	11.8%	65.4%	35.3%

不考虑学生在青春期这一特殊时期身心发展的正常变化，从统计得到的数据分析，留守学生相较于非留守学生更不习惯与父母交流沟通，

更缺乏愉快地和同学相处的能力，倾诉对象少，更愿意一个人独处，更容易产生孤独感。因此，留守学生的人际交往能力相对薄弱。

同时，留守学生在课堂上更不愿主动回答问题，回答错误后产生的失落感持续时间更长。可见，当这些孩子面对挑战时，更倾向于退缩，缺乏主动出击和积极进取的心态；一旦失败，更容易否定自己，产生自卑心理，逆商偏低。这两种心态会形成恶性循环。

个人心理上和品格方面的问题往往细微且不易察觉，不像考试分数那样明显，却是大堤上的蚁穴。问卷调查中还发现，普通班中的三个留守学生在父母外出打工后，一直一个人生活。其中的一个男生在问卷中还表达了不期待与父母见面、不希望与父母一起生活的想法，与同学相处也不愉快。

现代社会爆发的新病症中，很大一部分都涉及心理问题，如忧郁症、妄想症、偏执狂、强迫症等，而许多成年人的心理问题都可以追溯到其儿童与青少年时期的某些经历。这位男生的心理显然已经发生了不太健康的变化，有一种被抛弃感。犯罪心理学上有一个名为“破窗效应”的概念，即一间屋子如果窗户破了，且没有人修补，不久，其他窗户也会被砸破。

对全县班主任的抽样调查与访问也发现，留守儿童更易拖延、不交作业，上课不主动回答问题，学习主动性差；个性孤僻敏感，与同学之间的关系紧张，更容易早恋等。许多班主任在问卷上补充说明：“留守儿童的家长对孩子的关注和爱太少”，多数家长一旦发现孩子在学业上没有提升，就“放弃管教”。

孩子需要父母的爱才能幸福成长，反过来，孩子与父母要有面对面的机会，让孩子学会给予父母爱，这样才算是完整的成长。《弟子规》中说“圣人训，首孝悌”，而后才逐渐走向“泛爱众，而亲仁”。我们学会爱人，大多都是从学会爱父母开始的。留守学生长期与父母只通过电话交流，往往由于诸多原因而沟通不了或沟通不畅。距离可以放大一个小小的矛盾，时间长了，父母与孩子之间的隔阂就产生了。

政府帮扶与学校关怀的局限性

如今，“再穷不能穷教育，再苦不能苦孩子”的观念已得到人们的广泛认同，各级政府也一直以此为教育工作的信条，一步一步加以落实，推动了中国教育事业的发展。

政府的帮扶从一定程度上减轻了留守孩子物质上的苦，但始终很难抚慰他们心理上的苦。学校的努力、爱心人士的付出，也无法从根本上解决问题。从我校“资助办”的统计数据看，2016年全校学生获得的资助款累计达7794860元，人均2600多元，资助力度空前。而从我校的日常德育工作中可以发现，部分受资助的孩子拿到资助款后就换手机，迷恋网游，染上了烟瘾。就整个黔东南地区而言，学生的手机瘾、早恋和抽烟问题比东部地区严重得多。网络上也曾流传过，某影视明星资助的一个孩子，后来不断索要更多资助款的新闻。可见，消除了物质贫困后，更难的是高尚品格和健全人格的培养。

老师尽心尽力的付出，让留守学生在学校尽可能多地感受到了“家”的温暖和安全感，但从“回答错误后有久久的失落感”这个角度看，留守孩子依旧更易产生挫败感，面对失败和困难依旧没有足够的自信。对全县班主任的抽样调查与访问也发现，82%的班主任将时间和精力更多地花在留守学生身上，但留守学生的各方面问题并没有实质性好转。

父母是孩子最信赖的人，他们在孩子心中的地位和在孩子成长中起到的作用不是旁人能代替的，他人的“弥补”只是没有办法的办法。很多时候，我们高估了教师的付出对孩子的心理所能产生的抚慰作用。我认为，教师永远成不了学生的“父母”，而且对学生的这种关心有时会有教师一厢情愿的成分。

根与花一脉相连，不能总是天各一方

广大中西部地区由于传统观念根深蒂固，一直秉持“多子多福”“养儿防老”的观念。从黔东南地区的情况看，几乎每个家庭都有两个以上孩子。从这一实际情况出发，站在整个国家长远发展的角度来看，中西部地区的教育应当得到政府和家庭的足够重视。

大量劳动力外出打工，使得数量众多的孩子成了留守儿童，这虽能锻炼他们吃苦耐劳、自理自立等很多品质，但也使他们的性格存在一些缺陷：胆子较小、不够自信、有较强的自卑感；心胸不够开阔，对生活、前程充满忧虑；性格孤僻，群体意识淡漠；学习动机单一等。

在经济大潮的冲击下，新一代的农村家长把更多的注意力投向了物质条件的改善。父母为了赚更多钱而走向更远的地方，与孩子之间的距离越来越远，也使得孩子越来越缺乏安全感与自信，最终影响了学业。父母的离开带走了孩子的一个世界。诚如苏联著名教育家苏霍姆林斯基所言：“对一个家庭来说，父母是根，孩子是花朵。”根与花朵是血脉相连的，不能总是天各一方。进城务工渡过了当下的难关，可千万别输掉了未来。

近些年，黔东南州的教育取得了长足的进步，但一些地方建成了崭新的校舍，家长和孩子的求学愿望却没同步提升。很多家长看到孩子学习成绩一般，就让其放弃读书，带着他们一起外出打工，或早早地嫁娶成家。那些提前离校，尚未长大成人，尚未形成成熟的人生观、价值观和婚姻观的孩子，以后极有可能还将带着他们的孩子走上同样的道路。与留在乡下务农相比，眼下外出打工确实赚到了更多钱，但如果孩子的教育因此受到了影响，等于输掉了未来。

父母外出打工，大量孩子交由隔代亲属监护。这些年龄较大、文化水平较低的祖父母辈很难在学业上指导年幼的孩子。等孩子进入青春叛逆期后，敏感的心理渴望抚慰、易入歧路的人生亟待引导，但几乎没有祖父母辈的人能承担这些任务，至于规划人生、构建精神家园等更是天方夜谭。

其实，农村家庭完全可以诞育出智商较高的孩子，但家长往往缺乏把智商转化为智慧、进而培养出高层次人才的能力。零扶助的留守孩子要完全靠其自发自为，成长为高素质的优秀人才，其难度可想而知。每当家访时看到这一幕幕，每当夜深人静、伏案沉思时想到这一桩桩，我总是揪心不已，倍感无力、无奈。

在这里，贫穷与教育形成了恶性循环：越贫穷越不重视教育，越不重视教育越贫穷，而且往往是从物质到精神的彻底贫穷，从上一辈到后代的世袭式贫穷。如果得不到根本改变，最后，“落后”将成为中西部地区永远的标签，那里的孩子也会成为需要长期帮扶的对象。

如果人类是从80岁活到0岁，而不是从0岁活到80岁，大多数人都会让生命尽可能少地留下遗憾，陪伴、教导子女则更会被视作天经地义的事。留守孩子的成长成才问题一直是社会各界热切关注的问题，我们共同期待每一个留守孩子的幸福成长，愿他们爱人、爱己、爱世界，让我们一起呼唤“留守父母”时代的到来。

（本文原载于《人民教育》杂志，略有删改）

要努力“玩活”学生的思维

理论上讲，语文、英语、政治、历史等文科科目的学习，与当地社会人文环境、文化底蕴的相关性较紧密；而数学、物理、化学是可以“关起门来”学习的。但民族地区学生的数学、理综高考成绩相比于文科科目反而更不理想。其中的缘由，耐人寻味。

黔东南州某校有一位语文教师和一位英语教师，当初学习刻苦努力，因数学课堂笔记认真、规范，还曾经被数学老师在课堂上作为示范向全班同学展示并要求大家向她们学习，但两人的数学高考成绩都只有18分。数学是思维的体操，也许这两位老师在高中时，是用学文科的方法来学习数学、物理的，最终成绩不甚理想是因为理解感悟不足所致。

学生平时的学习，如果习惯于抄抄写写、记记背背，没有思维的深度参与，缺乏自己的理解和感悟，最多只能在个别单一知识的学习上成功。而高中阶段特别是高三的学习需要在个别知识掌握的基础上进行知识的横向联系，对学生的知识整合能力提出了较高要求。勤奋很重要，但勤奋是优秀的必要不充分条件。教师要将学生的勤奋变成充分必要条件，就必须打破学生的思维惰性，让他们习惯深度思考，不断提升认知水平。

课堂教学的第一要务是“玩活”学生的思维

现在的台江民中已有了较好的生源，学生分析问题与解决问题的能力比较强，因此教师要为学生的未来发展负责，不能局限于把学生管住，只在基础知识上记记背背。

高中阶段的学习需要在深度思考的基础上培养抽象、归纳、综合的能力，如要思考哪些事件具有共同特征，说明了什么原理？哪些现象具有共同特点，说明了什么规律？学生学习时，要让思维伸向问题所展现的另一个世界。

相对容易的选择题、填空题，有时无须动笔，答案便一目了然，因为从条件到结论，思维是直线型的。所谓的难题，其实是思维上拐弯比较多。当然，如果一道题目难到所有考生都拐不出来，也就失去了意义。这时，命题人常常会出一两个小题，目的就是启发考生，开始的几个弯应该往哪儿拐。

一般来说，成功拐出一道难题设计的几个弯，需要具备两个能力：一是对已知条件和已有结论进行抽象归纳的能力，也就是能够把分散的条件综合加以运用；二是在充分运用条件的基础上，一步步进行严密的逻辑推理能力，也就是有理有据地向着结论一步步挺进。我们再来看，何为思维深刻性？所谓的思维深刻性，就是思维活动的抽象程度和逻辑水平，以及思维活动的广度、深度和难度。由此可见，没有思维的深刻性训练，学生是解不出难题的。

当人们用心搜寻证据、确信证据充足后，才会形成信仰。教育的任务是创造环境条件，使学生养成经过检验而形成推理的思维习惯。提升学生的思维品质，就是将他们的自然推理能力培养成批判性的逻辑思维习惯。思维教学的起点，就是践行以学生为中心的教学理念，而不仅仅是把备好的课讲完。

灌输式的课堂是教师的“独角戏”，往往目中无“生”，事倍功半。我认为，应该强调学生对学习的责任感和掌控力，教师要做的是为学生提供独立学习和合作学习的机会。课堂应该动态生成，允许学生影响教学内容、教学材料、教学活动和教学节奏。教师不能总是“一厢情愿”，通过自己提出各种问题来引导学生思考，而不把选择学习内容和学习方式的机会留给学生。

教育工作者对学生思维惰性的严重性要有清醒的认识，高中教学要有培养学生思维能力的紧迫感。从思维教学的策略上讲，应该大力提升学生的认知参与程度；从思维教学有效性的视角来看，应提供有趣的、激发学习动机的、促进学生参与的教学活动，以多种方式培养学生的高级思维能力。学生参与分为认知参与、情感参与和行为参与。思维水平分为记忆、理解、应用、分析、综合、评估等多个层次，好奇心和想象力带来的是对问题的质疑和探究，能够主动积极地将学习引向深层次思考。

至今，全世界都想不出一个比考试更好的办法来选拔学生。大家公认的还有一点是，考试要注重考察学生的思维能力，而不仅仅考察学生掌握现有知识量的多少。至少从目前来看，人类的思维还是电脑无法替代的。从现在中、高考的命题取向来看，知识面越来越广，灵活度越来越大，能力性越来越强。无论从未来人才培养的角度，还是从应试的角度看，课堂教学的第一要务就是“玩活”学生的思维。

2012年，我到杭州学军中学招的第一届学生中，有一名叫楼俊麟的男生。他平时来学校上课的时间比较少，大多按照牛津大学的高考要求在家自学。2015年，笔试通过以后，他到英国牛津大学参加面试，两个年轻的数学教授出了两道数学题，楼俊麟每写一步，就被要求停下来，说出为什么这样写，当时在想什么。楼俊麟说："他们非常重视我的思维过程，至于我得出来的最后结论是什么，似乎不那么在意。"

我认为，这个例子会带给我们不少有益的启示。

关于课堂改变

现代社会日新月异，科学技术迅猛发展，但课堂的改变依然不大。有一个流传了多年的笑话：在改革开放之初，有一个人成了植物人，现在醒过来了，人们带他到城市，他说不认识；带他到工厂，他也说不认识；带他到学校的课堂，他说认识，好像以前看到过。

自1632年捷克教育家夸美纽斯在《大教学论》中提出班级授课制以来，教育的效率大大提升，但这一教学组织形式也有其与生俱来的问题：对个性化照顾不足。每个人都是独特的个体，教育应该淡化差距、强化差异，多一点每个人自我的纵向比较，少一点人与人之间的横向比较。教师在课堂上不能拘泥于形式，以自我为中心，围绕教材、考纲完成教学任务，而应该围绕学生特点开展教学，关注学生的思维容量，提升学生的思维品质。

第一，打造问题化、探究式、挑战性的课堂。课堂应该围绕教学目标开门见山，直奔主题；应把难点、重点转化成几个问题，即把高起点、复杂性问题，转化为低起点、简单性问题，然后小步子循序渐进。考虑到学生实际水平参差不齐，可以分组讨论，让同学间产生思维碰撞、相互促进。

要对难点、重点进行深度挖掘，变式探究，从而加深学生的理解与应用。可让学生对原题进行"等价"改编，尝试自主模拟命题。让学生全面理解、掌握所学知识或方法，有利于培养其批判性思维。这也是最好的研究性学习，可以培养学生的学术素养。

创设挑战模式，让学生独立或分组提出最简捷的解答、最优化的表述。这样可以满足学生的好胜心理，增强其学习兴趣，调动其学习积极性。同时，教师应给予及时有效的反馈，提升学生的成就感；提供具有选择性、挑战性的课后延伸作业。

第二，重视得出方法的思维过程。高考题都是现场“制作”或由例题改编的，“成题”全部不用。到高中为止，任何一门学科都是方法有限、题目无限的。其实题目无限的“无限”指的是不同的“包装”。解题最有价值的地方，也是最难的地方，就是剥去描述性“包装”，揭示出方法的本质。唯有如此，将来我们的学生才能在纷繁复杂的自然与社会环境中，独立思考，处变不惊，把握事物的内在规律。

爱因斯坦曾说：如果给我1个小时的时间解答一道决定我生死的问题，我会花55分钟来弄清楚这道题到底是在问什么，一旦弄清楚了它到底在问什么，剩下的5分钟足够回答这个问题。

有鉴于此，课堂上教师应该与学生一起分析，而不是直接把方法告诉学生，起码要把得出方法的思维过程呈现给学生。而现实中，为了节省时间，大量的课堂教学中，老师都迫不及待地把解题方法告诉学生。告诉学生方法，本质上还是“授之以鱼”；告诉学生得出方法的思维过程，才是“授之以渔”。“故君子之教，喻也”，启发学生自主完成得出方法的思维过程，才是真正的“喻”。

高考中，往往针对多数学生似是而非、知其然不知其所以然的薄弱环节来命题，因而，教师备课时要分析学生思维可能受阻的环节。学生的水平不齐，为了面上的照顾，教师需要按部就班地讲，但一定要有提纲挈领、纵览全局的本质揭示，让学生在拆解、拼装中有所悟得。

如果教师自己只是勉强能做，边看答案边讲，就无法在课堂上挥洒自如，多半只是讲给自己听。就题论题，完成任务式的讲解，结果往往是教师讲过了，学生并没有真正掌握。因而“玩活”学生思维的前提，应该是教师思维灵活，先行深度思考。只有准备充分，方能应付自如。

第三，增强课堂提问的有效性。《论语·述而》有云：“不愤不启，不悱不发，举一隅，不以三隅反，则不复也。”“愤”，指心里想求通而又未通；“悱”，指想说而又不知道怎么说。“举一隅”，意为以一个角为例来告诉学生。“不愤不启”，意为不到学生努力想弄明白但仍然想不透的程度时，先不要去开导他。“不悱不发”，意为不到学生心里明白却又不能完整表达出来的程度时，先不要去启发他。“举一隅，不以三隅反，则不复也”，即教给学生一个方面的东西，如果他不能由此推知其他三个方面的东西，那就不要再教他了，因为他不用心思考。孔子的教学中对学生有着严格要求，强调先让学生积极思考，再适时进行启发。

课堂要关注学生的思维容量，遵循问题—思考—感悟—收获的顺序。问题—思考，说明思自疑起，课堂应该具有问题化、探究式、挑战性的特点；思考—感悟，说明慧由心生，课堂上有了认知冲突，学生有了对知识外省内化的过程，才“玩活”了思维；感悟—收获，说明有悟才有得，通过大脑的积极思考，完成“由外而内，由懵到懂，由混至清”的感悟过程。这个思考感悟的过程，学生必须主动参与。如果点拨、启发过早过快，就会产生最糟糕的情形——教师代替学生思考。

在课堂上，学生思维的启动，源于教师的有效提问。提问不是为了寻找正确答案，而是为了让学生展露自己的思维过程。有效提问源于精心设计，应避免“是”与“否”，避免急于给出答案，不要随意打断学生的思维过程。老师对答题学生的选择、对学生可能的答案，都要有所准备。课堂提问有很多种：按功能划分，有激趣型、联想型、悬念型、过渡型、发散型、猜想型、反馈型；按方式划分，有引导式、比较式、总括式、点拨式、归纳式；按认知水平划分，有回忆型、理解型、分析综合型、评价型。

第四，课堂要尽学生之智。教师总喜欢以自己最得意的一届学生为标准，来要求当下所教的学生，这是教育的悲哀。如果教师因思维定势而按部就班、照本宣科，就很难满足思维灵活的学生的需求，也不能适应当前中、高考改革的需要。教师必须不断学习，了解掌握培养学生思维能力的相关理论，提升对教材的解读能力。

一般来说，如果教师上课依循旧例、懒于改变，课就是上给自己听的，学生不听也懂，或者听了也不懂。教师唯有针对课堂情况的变化而反思、改变，有危机意识，向内归因，以学生为中心，才有自我的真实进步。

韩非子曾说：“下君尽己之能，中君尽人之力，上君尽人之智。”“尽己之能”，课堂就成了教师的表演场所；“尽人之力”，课堂相对低效，教师会让学生通过大量的课后作业来弥补；“尽人之智”，课堂可激活学生的内在生命能量，培养学生的思维能力，提升学生的思维品质。

拓展学生的思维维度

如果我们在教学中对逻辑思维、形象思维还算重视的话，对其他的一些思维类型就显得不够重视，这对学生的思想、学习、生活、身体、心理等方面的健康成长都会造成不良影响。当下，我们的教育中比较欠缺的是幽默思维、逆向思维和发散思维。

第一，幽默思维。同样是失恋，有的学生会采取轻生等极端的做法；有的学生则持“天下何处无芳草”的观点，不心急，慢慢来，说不定下一次会遇到比现在更好的人。人生中会遇到很多坎，幽默思维是保障自我终身幸福的前提。要培养学生拥有幽默思维，老师和家长首先应该是一个幽默的人。要教育学生学会乐观宽容地面对人和事，热爱生活，用心去感悟生活，有时还需要适当的自嘲。教师可指导学生多看、多读幽默轻松的故事，家长可以多让孩子讲讲有趣的事。

第二，逆向思维。比较自私、相对自我、出了问题总是向外归因的人，往往没有学会换位思考。培养孩子的逆向思维，应该从小开始，比如空间顺序上的上变下、前变后、左变右，时间顺序上的早变晚、先变后、快变慢等。看外形直观的事物，鼓励孩子从另一个侧面去思考；帮助孩子学会区分事物许多相反的属性和特点。重构经典故事，从另外的角度重新构想故事的结局或通过句式转换等，也可以训练孩子思维转换的能力。

第三，发散思维。曾经有一位支教老师问一名高三学生："学校背后是山，山的背后是什么?"学生不假思索地回答："山。"可见长期生活在大山深处，限制了孩子们的想象力。培养孩子的发散思维，要鼓励孩子大胆提出设想，不要总是对孩子说什么是不切实际的；应让孩子多接受新的事物，并且乐于和他人分享；让孩子适度地玩脑筋急转弯、搭积木、做手工、造句等游戏；鼓励孩子想出其他解题方法做数学题；多带孩子去感受大自然，适当地鼓励孩子说"错话"；运用简单的"头脑风暴法"，让孩子聚在一起，各抒己见。

生源差时，把学生管住，从声静到心静，台江人就成功了；生源好时，把学生思维"玩活"，从记记背背到思考感悟，台江人正面临考验。

教师应该明白两件事

教育应顺应人性，回归本原；应遵道而行，道法合一。在我看来，教育之道就是两条：人的身心发展规律和教育教学规律。

作为一名教师，每天都在从事教育教学工作，即提升孩子的公民道德素养水平，传授科学文化知识。那么学生的品行是如何内化的，其内在规律是什么？学生的学习究竟是怎么进行的，其内在机制是什么？我以为，这是教师应该明白也必须明白的两件事。

学生品德内化的螺旋式上升过程

道德教育不能用学科教育的一般方法来处理，而在学校管理实践中，往往简单化地布置一些规定、要求后，就开始检查、扣分。这容易造成学生在人前的强制性外化，而不是真正意义上的知行合一。把品德内化过程当作一个认知问题来处理，容易造成学生认知与行为之间的断痕。

在“知—情—意—行—信”的心理过程中，教师讲的道理、提出的要求，学生未必都能接受，会有一个内在的分析、甄别、选择的过程。在这一过程中，个人的理解、情感会起重要作用。即使感情上接受了，觉得应该这样做，但与能这样做还是有距离的，容易“三天打鱼、两天晒网”。因而，还需要在意志上进行强化。经历认知到位、情感接受、意志强化这些环节后，再付诸行动，就会产生较好的效果。学生有了收获后，感到这样做是对的，坚定了信念，这个“信”就成了更高层面上的“知”。由此完成了螺旋式提升的过程。

教育实践中，感受阶段因学习太忙而被忽略，分析、甄别、选择阶段由教师替代，这样的德育工作往往收效甚微。有经验的教师总是把主要精力放在情感的激发和意志的强化上；经历即人，只有把教育与学生的生活与经历联系起来，才能激活情感、催生意志。

扶贫先扶志，但从严格意义上说：志向是属于“知”这一领域的东西，是人的本能需要之外的；从人的需要层次上说，是“次要”的，没有迫切性。人生来就有好逸恶劳的倾向，而践行志向要“劳”；人生来就有避苦求乐的倾向，而践行志向不那么快乐。所以，我们看到很多人实现志向的力量强度不够，表现为志长气短，甚至有志无气。就多数人而言，天生的避苦求乐倾向往往强于意志，导致人的潜能得不到发挥。后天培养的意志力，大部分要用来抑制住先天惰性，有余力再用来实现自己的志向。

所有的教育，归根结底都是自我教育，要让学生在感悟的过程中实现自我教育。学校教育是一种保护和奠基，是一种生活和创造，是一种唤醒和发现。为防止人在生理上的不可逆变化，需要医生及时抢救；为防止人在精神心理上的不可逆变化，需要教育者及时“唤醒”。

有悟才有得

学生究竟怎样才能学进去？这是一个看似浅显，细想起来又极其深奥的问题。每天都在给学生上课的老师，可能也没有真正思考过。我们的课堂日复一日，每天都在重复着“昨天的故事”：先是学生看着、听着老师讲解新知识、新方法；然后学生模仿老师讲的方法操练几道题目；接着教师就布置作业，进一步强化。似乎真正的学习还没有发生，课堂教学就已经结束了。

学习是认知结构的构建和重新组合，是把有内在逻辑结构的教材与学生原有认知结构关联起来，让新旧知识相互发生作用，使新材料在学生头脑中获得新的意义的过程。在此过程中，新内容与原有认知结构能否关联起来，取决于学生原有的知识基础以及对原有知识的主动调取能力。新旧知识发生相互作用，就是以学习者的大脑为平台、以思维为模式、以旧的知识为基础，去理解新的知识。总之，有效的学习过程，一定是积极的思维过程，需要学习者积极参与、积极思考、认真感悟。

2012年，我曾在《人民教育》杂志发表《识得、习得与悟得》一文，将学习由浅入深分为三重境界，并归纳提炼出如下逻辑关系，以图揭示学习的内在机制：

听与看——接受——识得——知识层面——知识——知；

做与练——模仿——习得——技能层面——技能——术；

思与觉——内化——悟得——价值层面——智慧——道。

教的秘诀在于度，学的真谛在于悟。知识总是外在于人的，是材料、工具，是可以量化的“知道”。只有让知识进入人的认知本体，渗透到人的生活与行为中，才能转化为素养。其中，进入认知本体的途径就是悟，就是要对知识方法有“意义理解”，有规律性的认识。

教师讲的东西，是教师的理解、归纳、提炼与感悟，是教师多年修炼积累的东西；对学生而言，这一切都是外在的，学生可能听得懂，但往往一听就懂、一做就错、一变就懵。学生按照老师的要求，依葫芦画瓢，做了、考了，但由于还没有真正内化为自己的东西，所以容易产生错觉。教师教出了，学生没有学到，教师也容易因此心生抱怨。

课堂上重要的不是教师讲了几遍，而是学生是否建立起了自己的知识体系，悟到了什么。课堂上，要给学生悟的时间、悟的情景、悟的载体。没有完全内化的知识方法往往是孤立的，找不到相互之间的内在联系，也就是说，学生没有把书读“薄”。

当学生有疑问时，无论是学习上的，还是思想、生活、身体、心理等其他方面的，好教师、好家长都不会直接告诉学生答案。教师、家长的任务是启发学生思考，帮助学生一起分析，而不是把想好的东西交给学生。无论教师还是家长，都管不了学生一辈子，最后的答案永远应留给学生自己去拿捏。教师不说破，才有学生的全部所得。如果学生启而不发，往往是因为老师启不得法。

谈谈黔东南少数民族地区教育改革的路径

2014年，教育部印发了《关于全面深化课程改革　落实立德树人根本任务的意见》，首次提出“核心素养体系”这一概念，明确了学生应具备的适应终身发展和社会发展需要的必备品格和关键能力。普通高中课程标准随之修订，也将核心素养作为重要的育人目标。核心素养内涵包括文化基础、自主发展、社会参与三个方面，综合表现为人文底蕴、科学精神、学会学习、健康生活、责任担当、实践创新六大素养。

来到黔东南支教，我对落实立德树人要求、培育学生核心素养、推动少数民族地区教育改革有了些许思考。我认为，贵州省部分少数民族地区的教育改革中尤其要加强六大核心素养中的四大素养的培育。

加强学生人文底蕴

人文底蕴是指人对文化的深厚积淀。文化是民族的精神和图腾，也是一个人的“根”。人文底蕴是使一个人得以成为人和发展为人才的精神支撑和内在动力，影响着一个人的精神品格，滋养着一个人的心灵性情，着眼于情感的潜移默化。它不能一时而成，而要依靠日积月累；不是烈日一般明丽张扬，而是润物细无声般潜移默化。一个真正具有人文底蕴的人，其心性必是豁达的，其灵魂必是纯净的，其意志必是坚毅的。

黔东南苗族侗族自治州位于贵州省东南部，地处大山深处，苗族、侗族为主要民族，夹杂着水族、瑶族、仫佬族等。苗、侗两个民族只有语言没有文字，给当地民族文化的积淀带来了一定困难。同时，长期以来由于大山阻隔、人烟疏散、语言不通、基础教育薄弱等原因，当地与其他文化包括中华主流文化之间的交流受到很大限制。苗文化是中华文明中的一个子集。当地学生都有心系苗疆、热爱家乡的情怀，但对苗文化之外的其他中华文明的认知还存在诸多不足。

如何提升黔东南地区学生的人文底蕴呢?

孔子提出“君子不器”，认为一个有才华的人不能像“器皿”，而应该多才多艺，拥有多方面的知识和能力，汲取广博的人文知识。苗岭明天的希望在于人，经济建设的目的之一也是人文建设，人文建设反过来也必能推动经济发展。提高当地学生的人文素质，应从补充精神食粮开始，从而使其文化底蕴越发醇厚，心灵更加充盈。

第一，要推动多元文化兼容并蓄。世界上任何一种文化都是在兼容并蓄中才能生生不息，拒绝改变、故步自封必然导致文化停滞不前，直至萎缩消失。苗文化要获得长足发展，亟须在与外界文化的交流互鉴中实现创造性转化、创新性发展。无论是苗文化的精神价值层面还是其具体表现形式和内容方面，都应该与时俱进，以新时代推动引领地方经济社会发展为立足点，而不应成为发展的牵制、思想的负担。苗族同胞应当自信开放，积极拥抱当今世界先进文明和中华民族共同的优秀文化。教育领域的当务之急是在基础教育的前期加强汉语、英语的普及和强化，让孩子在语言学习的敏感期，又好又轻松地掌握最基本的文化交流工具，为将来继续学习、提升人文素养、成为面向世界的优秀人才打下扎实的基础。在吸收多元文化的同时，当地宣传文化部门也要注重保护、传承、发展好本民族的文化精髓，并赋予其符合时代审美的形式和内容，真正使苗文化在继承中发展，在发展中创新。凭借开放和包容，增强本民族文化在世界民族文化之林中的实力和底气。

第二，要创建深厚的校园文化。学校应有意识地把一些经典文化和教育理念，通过多种形式和渠道沁入师生的心田，并逐步把它们根植于整个办学过程中，力争让校园内的每一处、每一景都染上浓郁的文化色彩，体现丰厚的文化意蕴。

首先要营造整洁优雅的校园环境。按照“文明、洁美、安全、有序”的目标，不断加大校园环境建设的力度，营造校园四季景色宜人、书香沁人的和谐氛围，让人走进学校就有一种清新亮丽的感觉。在校门、大厅等醒目位置，展示学校办学历程、办学成果和办学特色，增强师生自豪感、归属感和凝聚力。在教学区、运动区内，可适当设置气势恢宏的大型围墙宣传字画，起到怡情励志的作用。

其次要形成富有特色的楼层文化。根据校舍特点，可设置“艺术走廊”“文化走廊”“名人走廊”等楼层文化。其间布置名人画像、名言警句、各种专项教育常识、师生书画作品等，使广大学生在榜样的激励中不断增强自信、超越自我。

最后还要鼓励全体师生参与校园文化建设。通过各种各样的教育教学活动，让师生学习文化、理解文化、掌握文化、运用文化，在体验文化中接受文化的熏陶，在运用文化中创新文化，使校园文化建设真正落到实处，充分发挥校园文化在学校发展中的动力作用。

第三，涵养教师队伍的人文情怀。陶行知先生说：“学高为师，身正为范。”教师，肩负着教书育人的重要责任，教师人文修养的厚度决定着学生学习所能达到的高度，要用教师的人文素养来影响和塑造学生的人格。

教师要德才兼备，以德为先。中华民族的历史长河中，教育的首要目标乃至全部的教育内容，都是教学生怎么做人。教师德艺双馨，学生才能品学兼优，德和品排位在前，作为前提规范，失德则无品，再高超的才能和技巧也可能成为使人误入迷途的祸害。教师是人类灵魂的工程师，首先要确保自身灵魂的纯净，摈弃功利浮躁，尽力做到一尘不染，守卫教育的净土。人类道德的基点是爱与责任。教师要爱学生、爱学校、爱教育，从中找到自身的价值，以人为本，倾尽心血教书育人，而非机械地教书、授课完成任务。

教师还要加强人文学科学习。人文学科不追求直接实用性，更关注思想，会影响和改变人们的世界观、人生观、价值观，间接作用于其他学科的发展，并指导现实实践。因此，学科教师不仅要掌握精湛的学科专业知识和系统的教育科学知识，还要学习一点哲学、历史、文学等人文学科知识，并将其转化为自身学科教学的指导思想。教师要树立终身学习的理念，始终坚持在岗自学，不断地给自己“充电”，以适应社会不断发展的需求，用自己广博深厚的学识潜移默化地影响学生。

第四，要提高学生的人文素养。首先，应开拓学生的视野。视野决定见识，站得高才能看得远、看得全，看得清事物之间的联系和发展脉络。一个人见识的广度和深度，是决定其能否立足社会、成就事业的核心因素。开拓视野、增长见识，最重要的途径是读万卷书、行万里路。读书，最好能够静下心来读经典、读原著，因为“为有源头活水来”。经典之所以成为经典，是因为它经过了岁月的淘洗，经历了历史的检验，充满先人的人生智慧和思想哲理。在尽览古今中外经典的同时，苗疆的孩子更应该走出去，看看山外的世界。在课堂学习之外，学校和家长们应多鼓励、多组织孩子们外出学习参观，到广阔的自然、社会场景中获得直观体验，验证读书习得的知识，并更好地运用于生活实践。

其次，应帮助学生树立高远的志向、高雅的志趣。历史上每一位有作为、有成就的杰出人物，都有远大的志向，且历经磨难而不衰。我们的学生不应满足于考上一个不错的学校、找到一份不差的工作、得到一份不低的收入、享受一种安逸的生活，而应该志存高远、不畏困难、勇于进取，通过寒窗苦读走出大山，用知识改变命运，改变一代一代穷下去的命运。高雅的志趣催人奔向高尚，平庸的志趣使人走向庸俗，低俗的志趣让人陷入卑下。青年学生要纯粹、高尚，脱离低级趣味，绝不能一味玩乐，热衷于笙歌燕舞、沉溺于赌玩酒色、丧志于追名逐利。学生要追求能够陶冶情操、丰盈精神的生活方式，多培养琴、棋、书、画等高雅的兴趣爱好，进而提升审美、陶冶性情、滋养精神，培养良好的性格、顽强的毅力、坚定的意志等。

人文底蕴需要长期积累沉淀，不能突击，也无法突击，一蹴而就是行不通的。教育的发展与一个地区的经济社会发展互为基础，人文底蕴的缺失最终会阻碍教育的发展。教育改革要想成功，就必须从小学、初中开始强化、夯实学生的人文素养、人文情怀，提高其审美情趣，最终增强其人文底蕴。

帮助学生“学会学习”

在黔东南地区，受生长环境及传统“灌输式”教学模式等的影响，学生中较为普遍地存在学习习惯不佳、主动性欠缺、学习思维容量少等问题。一方面，学生没有主动地学，更没有主动地思考“我这样学有没有用”“怎样学才能提高效果”等问题，对学法的研究严重不足；另一方面，课堂教学模式传统，国内外先进的教育思想、理念和教学模式如“翻转课堂”“先学后教”“微课”等的影响十分有限，教师甚少有机会真正学习和使用这些教育教学方法，严重影响了学生自主学习能力的培养。结合在台江民中的实践，我认为可以从以下几方面帮助学生学会学习。

第一，学校要改革管理体制，促进学生自主学习。台江民中实施封闭式寄宿制的规范化管理，保证了学生有高度集中又比较充裕的学习时间。充分利用好三个多小时的晚自习时间，使其成为学生独立思考、自主学习的时间，可有效提高学生的自学能力。为此，我们先在全校启动“安静学习月”活动：在全校师生大会上讲“每临大事须静气”的道理；晚自习期间学生不许在教室里讨论，每个学生安静下来自主学习。次月，全校进入“自主学习月”，要求学生记好上个月的月考成绩，立下下个月月考目标，全力冲刺突破。两三个月下来，整个学校的学习气氛浓厚了，学生们的学习习惯和自主性得到明显提升。

第二，要打开学生获取外界信息的通道，培养学生获取信息的能力。学校每天早上6：30—7：30播放新闻，给每个班级订阅《中国青年报》和《黔东南日报》。《光明日报》浙江记者站还向每个班级赠阅了《光明日报》。通过读书阅报听广播，学生们接触外界信息的渠道和机会大大扩展了。

第三，学校改革教学模式，大力推广先进教育理念、教学模式等。结合“翻转课堂”等教学模式，大力倡导教师将课堂教学的内容问题化，让教学更富有探究性、挑战性，激发学生的学习兴趣和思维拓展。普遍采用“导学案”模式开展教学活动，大力倡导先学后教。通过与名校之间开展“同课异构”、本校教师外出考察交流、争取优秀教师到校支教等方式，全面加强教学交流活动，提升教育教学层次，促进学生的高效学习。

增强学生的责任担当

2016年，台江民中学生接受的资助款项累计近800万元，其中，国家助学金243.2万元，教育精准扶贫325.966万元，退回学生学费、书费、住校费128.8万元，中国福彩助学金等各类社会组织与爱心人士资助98.75万元。如此大规模的资助行动，有效地帮助学生渡过了生活难关，但也在一定程度上使一些学生产生了不劳而获的依赖感。来自外界的资助和扶持只能是一时的，要实现真正意义上的脱贫，改变人生、改变家庭、改变整个地区，最终都只能靠自己。因此，培养本地区学生的责任担当尤其重要，唯有广大青少年学生立志高远，承担起对自己、家庭、社会的责任，“落后”这张标签才能慢慢地脱落。在实际教育教学中，我们正努力培养学生的责任担当意识，如通过“修家谱，理家训，写家史，传家风”活动，增强学生对自我、家庭乃至整个社会的责任感。

又如，结合学生受到的各方面资助，我们适时开展感恩教育。面对国家和地方各项扶贫政策的帮助，以及素不相识的爱心人士的慷慨捐助，我们教育学生要有一颗感恩的心，更重要的是在感恩的同时实现自立自强，以回报爱心人士和社会。“滴水之恩，当涌泉相报。”但感恩不是一次性举动，更不应该是冲动的行为，那样只会流于形式，毫无意义可言。我们让学生知道，感恩并不需要做出惊天地、泣鬼神之举，只需要立足当下，力求日有所进，尽力而为，现阶段唯有发奋学习，不断充实提升自己，将来才能成为对家庭、社会和国家有用的人才。

物质上一时的贫困并不可怕，可怕的是缺乏改变贫困的精神。物质脱贫可以通过外在帮扶实现，而精神脱贫只能依靠自身内在的觉醒和奋斗才能成功。

培养健康的生活习惯

人生有一件事最为重要——健康。拥有健康的体魄方能感受美好的生活。健康地生活，才会拥有健康的身体。良好的生活习惯不仅能够促进个人的身心健康，还对个人发展起着不可估量的积极作用。

由于生育偏早、“生而无教”、隔代养育等现象较为普遍，又因为青少年时期自我管理能力相对欠缺导致生活习惯不佳，黔东南地区很多学生的身心发展受到不同程度的影响。学校要培养具有健全人格的学生，就离不开对学生健康生活习惯的培养。叶圣陶先生说：“什么是教育？教育就是培养良好的习惯。”健康良好的生活习惯是人一生的财富、是教育给予学生的财富。王尔德也有言：“起初是我们养成习惯，后来是习惯造就我们。”当家庭教育中缺失了对孩子健康生活习惯的培养时，学校教育就显得尤为重要。培养学生健康的生活习惯可从身体和精神两个角度思考，具体可从以下方面入手。

第一，培养学生健康饮食与规律作息的习惯。健康的身体落实在“吃”“睡”二字上。在当地现有的生活环境中，学校可根据实际从食堂、宿舍管理和值周教师三方面把握，努力培养学生良好的饮食、作息习惯。饮食上，提倡荤素搭配、辣淡皆有的食谱，杜绝零食，增加水果和粗粮的摄入，均衡营养；作息上，制定时间表并严格执行，配以值周教师监督，既能保证学生中午和晚上睡眠充足，也能形成规律，让学生调整好生物钟，储备好精力。

第二，培养学生乐于运动的习惯。鼓励学生走向操场、走进大自然、走到阳光下积极参加体育运动。学校除了保证基本的课间操、眼保健操和体育课之外，可以根据学生的兴趣在课外活动时间开展形式多样、生动活泼的大课间活动。兴趣是最好的老师，要让学生积极主动地参与运动，并在运动中感受快乐，学校可以通过调查问卷的方式了解学生的需求，并据此成立社团，既有监督机制，又能让每一个学生在课外活动时间、在自己喜欢的社团里与志同道合的同学一起运动。在运动中沐浴“阳光”，培养学生自信自爱、坚韧乐观的心理品质，让学生掌握适合自己的运动方法和技能，促进学生成长。

第三，培养学生的健康心理。学校应高度重视学生的心理健康教育，开设心理健康相关课程，让专职的心理老师授课。同时，学校可配备个体心理咨询室、团体咨询室、心理活动室、情绪调剂室，不定期邀请心理学专家到校作心理健康辅导报告。通过心理健康教育，引导学生走出青春期心理困惑，促进学生养成开朗、宽容、乐观的健康心理和拼搏、进取、合作的生活态度。

总之，“核心素养”这一概念的提出，对少数民族地区的教育改革是一个不小的挑战。广大教育工作者切勿视野狭窄、自得其乐，否则终将行而不远。

真爱助力脱贫攻坚，责任引领校长成长

先和大家讲一个小故事。台拱街道泗柳村村民熊玉明今年74岁，他73岁的老伴是一个残疾人。老人有两个儿子，一个因有精神疾病，至今没有成家；另一个儿子于2015年不幸去世，儿媳改嫁了，留下两个孙子，由老人抚养。大孙子在我校读高二，小孙子还在读小学。熊玉明老人先后当了11年民兵连长、3年村长、27年村支书，现在穷困潦倒，既是建档立卡户，又是低保户。

一个月前，他拿着申请，胸前佩戴着党徽，来到我的办公室，表示自己已无力继续供养两个孙子读书。我交给他1000元，并表示，他正在读高二的孙子高中阶段的生活费由我们来想办法解决。他一再表示感谢，说着说着，便老泪纵横。我说，你不用感谢，你担任村干部41年，为党和政府、为老百姓做了很多事，到今天还那么贫穷，不完全是你的错。

我们总是抱怨我们的百姓、我们的学生没有感恩之心，其实这里涉及扶贫定位的问题。如果定位百姓应该是穷的，那么政府给了一些资助帮扶，老百姓就应该感恩、感谢。中华人民共和国成立已70多年了，改革开放也已40多年了，如果定位老百姓不应该这么穷，之所以还贫穷，则是因为我们的工作没有做好，那么我们就会有一份沉甸甸的责任感。我总认为，扶贫不是施舍、恩赐、行善，而是一份责任。

该怎样帮助这里的贫困百姓？我认为教育是最大的民生，教育脱贫是最好的脱贫。台江县是“天下苗族第一县”，苗族孩子是很聪明的。我想，人生而平等，一个人的成功，就是父母给予的先天潜能得到最大化的发挥。在孩子走向成功的过程中，旁人有给予帮助的责任和义务。这种帮扶不应该带有任何主观诉求，不为功利，不求功德，只为心愿。这就是我选择义务支教的初心。

我曾在浙派教育家发展共同体的一场论坛上提出“教育有真爱、假爱与错爱”的观点，并出版了《教育的真爱、假爱与错爱》一书。苏联教育家马卡连柯认为：“爱是教育的基础，没有爱就没有教育。”在我看来，尊重学生的个性，接纳学生的差异，爱学生这个“人”本身，是教育的真爱；而爱智商、爱分数、爱长相、爱家长的权势地位、爱财物，是教育的假爱，是教育者因为功利驱动、个人喜好，或迫于压力而施予学生的爱；溺爱和强制的爱，则是教育的错爱，是教育者忽视甚至违背作为教育本体“人”的成长发展规律，在教育过程中施予学生（孩子）的错误的爱。教育的真爱是不论学生品行优劣、学业好差、家境富贫、长相俊丑的爱，是一种有责任、无差别的爱。真爱无痕，假爱有“衡”。假爱的实质是一种算计，计算着多少爱可以换回多少价值，惦念着这些“回报”能换来怎样的名和利。而错爱则往往体现为爱不得法，爱不得体。

民族地区的很多孩子都经历了“天误”“人误”与“自误”。他们需要爱，需要教育的真爱。这种需要，叩击着我们教育者的心灵，呼唤着教育者的责任与担当。

在今天的仪式上，我为领导、为各位工作室专家和媒体朋友所做的一切而感动。感谢贵州省教育厅的信任，让我担任这个工作室的主持人。我作为校长，理念与管理上的突破，主要是在教育部中学校长培训中心以及由教育部中学校长培训中心直接指导的浙派教育家发展共同体的引导下，在陈玉琨主任和代蕊华主任手把手的指导下取得的。2000年校长培训中心的脱产培训班、2010年的全国优秀校长高级研究班，班主任都是王俭老师，今天他再一次来到贵州跟踪指导，我感恩于心。时晓玲博士从宏志班到浙派教育家发展共同体，一直与我保持联系，给予我指导。任国平编审，与我有过很多联系，还让我在台江组织一组有关解决留守儿童问题的文章，只是素未谋面，在教育脱贫攻坚的大旗下，我们“相见不恨晚”。各位教育专家从北京、上海、杭州、贵阳、凯里来到这山区县城，都带着一份浓浓的爱心聚在一起，带着一份打赢脱贫攻坚战的使命意识、扶贫帮困的责任意识而走到一起，为在中国办出更好的基础教育而团结在一起。

我为过去的宏志生、现在的苗族同胞而感动。我的家访，已经到达台江县的每个乡镇，每次走进苗寨，我都会因为看到自己学生的生活条件太差而心情沉重。但我要感谢过去的宏志生和现在的苗族孩子，因为是他们给了我想要做一点平民教育工作的机会，是他们提升了我的教育理念，是他们丰富了我的人生阅历，是他们充实了我的精神世界。

今天论坛后，希望工作室的30位校长朋友一起努力，成为能想、能做、能说、能写的校长，做一个有使命意识、有傲骨清风、有人文情怀、有“道”的坚守的校长。

第一，使命意识。国家现在大力扶贫，支教、支医。撬动民族地区社会最底层，形成尊师重教、耕读传家的良好民风，是民族地区教育工作者的使命。校长影响着一校几千名师生的命运，责任重大。知识分子应有家国天下的情怀，“先天下之忧而忧”。有人曾说，一个好校长就是一所好学校。仔细斟酌，似乎这句话在西部相对贫困地区并不适用。在这里，一个好书记、一个好县长，才有可能办出一所好学校。可见要做一个好校长的难度更大，挑战更严峻。尽管如此，我认为作为一校之长，我们还是可以有所作为的，甚至是大有可为的。我们需要做的是走进百姓家庭，心中有爱、心怀感恩、心系百姓，俯下身子倾听，了解我们的孩子经历了什么；我们需要做的是走进课堂，了解我们的学生需要什么，我们的课堂教学还缺什么；我们需要做的是走近教师，了解他们的工作，关注他们的生活，知道他们在想些什么，希望校长为他们解决什么。

第二，傲骨清风。改革开放推动了我国经济的飞速发展。也许我们经历的贫困阶段太长了，面对突如其来的物质刺激，社会上出现了一些唯利是图的现象，很多方面也出现了一些问题。“地势坤，君子以厚德载物”，我认为，当下的问题就在于承载金钱、物质、权力、荣誉、地位这些“物”所需要的“德”还没有完全养成。如果立足于为百姓服务，则天宽地阔；如果媚权媚俗，则容易麻木不仁。在教育行政化、形式化的大背景下，我们不要把校长当成行政职务。校长就应有校长的样子，应该保持知识分子的傲骨清风，淡泊名利，潜心于学校管理，提升办学质量。

第三，人文情怀。中国当下的教育，功利色彩太强。学生、老师成了一些校长博取名利的工具。我曾在《人民教育》上发表过一篇文章，题目是“人——孩子——学生”。我认为，我们的学生首先是一个个活生生的生命存在，教育首先应该保持对生命的敬畏，而且他们还只是孩子。人生没有一个阶段仅仅是为另一个阶段服务的，失去了当下，还谈什么未来。中国现已成为世界第二大经济体，于是很多人引用拿破仑的那句话，认为中国这头沉睡的雄狮已经醒了。而我认为，这头雄狮似乎只睁开了窥视物质的一只眼，而眷注精神的另一只眼似乎未完全睁开。读书人应该以百年、千年作为时间单位来审视当下。

第四，“道”的坚守。教育应遵道而行。教育的“道”就是两条：人的身心发展规律和教育教学规律。比较选用全国三卷的各省份高考录取分数线，贵州相对偏低，可见大力提升教学质量乃当前贵州学校工作的重中之重。但质量怎么抓？校长的引领作用该怎样发挥？我们是否应该沉下心来研究学生学习的内在机制？特别是研究学生品行内化的内在规律？

我非常期待与工作室中的校长朋友们一起研究学校管理，研究教育教学的内在机制与规律，更多地发出中国基础教育的“贵州声音”。

（本文系2018年10月30日作者在贵州省陈立群名校长领航工作室成立大会上的发言，略有删改）

教育家办学，需要一点孤独的理想主义情怀

十多年来，各地的“教育家发展共同体”“未来教育家高级研究班”“教育家型校长班”等纷纷出炉。校长被认为是最有希望成为教育家的群体，描绘教育家校长基本素养及其成长规律的文章也时常见诸报端。

但无论是社会大环境，还是教育的内在小环境，促进教育家校长成长的土壤、气候、水分、养料甚至种子都十分欠缺。

教育政绩观扭曲不利于按教育规律办学

当下的教育，很多时候是在政府的行政主导下，按照“长官意志”办学，而没有真正按照教育的规律来办学。

每年高考后，地方政府看重的是上一本线的“绝对人数”“万人比”以及清华、北大的上线人数等，接着就是颁发名目各异的“高考奖”。倘若没有考好，政府领导或许会召集局长、校长开会，批评问责，甚至直接撤换校长。于是，学校教育围绕“长官意志”，把考试成绩作为唯一追求。总之，从上到下，高考成绩已构成当地领导的重要政绩之一，而他们又掌握着校长的“生杀大权”，从而使不少校长开始投情于圈子、人

脉，想方设法护住自己的“乌纱帽”。久而久之，不少校长渐渐地往“权术家”靠拢，而与教育家渐行渐远。

整体而言，中国高中毕业生在基础知识的掌握上不逊色于其他发达国家的学生，但拔尖创新人才的培养，我们还落后较多。

谁赢得高中，谁就赢得人才。“钱学森之问”深深地刺痛了每一个有良知的教育人。现在的很多学校，高中三年，一年半上新课，一年半围绕考纲复习“炒冷饭”，师生合力制作一块“敲门砖”。一个人在接受新事物能力超强的黄金年龄段，新内容的学习戛然而止，每天重复解答机械、简单的问题，便不会有创新的冲动可言。而获得保送资格的学生，都是某一学科竞赛进入国内前50名的人才，对于这些学生，高中已然是“教不动”了，但招收他们的国内一流大学往往又没有相应的跟进措施。我认为，应该探索一条高中与大学合作培养的路径，而不是像现在这样，学生只等着上大学而在高中“磨蹭”一两年时间。现在的很多高中往往聚焦于辅导出多少竞赛获奖学生，在高校招生时可以有几个保送生资格、有几个降分录取的名额、可以降多少分。教育急功近利到如此地步，真是令人揪心。

在我们执迷于“灌输式”教育的时候，是否应该想一想，学生的感受是什么，他们究竟需要什么？当我们执着于分数，为了学生优异的考试成绩而欢呼雀跃的时候，是否需要扪心自问，教育真正的价值究竟在哪里，我们是否麻木了？在我们匆匆赶路的时候，是否需要停下脚步，看一看前进的方向是否有问题？

中国经历了数千年的封建社会时期。其特点之一就是人与人之间等级森严，不同等级的人掌控不同的社会资源，于是人人都急着往上一个等级攀爬，而读书似乎是往上攀升的唯一途径。“万般皆下品，唯有读书高。”“吃得苦中苦，方为人上人。”

如今，我们已经进入21世纪，每个人的智能倾向不同，人与人应该是分类的，而不是分等的。当社会上普遍出现求学目标偏差时，政府应该有更长远的眼光，应该引领全社会，把握正确导向。在一路狂奔着追名逐利的时候，也该停下来，想想自己究竟想要什么，是否逐末忘本了，还有什么比孩子的教育更重要呢？淡忘了尊师重教的祖训是要付出沉重代价的。

校长的办学理念需要在办学过程中进行实践，这需要有一个相对宽松的社会大环境。作为校长，无论权力受到多少限制，只要能按照教育理想和教育规律一心一意办学，那也是件乐事。但事实上，很多时候校长无法做到这一点。在快节奏的现代生活中，我们不知不觉地失去了许多美好的东西。

德国哲学家、教育家雅斯贝尔斯认为：教育首先是精神成长，其次才成为科学获知的一部分。一种极端的教育现实是，家长和学生只注重分数增长，学校只注重升学率增长，教育的追求与现实的取向已经产生了严重的冲突。大多数学校只重知识传授，只重分数成绩，而轻人格形成，轻精神成长，缺乏对生命意义的本真追求。

在高等教育已经大众化的当下，基础教育大多还停留于“不管你是应试教育还是素质教育，只要考得好，就是好教育”的低级阶段。这样的教育充满功利色彩，只着眼于分数，而不着眼于人的全面、完整发展。

过度的功利主义必然导致“灵魂危机”

在功利、浮躁的环境中，很难诞生教育家。社会不同领域的发展目标、方法、手段不同：政治崇尚清明，经济强调效率，军事讲究实力，而教育最应关注的是精神成长。教育是种“慢活儿”，人的成长是一个缓慢的过程；如果教育过度奉行功利主义、效率至上，就会出现“灵魂危机”。

当下，在不少地方，政府的政绩需要、学校的功利意识、家长的现实考量等多方利益契合于极度的应试教育。在我近期的教育考察中，场面上听到的都是课程建设、特色创设，而内在看到的还是极度的应试模式。某优质高中的一间高三教室正前方黑板上方贴着八个字——“罢黜百事，独尊高考”。另一所优质高中的某个高三教室门口的墙面上写着班训：“只要学不死，就往死里学。”凡此种种，不一而足。青少年要刻苦学习自是没错，但现实的时间、体力上的竞争除了让人感到心疼以外，总让人觉得这不是一种健康的竞争方式。在学校，我总希望孩子们能够濡染、浸润在文化里，而不希望看到他们搏击、拼命在高考中。

在西南地区的几所高中，我看到教室的课表上排着上午五节课、下午四节课、晚上两节课，每天要上十一节课，师生疲惫不堪。为了防止劳动者过度劳累，国家有《劳动法》加以保障，每周工作五天，每天工作时间不超过八小时。而处在生长发育阶段的孩子，日复一日每天十四五个小时超负荷地坐着学习，身心承受着巨大的压力。绝大多数孩子的睡眠都严重不足，看脸色就知道是一种亚健康状态，身体的生长发育受到了很大的影响甚至摧残。从某种程度上讲，越是所谓的好学校，对学生生物性一面的压制可能越严重。学校组织的所谓活动，不是为了应付检查，就是一种点缀，而且学生在双休日也往往还有兴趣班、辅导班的安排，起码有大量的作业要完成，初、高中学生几乎没有人能享受完整的双休日。

学校教育，人是目的。但一些学校可能从未思考过人的精神成长、思维发展等。只要是“出成绩”的学校，参观取经者总是络绎不绝，他们“钟情”于能够快速提高考试成绩的应试技巧。不少学校都有所谓的日习、周清、月考、期结，各种应试办法无所不用其极，只顾眼下中考、高考一阵子，不顾孩子成长发展的一辈子。学生每天在思想、学习、身体、生活、心理等多个维度上同时生存，以学为主，固然有其道理，但倘若我们只关注学生的学习，为考而教，过于重视知识灌输，就会出现“精神真空”。

校长缺了什么

对照教育家型校长的要求，我以为当下校长还存在以下问题。

第一，少了一点使命意识。一个人能否被称为“知识分子”，与其所拥有的知识并无直接关系。一般来说，知识分子当然拥有专业知识，但是他所从事的职业与“更大的问题”有关系。宇宙是什么样的？人类是什么样的？人生是什么样的？只有工作涉及这些“大问题”，且富有道德情怀、致力于社会进步的人才能算知识分子。正因此，知识分子成了文化传承的“托命之人”。

改革开放40多年来，我们在物质层面取得了巨大发展，但存在的问题也非常突出，如心灵的提升赶不上技术的进步。这是我们在社会转型时期所面临的挑战，也赋予我们这一代知识分子独特使命。校长作为知识分子的一部分，应该有一种使命意识，不应该每天反复琢磨升学指标、分数成绩。在当下这一特殊的历史阶段，校长应该践行“爱与责任”，坚守道德底线，担当起民族复兴和促进人类进步的责任。

目前，教育本身存在一些矛盾，诸如教育事业的无限性与学校教育的有限性，教育目的的伦理性与教育手段的功利性等。作为一名教育家型的校长，应该思考教育发展的本原性问题，思索人类发展的方向性问题。这样的思考探索是信仰追问，是图腾设计，也一定是精神苦旅。

第二，少了一点傲骨清风。徐悲鸿说：“人不可有傲气，但不可无傲骨。”他旅欧八年，学成回国，投身我国美术教育工作，发展自己的艺术事业，参与田汉、欧阳予倩组织的“南国社”，积极倡导“求美、求善之前先得求真”的南国精神。

所谓傲骨，就是不对上级阿谀奉承，不为升官发财而“攀枝”；得到自己应该得到的，讲自己应该讲的话；如果领导的意见与自己不合，也不说违心的话。

朱熹有言：“人面无真实诚心，则所言皆妄。”校长是一校之精神领袖，其言行举止常被师生引为楷模。我以为，校长的傲骨清风首先应该体现在一个“真”字，按教育本原的规律办事。规律是求真的结果，价值是求善的追求，教育是求真、求善、求美的事业。

某些校长取得了一些成绩，拿到了一些荣誉，便傲气十足，不思进取，认为自己已经掌握了教育的真谛，什么话都听不进，慢慢地就封闭在自满自足的“小圈子”里，与真正的教育渐行渐远。因为总是“听不进”，慢慢地就会“听不到”，总是听不到不同的声音，就会孤陋寡闻，而孤陋寡闻者往往不是自卑就是自大。

第三，少了一点人文情怀。联合国教科文组织发布了关于教育的第三份报告——《反思教育：向全球共同利益的理念转变》，倡导教育应该以人文主义为基础，为尊重生命和人类尊严、权利平等、社会正义、文化多样性、国际团结和可持续的未来承担共同责任；采取开放、灵活、全方位的学习方法，为所有人提供发挥自身潜能的机会。

学校教育，以文化人。如果用一幅油画来描绘学校的人物事态，那么作品的底色该如何确定呢？诚然，不同的学校有不同的基调，但恐怕都离不开其中的主人公——校长。深刻理解“有什么样的校长就有什么样的学校”这句话，我们将领悟到校长对学校文化景观的底色渲染甚至主色调功能。

办学思想是学校的核心，是学校的价值取向、独立品格，是学校之魂，是学校持续健康发展的动力。校长管理学校，做到极致就是一种文化引领。健康的学校文化是学校的宝贵财富，是师生健康成长的阳光雨露，培育优秀的学校文化应当成为校长心中的重任。

人文情怀体现在校长的办学行为上。首先，表现为校长对师生生命质量的关怀。这不仅指要提高教师的衣食住行等物质生活质量，更重要的是让他们享受到工作中的成就感，从而产生更强烈的职业自豪感和幸福感。教育应该有灵魂安顿的设计和精神居所的创生。学校要成为教师的心灵栖所，校长就要成为教师心灵的阳光使者。其次，表现为校长的“人文管理”，即以师生为本的学校管理机制，让师生成为主人翁参与学校决策，让自主管理成为学校的行为准则。再次，表现为校长高远的教育理想，即着眼于学校的可持续发展，摒弃把办学成绩作为“仕途”台阶的私利行为，摒弃以牺牲师生身心健康为代价的短视行为。

第四，少了一点“道”的坚守。校长应该对人的身心发展规律和教育教学规律抱持敬畏之心，并在实践中一以贯之。之所以要对教育之道进行坚定的守护，是因为这种守护有难度、不容易。这种难度来源于“长官意志”下行政命令的干扰，来源于社会片面追求升学率倾向的侵袭，来源于自身功利的诱惑。

我以为，关于中小学教育种种问题的探索，大学教授可以在理论层面研究得很透彻，但由于他们没有亲身进入中小学课堂，因而这种理论往往难以与实践有机衔接。我把这种现象称为“下不来”。而长期在实践一线的中小学校长、教师具有大量的实践智慧，但对于种种问题的理论背景和源头不甚明了，这叫作“上不去”。谁能够更多地找到理论与实践的结合点，谁就更接近“草根教育家”。中小学校长有实践优势，又有着比一般教师多的培训学习机会，理应成为“草根教育家”的最有力人选。

当然，“草根教育家”必须有自己的教育思想，这来源于对教育问题的独特理解与感悟。如果观点是一个点，理念是一条线、一个面，那么思想就是成体系的立体的几何体。社会意识有两个层次，较低层次的叫社会心理，较高层次的就是思想体系。所谓一些校长有“思”有“想”而没有思想，就是还没有构建起自己的思想体系。

我以为，校长有时必须是一个孤独的理想主义者。因为一个学生、一个教师、一所学校的发展存在着很多种可能性，而我们总梦想着能够往最好的方面去发展，这其中带有一定的理想主义色彩是必然的。很多时候，校长所思考的问题，都是教师还没有想到或者不会去想的，因而有时校长是孤独的。譬如对教师的引领如何展开？学生思想工作如何进行？办学质量提升的根本在哪里？校园的文化氛围如何营造？以上归纳有什么共同之处？支撑这些行为背后的理念是什么？这些理念的共性何在？这中间层层递进的过程，也就是校长独特教育思想的产生过程。

（本文发表于《人民教育》杂志，略有删改）

附录

我们眼中的陈立群

我们都是被您点亮后，闪烁在天空的繁星，我们都将接过您的旗帜，在无数的岗位上以爱和责任践行为民、务实、担当、奉献的宝贵精神，豪情满怀地走向诗和远方。

以陈校长为榜样做个好老师

我叫莫昌剑，是贵州省台江县民族中学总务主任。因台江县的苗族人口占比为98%，该县被誉为“天下苗族第一县”，同时也是国家级贫困县。台江县民族中学是县里唯一的普通高中。

2016年8月前，我和我的同事一样，在校外不太愿意说自己是台江民中的老师，因为我校高考成绩年年在全州垫底，是大家眼里的“差校”。学生抽烟、喝酒、上网打游戏等现象长期存在，老师面对如此糟糕的学风也无心教学。如今，不管我们走到哪里，都会骄傲地说：“我是台江民中的老师！”这样的自信，都得益于来我校支教的陈立群校长！三年多来，是他率先垂范，带领全校教师，建章立制、整肃教风，重教育、抓养行、整顿学风，让台江民中旧貌换新颜，推动整个台江的教育事业驰向快速的快车道。

初见陈校长时，他一身西服、系着领带、挎着双肩包，文质彬彬，与人说话轻声细语，一副文人、学者的模样。可令人想不到的是，他做起事来却雷厉风行。

我校原来的食宿条件非常落后，卫生状况堪忧：全校“一个食堂一口锅，几十人一间睡一窝；白天食堂苍蝇飞，晚上寝室蚊子多”。如此恶劣的食宿环境不改变，想要实行全封闭式管理是不可能事件。陈校长到任后，立即组织后勤、基建人员，挖潜力（充分利用原有设施）、找机遇（验收教学楼地下一层楼）、抓改造（打造满足师生食宿的安全、卫生条件）。在短短两个月内，锅由一口增至六口，食堂由一个变成三个，又加快了三幢没能如期完工的新宿舍的建造和验收，解了学校的燃眉之急。这下，让全校师生看到了学校的希望，也感受到这位新校长不简单！

食宿条件的改善，极大地增强了学生对学校的亲近感和归属感，但下一步建设优良学风的难度更大。治学、管理经验十分丰富的陈校长，心里清楚该怎么办：首先，在调研的基础上提出整改方案；其次，团结、依靠教师骨干狠抓教风建设，以教风带动学风；再次，通过针对性极强的、学生又乐于参加的“安静学习月”“自主学习月”等活动，使学生原本浮躁的心慢慢沉下来，将他们的兴趣和精力引导到学习上；最后，发挥榜样的力量。陈校长处处以身作则，每天早到晚走，早晨6：40左右到校，晚上10：00左右离校，还经常走进教室听课，挨个教室检查学生早读、晚自习的情况。

上下同欲者胜。在陈校长的“主政”下，学校校风有了根本性的好转，教育质量有了显著跃升。辍学学生从三年前的每年100多名到实现现在的“净流入”；中考录取分数线从260分到2019年的487分，首次位列全州15个县第一名。值得一提的是，在2018年高考中，8名学生的考分超过600分，打破了本校高考11年无600分以上的历史纪录。2019年，州教育局下达给台江县民族中学的一本指标为44人，实际完成107人，完成率达286%；二本指标306人，实际完成561人，完成率达183%。3年间，台江县高考增量从全州末尾冲到了全州第一，让每年二本上线率仅为10%、2008年和2011年只有1人考上重点大学的台江县民族中学实现“逆袭”。

如今，台江县百姓对台江县民族中学充满了信心。整个台江，从县城到苗寨、从干部到群众、从普通市民到普通村民，都在赞扬陈校长给苗疆带来的改变，并从内心深处感谢杭州为台江送来了这样一位好校长。

把一个人支教变成万人勠力同心，
通过众人合力点亮千万穷困孩子的未来

作为经验丰富的老校长，陈立群最懂得教师队伍建设的重要性。

教师队伍的稳定是教师队伍素质提升的基础。下面我举个例子，说明陈校长是怎样维持教师队伍的稳定的。

2017年上半年，在校工作了15年的数学老师刘明，向陈校长提交了一封辞职信，说自己“铁了心”要去私立学校任教，提出下半学期开学前就走人。大家都对这件事留意观望，看陈校长会怎么处置。

经过仔细询问，陈校长了解到事情的主因是刘明的家庭经济压力过大。刘老师马上要做第二个小孩的爸爸了，高兴之余不免犯愁：每月3000元工资要养活全家6口人，这日子怎么过？今后的生活实在太难了。了解情况后，陈校长在工作上给予刘老师更多支持，在生活上给予更多关怀和帮助。刘老师第二个孩子刚出生，陈校长立马到台江县人民医院看望，趁机和在病房中照看妻子的刘明推心置腹地长谈。最后，陈校长满怀深情地说：“刘老师，学生们都十分想念你，盼你

能早点回来。”校长无微不至的关怀和学生的爱戴与信任，深深打动了刘明。他红着眼说：“陈校长，我不走了，辞职信我收回。”

因为待遇水平跟不上，前几年，台江县民族中学每年都会有教师离职。为了解决教师待遇问题，陈校长没少跟当地教育部门争取，但由于当地财力实在有限，到手的补助杯水车薪。为奖掖先进、鼓励优秀教师，陈校长还把自己获得的国务院特殊津贴和杭州市杰出人才奖的奖金拿出来，设立“陈立群奖教金”，每年奖励9名教师，每人5000元，并已连续颁发3年。平时，每当教师家里有红白喜事，陈校长都会到场祝贺或慰问，第一时间带去学校对教师的关怀。在全校教职员工看来，陈校长道德高尚，心中有大爱，工作有魄力，观念新、办法多、接地气，浑身充满正能量。

陈校长是优秀教师的代表，是优秀教师中的骨干，是一所学校的领航人、掌舵人。一花独放不是春，万紫千红才是春。陈校长在帮助台江县民族中学发展的同时，还将目光投向了贵州全省。他曾说，“所有的帮扶总是暂时的，所有的支教总是要结束的”，要实现贫困地区教育的真正发展，离不开一批带不走的中学校长和一支带不走的优秀教师队伍。为此，陈校长积极探索、建立符合贵州省教育改革发展需要的校长培养机制，义务给省内校长授课，累计培训校长教师超过万人。陈校长把一个人的支教变成一群人的勠力同心，促进了台江县、黔东南州乃至贵州全省校长及教师队伍的质量提升。

扶贫先扶智，治贫先治懒，脱贫先脱愚。身处大山深处，在那些聚光灯照不到的贫困家庭中，孩子们的未来由谁点亮？陈立群校长给了我们最好的答案。

学生有他很“暖心”，家长有他很“放心”，教工有他很“安心”

陈校长是大家眼中的“严师”，但他更是学生心目中的“暖男”。苗族孩子大多比较内向，往往不善于表达，于是往往将个人的烦恼、学习的困惑、家庭的困难以及对学校管理的意见都写在信中，向陈校长悄悄诉说。

2017年底的一天，陈校长打开办公室的门，发现地上有一封信。写信的是高三学生王世珍，当时，她因母亲尿毒症晚期无人照看，提出退学。陈校长立刻前往医院探望并给予资助。在征得医生同意的情况下，陈校长把她母亲从州医院转到县医院治疗，并耐心说服王世珍一边读书，一边照顾母亲，还免除了她的学费。王世珍也挺争气，于2018年考入了贵州民族大学。她的母亲见没有因为自己的病情而耽误女儿的学习，十分欣慰，病情也已基本稳定。王世珍说：“在我生活一片黑暗的时候，陈校长就像一盏灯，照亮我的内心。我希望以后能回到家乡，成为一名老师，像陈校长一样，做一个有爱心、有责任心的好老师。”

像王世珍这样的学生，陈校长不知遇到过多少个。学生们步入台江县民族中学时，她们眼中的世界只是这片大山，填报高考志愿很少有人关注贵州省外的高校，而现在，她们拥有了五彩斑斓的梦想。2019年高考后，到浙江读大学的张夏夏在给陈校长的信中说：“正因为您的到来，我才有了要走出贵州的不平凡想法。”值得一提的是，通过2019年高考，全国各省（自治区、市）几乎都有我们台江县民族中学的毕业生。不曾想到，作为台江县民族中学的教师，居然也可以有“桃李满天下”的荣耀。

忙碌的日子总是过得飞快，转眼间陈校长来到黔东南支教已3年8个月。这次来杭州，我坐了7个多小时的高铁。这样艰辛的旅程，对我这个30多岁的青年人而言，身体都有点受不了，而陈校长已经60多岁了，3年来竟跑了40多趟来回，而且每次来杭州处理完事情后都会第一时间风尘仆仆地赶回台江。可想而知，他的身体承受了多少压力！对这一切，我们看在眼里、疼在心里。陈校长家有90多岁的老母亲，自己早过了退休年龄，多年来为教育作出了重大贡献，本该回家颐养天年，可他还奋战在义务扶贫支教的第一线，太令人感动了。3年多来，陈校长与全校师生结下了深厚情谊，大家真舍不得他离开。教室走廊上，学生们围着陈校长说，“您要等我们毕业再回杭州”；家长会上，家长们都站起来说：“怎么分班我们不关心，只要您在，我们就放心。”

3年多来，我们认真阅读了陈校长写作的16本书。从这些书中，在接受陈校长的领导、指导的过程中，我们学到了陈校长先进的教育思想和管理理念，学到了陈校长潜心育人的精神，学到了陈校长高尚的家国情怀。我们都成长了，但我们还是希望他留在台江。他在，我们就很安心。

这就是教师楷模给我们的示范引领，我将以陈校长为榜样，潜心教书、用心育人，做一个好老师！

（本文为莫昌剑2019年在陈立群先进事迹报告会上的发言）

我的“校长老爸”

我叫陈凌群，是长河高中第二届宏志生，现在是江西省吉安市委宣传部新闻科科长。我的名字与陈立群校长只差一个字，我叫他“老爸”，他叫我“女儿”，虽无血缘，却情深似海。借此特殊机会，我想向老爸说三句心里话。

第一句话：生命沉重，谢谢您将我们高高托起

从小我父母离异，父亲患有精神疾病，母亲生下我便离家出走，从此再也没有见过，是奶奶将我抚养长大。父亲发病时，总是对70多岁的奶奶棍棒相加。为了保护奶奶，从4岁起，我就与父亲“斗智斗勇”，幼小的我非常害怕：无辜的奶奶太可怜了，要是没有了奶奶，就没有人抚养我了。奶奶去世后，我又被寄养在姑姑家。邻居男同学总是带头在班上嘲笑我，“她爸爸是个神经病”，并模仿我父亲发病的模样。我羞恨难当，只能把头埋得很低很低……同龄的孩子都有很幸福的童年，而我却整日提心吊胆，为放学后奶奶是否安好而担

心，时不时因各种各样的嘲笑和蔑视而感到自卑和失落。生命对我而言异常沉重，直到您——陈立群校长出现。2002年，姑姑带着我从农村来到杭州长河高级中学。第一次见您时，15岁的我穿着一身别人送的旧衣服，和我的年龄很不般配。我局促不安地来到您的办公室，因为习惯了被人瞧不起，故而没敢正眼看您。没想到您非常和蔼，详细询问了我的家境和学业情况，站起身走到我面前，蹲下来端详着我，说："孩子，家庭贫困不是你的错，你无法选择父母，但能掌控自己的命运。看得出来你是一个敢与命运抗争的好孩子，我不会让你辍学，长河高中就是你的新家，我向你保证，在这里没有人会瞧不起你，只要你好好读书，将来一定会有出息。"一番体贴入微的话语，说得我心里暖暖的。

事实正如您说的那样，学校把我们当成宝贝，无论是物质上还是精神上，都对我们高看一眼、厚爱有加。每一次国旗下讲话，您总能从我们身上找到闪光点，然后说："每一位师生都应该向宏志生学习，在艰难困苦中磨砺，在坚韧不拔中成长，这就是宏志精神。我们要从中汲取力量。"我们从来没想到，"丑小鸭"也能成为榜样；从来没想到，我们身上居然蕴含着巨大的潜能，只要立志发奋努力，未来一定会充满希望。一进校，您就免除了我们所有的在校费用，还管住好、吃饱、吃好。每当天气寒冷时，总能看到你穿梭在寝室和教室之间，时不时地摸摸被子厚不厚、看看我们穿得暖不暖，还为我们加购毛毯、添置衣物，真可谓无微不至。在生活上，对所有宏志生而言，您就是亲爸般的存在！您就是那个把卑微的我们高高举起的人！每个贫困生都承受着沉重的生活压力和精神负担，您不怕沉重，一个人带着一群充满爱心和责任感的教师队伍，把我们一个个举起来，让我们成为聚光灯下、让人看得起的人！谢谢您，校长老爸！

第二句话：父爱如山，谢谢您赐给我们博大、沉稳的爱

因为生病，我的亲生父亲无法给我想要的父爱。记得读小学时，中午放学回家，看到米缸中空空如也，我只好用捡来的粉笔头在破旧的房门上给父亲写留言："爸爸，我回过家了。米缸没米，肚子饿，但我得回学校读书了。"我通过这种方式寄希望于从精神失常的父亲那里得到些许父爱。然而写了满满一扇门，也盼不到父亲的一丝疼爱，更多的是写给自己看。看罢一行字、流下一把泪，最后我擦干眼泪，在末尾写上："顶天立地、自立自强。"

当我习惯了没有人疼的生活后，您却悄悄地承担起了我父亲的角色。有一年除夕下大雪，您带我回临安老家过年，您的夫人申屠老师给我买了一身新衣服，除夕夜还给我包了压岁钱。大年初一，您带我到山上挖冬笋，和我讲您小时候因为穷差点没书读，放过牛还卖过冰棒的经历，我仿佛觉得有些共同的东西在我和您身上流淌着。临走时您说："凌群，今后这里也是你的家，每逢团圆佳节，老爸带你回家。"您的母亲、哥哥、姐姐们也都把我当成自家人，和我讲你们大家庭和小家庭的故事，让我感受到了从未有过的家庭温暖。柔软的雪花落在我的身上，心里却是暖洋洋的。

2012年，老爸从很远的地方赶来参加我的婚礼，村里人都知道是陈校长来了。我知道，此时此刻，您是一个绝不会缺席女儿出嫁仪式的父亲。在人生的重要时刻，我需要您，您也明白只有您来了我才心安。在婚礼上，老爸交给我一个鼓鼓的红包，激动地说："女儿长大

了，今天出嫁，有了新的家庭。你能拥有一个幸福完整的家是老爸最大的心愿，今天老爸特别开心。”我忍不住号啕大哭，回想起高中入学时面黄肌瘦的我，如今能风风光光地嫁人，这位与我没有血缘关系的父亲，付出了多少心血，多少无私真情！而我只是几十个、几百个您认领的孩子中的一个。您说：“如果我能弥补孩子们缺失的父爱，我愿意扮演父亲这个角色，尽可能地逼真。”试问：有谁能向这么多素昧平生的人伸出援助之手？有谁，能对这么多非亲非故的人付出真情？又有谁，能在极度忙碌的工作之余，顾及底层贫困孩子的心灵世界？是您，老爸，谢谢你用真挚的爱抚平我们的伤痛，让寒门学子感受到了世间有大爱、人间有真情、生活充满阳光。

第三句话：不负韶华，以您为榜样做“有爱心、负责任”的人

当别人看到老爸帅气、幽默和收获荣誉时的闪亮一面时，我却看到您出门在外时，背包里近10种必不可少的药物。当人们觉得一校之长只需要动口指挥，我却看到您不分寒暑、无论昼夜，把独特鲜活的教育实践写成几百万字的书稿和讲稿的呕心沥血。当别人在花甲之年含饴弄孙、安享晚年时，我却看到您走进贫困山区为决胜全面小康、投身脱贫攻坚最薄弱环节迈出的坚实脚步。您说：“人本质上是一种精神的存在，人活着就要有精神。”您说愿意把一生的精力奉献给祖国最需要的地方，奉献给最需要的人。走上工作岗位后，我一直鞭策自己以您为榜样，把小我融入大我，将目光和追求放大到社会发展中，把无私奉献落实到每一项公共事务的决策参谋和落细落实中，把高远志向、高昂志气、高雅志趣转化为坚持高标准定位、正能量导向

和实干到底的工作作风。曾有人对您说："贫困学生太多了，您帮不完。"您说："如果我不在了，我的儿女、孙辈们，以及被我们帮助过的孩子们，会接过我们的旗帜。"您还说："给孩子们一点光亮，他会还你一片天空。"老爸，我们都是被您点亮后，闪烁在天空的繁星，我们都将接过您的旗帜，在无数的岗位上以爱和责任践行为民、务实、担当、奉献的宝贵精神，豪情满怀地走向诗和远方。

习近平总书记指出：伟大时代呼唤伟大精神，崇高事业需要榜样引领。要实现中华民族的伟大复兴，还要不断闯关夺隘，需要不断涌现新的时代楷模。正因为有千千万万个像您这样的共产党员，中国共产党才能够历经挫折而不断奋起，历尽苦难而淬火成钢，为抒写中华民族伟大复兴的中国梦注入源源不竭的动力。

（本文为陈凌群2019年在陈立群先进事迹报告会上的发言）

陈立群的愿望

我叫郑莉娜，是《杭州日报》的一名记者。我想和大家分享的是，在采访中，我所看到的一个普通的陈校长。

一名亲人

在贵州省台江县民族中学的教学楼前，我见过一名高二女生。她笑起来，眼睛弯弯的，露出洁白的牙齿，开朗又自信。其实，这个女孩，3岁就成了孤儿。她说，她最初的记忆是在两岁时，妈妈让她去喊生病躺在床上的爸爸吃饭。她用小手用力摇爸爸，爸爸都没反应。妈妈再进入房间时，丢了手上拿着的火钳，扑在爸爸身上大哭起来。小小的她站在边上，不知道发生了什么。直到长大后，她才知道那是爸爸永远离开了。更不幸的是，爸爸去世不久，妈妈也走了。

陈校长去这个女孩家家访，看到塌了一半的吊脚楼，没办法住人。孩子的眼泪一颗颗滚下来。陈校长拍拍她的肩膀说："不哭不哭，别怕，校长管你，管你到大学毕业。今年和校长去杭州过年好不好？以前有很多宏志班的哥哥姐姐都是到校长家里过年的。”

女孩脸上还挂着泪水，又被校长逗笑了。一点儿也看不出来，生活给了她那么多的磨难。女孩说，她不好意思当面叫他“校长爸爸”，可有很多时候，她都打心里觉得，陈校长就是她的爸爸。不光是这个女孩，台江县民族中学的不少学生，心里都保存着和“校长爸爸”相处时的温暖记忆。台江民中的3000多名学生中，属于建档立卡贫困户的就有1300多人，而留守青少年的比例还要高得多。这样的数据，总让陈校长想起当年带过的951个宏志班的孩子。他们看上去那么相似，却又是如此不同。

陈校长把这些贫困的孩子当成自己的孩子，他把每月9000多元的退休金分成一份份，塞到孩子们手中。除了退休金，他还把家里的20多万元积蓄都拿出来支教。如今，陈校长的家人们都把支教当成了家族行为。每每回家，亲人们都要往陈校长的背包里塞钱，对他说，“替我们给孩子们”。

台江县与杭州市相距1400多公里，这里是陈校长人生的新起点。从学军中学校长的岗位上退下来后，陈校长毫不犹豫到台江支教，直到一年后，这事才被人知晓。低调的他，不愿意接受媒体采访。一不小心“出名”了，面对一家又一家媒体，他都好脾气地谢绝。他说：我是一名校长，得把时间和精力放在学校和学生上。他的愿望就是：圆贫困学生一个求学梦。如果理解了陈校长的初衷，便能理解为何在别人看来很崇高的支教，对他来说只是一个平常人带着一颗平常心，做了一次平常事，也就理解他支教的初心是“不为功利，不求功德，只为心愿”了。

一条山路

2019年5月15日，我到台江采访。这次我跟陈校长去了一个深山苗寨家访。

这一路，62岁的陈校长是司机。我想，大家都走过盘山公路，平整的柏油路、坚固的护栏，一路饱览风光。可这在陈校长眼里是大路，不是山路。当驶入陈校长所说的“山路”时，我下意识地抓紧了车窗上方的把手。窄窄的山路从大路分叉出来，延伸到大山深处的苗寨，一边是崇山峻岭，一边是悬崖峭壁，路上还时不时遇上塌方。

我一边着急，如果对面再开过来一辆车怎么办？很明显，这样的路，很难让两辆车并行通过。我一边又担心，这路上没有指示牌，甚至连护栏都只是隔一段距离有一个小石墩，这么多岔路口，走错了怎么办？万分焦急中，一句话脱口而出：“陈校长，这山路太危险了，以后下雨天别再开了。”这时，我突然心酸地意识到，陈校长不仅是校长，他也是儿子，一位90多岁老母亲的儿子；他更是丈夫、爸爸，甚至爷爷。

陈校长却开得很自信。黔东南的各种山路，他已开了近5万公里，这个数据，我是从他车上的仪表盘上看来的。陈校长能准确地分清哪个村、哪个寨子是从哪个路口拐入的，因为很多学生的家他已来回走了多次。当然我也知道，我的劝告陈校长不会听，他仍会奔波在这些寨子间，奔波在绵绵不绝、危险重重的山路上。因为那里有他的学生、他放不下的孩子们。

孩子们感受到了爱，也学会了表达爱。在陈校长的办公室里，随处可见一些小玩意，有苗绣腰带、手工编织的小花篮，还有码得整整齐齐的一摞信。这些宝贝都出自孩子们之手。有一封信这样写："现有请最有气质、最具内涵、最帅气的陈立群校长上台领奖，我将为他颁发奖品，奖品为鲜花一朵。"

台江县民族中学的学生是幸运的，陈校长为他们搭建了一条路，帮助他们拥有更健全的人格、更高贵的精神。

一名学生在学校宣传栏张贴了一封写给陈校长的公开信："生命中总有不期而遇的温暖和生生不息的希望，您像天上的星星，让我可以循着光亮的方向，一直向前。"

一本书

陈校长写了16本书。在《我的教育主张》这本书中，陈校长说："也许一个人的力量看起来微不足道，但那一份付出的爱不会因为只照亮了一个角落而渺小，只要能滋润一颗心苗，就能在不远的将来开出美丽的花朵，结出令人欣喜的果实。"如今，他还在写第17本书《我在苗乡当校长》。

在采访中，我问陈校长，名校校长是宝贵的社会资源，他如何看待自己的支教。他说，在杭州我是锦上添花，在台江我可以雪中送炭。中国那么大，教育欠发达的地区那么多，总要有人站出来去做些工作。人在困难时，有人帮一把，或许能改变他的一生。能改变一个孩子的未来就改变一个，能拉上来一个孩子就拉上来一个。

在台江县民族中学，陈校长设立了"励志日"，让师生栽种了"志向林"，导入了宏志精神，激发学生树立高远的志向、高昂的志气和高雅的志趣。校园处处有一种蓬勃自新、向上生长的力量。我记得，2019年5月采访回来的那天下午，春光明媚，校园里杜鹃花和月季花竞相开放，校园主干道两旁绿树成荫。在操场上，我遇到一个班的学生正在进行社团活动。学生们穿着整齐的天蓝色校服，在老师带领下唱歌。我停下来仔细听，歌中唱道："又回到春末的五月，阳光它照亮了溪河，柳絮乘着大风吹……"一张张年轻的面孔，悠扬又洪亮的歌声传得很远。贫困并没有让这里的青春失去色彩，这些少年自信又阳光，他们的青春五彩斑斓。

一个人遇到一位好老师是人生的幸运，一个学校拥有一位好老师是学校的光荣，一个民族源源不断地涌现出一批又一批好老师则是民族的希望。教人无问贵贱，育人不分优劣。陈校长不是一个人在战斗，在脱贫攻坚这场伟大的决战中，一大批来自杭州和东部发达地区的老师，放弃舒适的工作环境，远赴千里之外，全身心投入西部贫困地区的脱贫发展。教育的奇迹正是千百万有理想、敢担当的老师创造的。

"云山苍苍，江水泱泱；先生之风，山高水长。"从教40年，陈校长既是中国教育面貌改变的见证者、亲历者，也是蓬勃发展的教育事业的耕耘者、推动者、奉献者。原本已可享受轻松的退休生活，但陈校长选择去贫困山区支教，把自己的精力和学识奉献给山区学生，且分文不取。这种使命与担当，正是中国知识分子爱国情怀的写照。

慈眉引领山乡子，俯首甘为寒门梯。陈立群校长不仅是一个理想主义者，更是一个具有行动力和创造力的教育家。

我们向陈校长致敬！

（本文为郑莉娜2019年在陈立群先进事迹报告会上的发言）

后 记

在2016年3月29日赴黔东南支教以前，我只知道苗族是我国一个人口较多、分布范围较广的少数民族。

初到台江，看到东西部地区在经济社会发展上的巨大落差，我内心还是挺沉重的。尤其是当地的同志告诉我，因为基础教育相对薄弱，在县里的各级政府部门和机关中，台江籍本地人不多。现实告诉我，要改变当地落后面貌，必须从教育入手。

我曾给自己设定过一些支教目标：比如办好台江县民族中学；培训好一批校长教师，增强当地教育可持续发展的造血功能；在苗汉文化融合的基础上，加强积极进取的儒家文化的引领作用。与此同时，我也想经过了解调查，对“台江经济社会究竟该如何发展?” ”苗族人的未来在哪里?”等问题有个初步的答案。

现在看来，有的目标实现了，有的目标实现了一部分，有的目标实现起来，却是所谓的“理想很丰满而现实很骨感”。想用5年多时间，杭州与贵州之间的70多个来回，去认识一个拥有5000多年文明史、历经5次大迁徙的民族，谈何容易！

对于支教，我向来认为这是我的份内之事。

我在童年时也经历过辍学，还放过牛、砍过柴、种过田。在我的初小阶段，一个老师负责一到四年级的复式教育。老师还要自己做饭、带孩子，那份辛勤与操劳，至今仍历历在目，让人心生敬意、无比感动。这份敬意与感动，也是一直激励我前行的不竭动力。应该说，是基础教育阶段的老师们给了我关心、鼓励与指导，是党和政府给了高考的机会，然后才有我今天的一点成就。所以，支教是一种感恩。

在任何一个国家，民众整体文化素养的提升，是社会长治久安、可持续发展的基础。在现阶段的中国，如果接受完整高中教育的人口占比偏低，可能连产业的转型升级都很难实现。中华民族是一个大家庭，小康路上，一个都不能少，我们需要的是共同团结进步、共同繁荣发展。如果说经济上的帮扶主要在于解决当下的问题，那么教育帮扶就是着眼于解决未来的问题。教育是阻断贫困代际传递的治本之策。所以，支教是一份责任。

在民族地区，孩子们的家长大多在东部地区打工，支援东部建设。他们大多生活在社会的底层，干的都是基层一线的重活、脏活、累活，他们的孩子大多成了留守儿童。这些孩子谁来管？我相信很多东部地区人士都看到了这一问题，也在尽自己所能给予帮助，但在教育孩子这个事情上，也许他们中的一些人还是有心无力的。而我作为一名退休教师，正好有这方面的专长。所以，支教是一种回馈。

在已经走过的教育之路上，客观地说，我的确很努力地做了不少工作，也因此放弃了很多。比如，因为我喜欢和学生们在一起，因而在台江工作期间，附近的一些著名旅游景点，我都没有去看过。也许在竞争激烈的教育大背景下，学校总是偏于“报喜不报忧”，将人们的目光引向那些光鲜亮丽的升学数据，但我知道，一路走来，还有不少学生没有教育培养好，作为校长，我难辞其咎。这些学生的身影会经常闪现在我的脑海里，叩击着我心灵深处那根最脆弱的神经。教育一旦出了“次品”和“废品”，也许就导致一些人一辈子的精神荒芜，必定会影响家庭，甚至危害社会。教育工作者所追求的就是“一个都不能少”，我们的孩子都能接受更好的教育。所以，支教是一种忏悔与弥补。

台江民中的发展，是各方各面大力支持的结果，是很多教育工作者包括很多支教老师默默付出、共同努力的结晶。而现实是，因为支教，我个人获得了很多荣誉。由此，我内心萌生出一些愧疚，而随着一次次荣誉的叠加，这个愧疚感也愈发强烈，甚至产生出了一些“痛点”。每次站上领奖台的时候，我就会想到所经历过的一些事、所接触到的一些人。

苗族孩子天资聪颖，这是与生俱来的，但由于父母对教育不够重视，对他们的养育、抚育、培育就相对随意粗放。看到幼小的孩子们没有很好地得到教育引导，先天潜能被压制、被扭曲、被埋没，我内心的压抑无以言表。不得不感叹，某种程度上来说，也许正式的学校教育还没有开始，而孩子的胜负已定。

走进200多个建档立卡的贫困家庭后，我深切感受到了刚来台江时当地教师说的那句话：“每次家访回来，看到学生家里还是那么贫穷，都会有一到两周的时间，感到心里很难受。”尤其是，我在一些孩子到了高二、高三时才发现他们一日三餐都还不能很好地得到保证。在冬天，一些孩子的床铺上还只垫着一张草席。每念及此，我心里就很痛，就会本能地想到，是否还有这样的孩子没有被发现。

我来到台江民中后的第一届高三，在高考前的模拟考试中，一些学生数理化成绩还不错，但英语的班级平均分只有17分、19分，我感到很痛心，无奈又无助。一些孩子告诉我，整个小学阶段，老师们都是用苗语教学的，到了中学才接受完整的汉语教学，还要再学英语，实在是困难重重。在有的小学，语文、数学两科的班级平均分从来都只有个位数。看着这些天真质朴的孩子，一颗惜才之心让我欲哭无泪，我甚至不知道该到哪里为他们"鸣冤叫屈"。我不由地感叹，在快速的现代化进程中，他们走上社会后的竞争力在哪里？他们的未来将如何度过？我下定决心，必须用爱与行动，为他们做点什么。

苗族人依山而居，战乱年代，往林子里一钻，逃生方便。在台江的伍寨、上寨、展下、李子、黄毛、岩板、白帮，在从江的大歹、上歹……数千年来，人们与自然和谐相处，享受着原生态的清净生活。在我们坐着车盘山而上的时候，在我们看到路边的老农扛着柴火、挑着谷子艰难地往上行进的时候，在我们站在山巅一览众山小的时候，都会不由自主地想到，在还没有开通公路的年代，他们维系生存的付出一定是巨大的。多少年肩扛手提跋山涉水，多少年沐雨栉风筚路蓝缕，对繁荣坦途，苗族人翘首以盼！

所幸的是，脱贫攻坚我们胜利了，全面小康我们建成了。

支教5年多来，我一直生活在感动之中。我为党和政府实行的脱贫攻坚伟大战略而感动，东西部协作、对口帮扶，各民族同胞一家亲。我为社会爱心人士的热心付出而感动，为苗族同胞的热情好客而感动，为媒体朋友深入腹地同甘共苦而感动，为人性的美好而感动。

在杭州市与黔东南州的对口帮扶中，余杭区结对台江县。2019年教师节前夕，我很荣幸获得了“时代楷模”称号。杭州市委常委、余杭区委书记张振丰给我打来了祝贺电话，并表示要进一步支持台江民中的硬件建设。年底，在杭州市委、市政府于浙江省人民大会堂召开的我的先进事迹报告会上，我从杭州市副市长王宏手上接过了2200万元的捐赠牌。如今“钱江综合馆”已经在台江民中落成，贵州省教育厅发文成立的“陈立群乡村教师培训基地”也已经挂牌。台江民中终于有了体育馆和大型会议室。2021年5月5日，新会议室第一次启用，我在那里为台江民中1000余名高三学生作了主题为“成功眷顾坚持者，世界只信自信人”的考前动员讲座。

浙江师范大学校友办主任、教育基金会秘书长周红霞和继续教育管理处处长叶志雄，带领何通海、陈永芳、高琼和刘燕飞等组成的校长、教师专家团队来到台江民中开展教育扶贫，通过报告、讲座引领教师专业发展。教育基金会还向学校捐赠了价值126万元、近3万册的图书，旨在促进学生精神成长。

浙江省慈善总会捐赠10万元，作为对优秀教师的奖励和相对困难教师的资助基金。

在中组部台江帮扶工作组组长赵凯明的协调下，学校开办了“树人班”。百度公司对台江民中免费开放了搜索网站，还捐赠了60台笔记本电脑。

香港“两地一心”爱心人士10余人，从2007年开始坚持每年11月来台江民中扶贫帮困。他们组织受助学生开展励志活动，还开展家访。记得2018年11月，他们的所有活动结束了，我想请他们一起到外面吃顿饭。他们婉拒我的邀请，表示如果要吃饭，就在学生食堂和学生一起吃。这一举动，令人敬佩，也引人深思，让我收获良多。

从2017年开始，浙江甘霖基金会在我校创办了“甘霖班”，现在他们每年提供助学金37.5万元。对于相对贫困的家庭来说，这些资助无异于天降甘霖。首届“甘霖班”学生成绩优异，如今“甘霖班”已经成为台江民中的办学品牌。

2019年底，浙江润德公益基金会秘书长金熙粼女士，向台江民中234位教师和1790名贫困学生送来了春节祝福，共捐助31.6万元现金、价值19万元的春节慰问礼包等物资。在她的热心联络下，杭州市德信蓝助学基金会和杭州市众安集团慈善基金会，从2020年秋季学期开始，在台江民中分别创设“德信班”和“众安班”，每班50人，每生每年资助2500元生活费。

杭州慈孝堂董事长楼中平先生，在光荣浙商区域经济与民企发展智库秘书长金长青的陪同下来到学校，并捐赠了一套鱼虾芽菜共生系统。2020年高考后，他又派儿子楼乔丹来到台江，挨家挨户为考上大学但家庭相对困难的部分学生，送上助学金，共计50余万元。

杭州兴耀电力工程有限公司董事长高和仙、常务副总王屹啸，来到台江访贫问苦，并为困难家庭孩子送上助学金18万元。

林莉莉，发起成立了一个“贵州茅台·宏志基金”，专项资助台江民中的宏志学生。目前，11位理事（林莉莉、金志达、陈立冬、娄志斌、陈展鹏、林盈盈、林璋、余飞、石亦兵、施昊、张汉梁）已先后两次来到台江民中，并开展了家访。各位理事首期捐款共计60万元，已发放助学、奖学金29.1万元。理事们计划为2021届考上一本院校而家庭相对困难的22名学生各资助5000元，帮助他们圆大学梦。两项共计40.1万元，这个额度将作为今后该基金每年为台江民中学生发放助学、奖学金的标准。

高一新生毛进行来校报到途中发生交通事故，右腿两处骨折。他来自建档立卡贫困家庭，医疗费遇到了困难。长河高级中学首届宏志生朱华彬、胡见文、邵洁婷知道情况后，分别从杭州和北京赶来台江，资助了毛进行家庭5万元。

杭州新鸿宾大酒店的张祖权先生，扶贫帮困，热心公益。每逢中秋节，他总会为长河高中宏志生送上月饼和水果，还热心联络了苏惠香、虞建娥、孙建芳等几位爱心人士，为台江几所初中捐款15万元。在我往返杭州与台江支教的几年里，无论是到机场还是高铁站，大多是他接送的。

在《中国教育报》供职的时晓玲博士，带着浙江始祖鸟进出口有限公司董事长童莉娅来到台江县，一起家访，一起走访当地的小学、幼儿园。童莉娅还为排羊乡中心小学的271位学生捐赠了校服，四季款式不同、选料上乘、做工考究，孩子们特别喜欢。

来自无锡的王诚汉、高小芳、顾红、谢萍等几位爱心人士，都是英语教师。他们在陈步新、王云逸的陪同下，来到台江民中，一起到班级给学生指导、讲座、加油鼓劲。了解到大山深处的学生在英语学习上的困境，他们回到无锡就寄来了200多本《牛津高阶英汉双解词典》。

杭州建兰中学为台江民中送来了数吨服装，都是建兰中学的学生们捐赠的。此外，学校还赠送了2000多套课桌椅。现任校长饶美红和老校长龚金根等领导、教师还来到台江民中考察慰问。

一些曾赴台江支教的老师回去后，总是心系台江民中，或组织图书捐赠，或为贫困孩子争取资金赞助。当教过的学生即将高考时，他们都会赶来台江为孩子们送考。一些爱心人士给我来信来电，有的要求帮忙落实资助贫困孩子事宜；有的教师、医生，要求加入支教、支医的帮扶活动。

所有这一切，让人感受到什么是真情，什么是慈善，什么是义举。所有这一切，编织成一张济危扶困、守望相助的关爱之网，奠定了各民族同胞共同团结进步、共同繁荣发展的物质与精神之基，铺就了一条植根于儒家传统文化、佑护我们民族生生不息的仁爱之路。众多爱心人士，或同情苗族孩子的家庭贫困，或感动于孩子们家贫志坚的奋斗精神，或担当先富帮后富、共同奔小康的责任。所有这一切，充分展现了全社会满满的正能量。

支教路上，我要感谢家人的支持。90多岁的老母亲，一直都由哥哥、姐姐和妹妹照顾，甚至在她摔倒骨折后，我都无法及时赶到医院看望，所幸老人家手术后恢复得还可以。特别要感谢爱人申屠晓敏的理解、参与和支持。我们曾一起远赴贵州黔东南、四川宜宾县、甘肃舟曲县等地支教。记得在四川宜宾的大山深处，我们留宿的山村小旅店里阴暗潮湿，且只有我们两位旅客。我们还曾遭遇连夜暴雨，凌晨时分，睡梦中听到屋顶轰隆一声巨响，等我们想冲出去时，已经停电了，原来是洪水冲倒的高压电线杆砸中了小旅店的屋顶。这些年来，从宏志班到宏志校，我大多潜心于学校工作，家里的一切事务都交给了爱人。现在家里有了小孙女，如果我能够和她一起，她就能多一个帮手而轻松很多。都说一个成功男人的背后总有一个默默支持的女人。也许我做了一点很平常的支教工作，算不上什么成功男人，但她一定是那个默默无闻、全力支持的女人。

在本书成稿过程中，我要感谢长河高级中学陈燕霞老师的热心帮助，感谢丁谨之、卓挺亚两位编辑的热心付出。

感谢支教路上给予我指导、支持和帮助的各位领导以及我认识的或不曾谋面的各位朋友。在结束这篇后记的时候，令我感到难受的是，还有很多热心人士的爱心付出没有付诸于文字。我只能说，你们所做的一点一滴，我和台江孩子们都铭记于心，这是我们继续前行的不竭动力。

民族地区的教育发展，还有很长的路要走，我将一如既往地行进在支教路上。